主　　　编 杨　溟
副 主 编 张健挺　邹　军
编委会成员（按姓氏拼音排序）
　　　　　陈　娟　李　兰　孙海文　孙志刚
　　　　　杨　溟　袁光锋　张健挺　邹　军

21世纪新闻与传播学应用型本科规划教材
网络与新媒体系列

媒介融合导论

Introduction to Media Convergence

北京大学出版社
PEKING UNIVERSITY PRESS

图书在版编目(CIP)数据

媒介融合导论/杨溟主编. —北京:北京大学出版社,2013.11
(21世纪新闻与传播学应用型本科规划教材·网络与新媒体系列)
ISBN 978-7-301-23367-2

Ⅰ.①媒… Ⅱ.①杨… Ⅲ.①传播媒介 -高等学校 -教材 Ⅳ.①G206.2

中国版本图书馆CIP数据核字(2013)第248331号

书　　　名	媒介融合导论 MEIJIE RONGHE DAOLUN
著作责任者	杨　溟　主编
责 任 编 辑	周丽锦
标 准 书 号	ISBN 978-7-301-23367-2
出 版 发 行	北京大学出版社
地　　　址	北京市海淀区成府路205号　100871
网　　　址	http://www.pup.cn
电 子 信 箱	ss@pup.pku.edu.cn
新 浪 微 博	@北京大学出版社　@未名社科-北大图书
电　　　话	邮购部 010-62752015　发行部 010-62750672　编辑部 010-62765016
印 刷 者	天津中印联印务有限公司
经 销 者	新华书店
	730毫米×980毫米　16开本　15.5印张　278千字 2013年11月第1版　2022年1月第7次印刷
定　　　价	40.00元

未经许可,不得以任何方式复制或抄袭本书之部分或全部内容。
版权所有,侵权必究
举报电话: 010-62752024　电子信箱: fd@pup.pku.edu.cn
图书如有印装质量问题,请与出版部联系,电话: 010-62756370

目 录

绪论 …………………………………………………………………… (1)

第一章　媒介融合的观念变迁 …………………………………… (17)
　　第一节　媒介的竞合 ………………………………………… (17)
　　第二节　媒介的整合 ………………………………………… (27)
　　第三节　媒介的融合 ………………………………………… (38)

第二章　媒介融合过程中的技术形态变迁 ……………………… (50)
　　第一节　纸媒和早期电子媒介技术 ………………………… (51)
　　第二节　计算机和网络技术的发展 ………………………… (60)
　　第三节　网络与广播电视的技术融合 ……………………… (70)

第三章　媒介融合时代的传媒产业 ……………………………… (80)
　　第一节　媒介融合带来传媒产业格局之变 ………………… (81)
　　第二节　媒介融合引发的媒介产业经营之变 ……………… (91)

第四章　媒介融合时代的传统媒介转型 ………………………… (99)
　　第一节　传统电视的转型 …………………………………… (100)
　　第二节　报纸与广播的转型 ………………………………… (121)

第五章　媒介融合时代的信息生产 ……………………………… (131)
　　第一节　媒介融合时代信息生产的主体 …………………… (131)
　　第二节　媒介融合时代信息生产的特点 …………………… (141)
　　第三节　传统媒体的信息生产方式在媒融时代的转变 …… (148)
　　第四节　媒介融合时代的内容生产流程 …………………… (158)

第六章　媒介融合时代的用户 …………………………………… (167)
　　第一节　从受众到用户的时代转向 ………………………… (168)
　　第二节　用户的特征 ………………………………………… (176)
　　第三节　对用户价值的挖掘 ………………………………… (188)

第七章　媒介融合中的伦理问题 ……………………………………（198）
　　第一节　媒介融合中的社会伦理问题 ………………………………（199）
　　第二节　媒介融合对政府伦理和企业伦理的冲击 …………………（206）
　　第三节　媒介融合对新闻职业伦理的影响 …………………………（213）

第八章　媒介融合环境下的传媒产业规制变革 ……………………（219）
　　第一节　媒介融合成为传媒规制变革的新动力 ……………………（220）
　　第二节　美欧传媒产业规制在媒介融合时代的变革 ………………（226）
　　第三节　媒介融合规制变革的中国实践 ……………………………（234）

后记 ……………………………………………………………………（242）

绪 论

尼尔·波斯曼在他的著作《娱乐至死》的前言部分,曾轻松地提到被奥威尔所预言的那个噩梦年代"1984"没有来临。那一年平静地过去,美国人禁不住唱起了侥幸的赞歌。

早在2009年,我们就"预谋"一本有关"媒介融合"的教材的出版。世界不断地变化,教材不断地修改,连那被预言为世界末日的"2012"也平静地过去,这本书却还在孕育之中。

回顾几年前做出的若干预言,许多已经成为现实。我们预感到,融合的话题将充盈于未来。不仅是新闻学院的学生和新闻媒体的从业者,更多的目光会汇聚于此。如果说奥威尔预言我们的文化将成为受制文化,赫胥黎预言人们会渐渐爱上那些使他们丧失思考能力的工业技术,进而被自己所热爱的东西毁掉,那么,今天,面对新的媒体生态环境时,我们该如何协调技术与内心、寻找边界模糊中的清晰,就更加值得探讨。无论遇到怎样的挑战与机遇,我们都将尝试更好地把握自己,去迎接新的时代。

一

最早描绘"媒介融合"图景的是1978年尼葛洛庞蒂的《媒体实验室:在麻省理工学院创造未来》一书。他认为媒介融合是在计算机技术和网络技术二者融合的基础上,用一种终端和网络来传输数字形态的信息,由此带来不同媒体之间的互换和互联。

在网络技术尚未普及的时代,尼葛洛庞蒂以预言的方式提出了融合(Convergence)的概念。30年后的2008年,一百多位国内外学者和传媒领袖聚首南京,参加中国首届媒体融合高峰论坛,共同探讨这个已经近在眼前的话题。

在本书中,媒介融合不是终极目标,而更像是一种特质。它成长于人对自身的认知及愿望中,所以媒介融合的内在动力是人对于自我的重塑。

麦克卢汉也提出了媒介融合的观念。在他那里,报纸、广播、电视等都是人体能力的延伸。报纸是人的视觉能力的延伸,广播是人的听觉能力的延伸,而电视则是视觉、听觉的综合延伸;同时,媒介和社会的发展史也是人的感官能力经历"统合—分化—再统合"的历史。也就是说,人类的本能之一,就是突破时空的限制,统合一切知觉信息,所以有了融合的不断演进。随着技术进步,统合所有感官能力的"延伸"必定会实现,就如我们相信那句人们常说的"心想事成"随着遥感技术的发展,终有一天可以从美好的祝福变成复杂的现实。

但是,在麦氏对媒介特质做出的生物性描述中,非本能的、社会性的要求似乎被忽略了。人在适应社会的过程中会不断寻找"理想人"和"现实自我"之间的距离,并设法缩短这一距离。比如,司空见惯的美容、健身、奢侈品消费其实就是实现自我包装和重塑的一些物质性手段,而往往被我们忽视的是,要满足自身的社会性要求,不可避免地需要信息构件的完善,信息作为一种非物质的消费品也成为弥补饥饿的必需。这种信息饥饿在今天陷入了一个新的怪圈:一方面信息饱和甚至空前泛滥;另一方面我们想得到的高度个性化、定制化和专业化的"I信息"又极度稀缺。告别了信息的绝对饥渴,却迎来了信息的相对饥渴时代。人们依赖又排斥信息,就如在防暴警察的高压水枪喷射下你却很难接到一杯属于自己的水。

不断增强的信息占有和消费欲望是人在社会化方面的精神需求,是人类区别于其他物种的特征之一,也是媒介融合程度不断加深的内在动力。因此关于"新""旧"媒体的划分永远是相对的,人类在现实世界以外创造出的一个全新的虚拟世界,以及在此世界中的存在方式和交往样态,不仅是对现实世界的模仿和迁移,也是对一种信息生活方式的强化和再造。

从马斯洛人本主义心理学的角度看人的需求层次,自生理需要、人身安全始,到归属和爱、尊重、认知、审美和自我实现,人对信息的需求等级逐次提高。专业的知识与高价值的信息给人带来的满足感,使人自身成为被信息优化和不断改造的作品。

对人性的假说在不同阶段是动态变化的,这就使得媒介既保有不同阶段的典型特征,又日渐呈现出融合的趋势。只简单地以语言传播、文字传播、电子传播、网络传播等形态来划分人类传播的历史,或许过于表面化。人对于自身的认知水平、人与自我对话的方式,以及人的信息接收、存储、发布和处理水平,似乎更接近于我们研究和关注的本原。哈佛大学的安东尼·欧廷格教授曾就人类存在所依赖的物质、能量、信息三大要素做过精彩点评:没有物质,什么东西也不存在;没有能量,什么事情也不发生;没有信息,什么意义也没有。同样,只有把信息与人性的需求及发展相关联,我们对于媒介融合的探究才有意义。乔布斯在商业上获得的巨大成功就来自其对人的需求的精准把握,他颇为经典地阐释了融合与人性、技术性、媒介性之间的关系。

媒介融合可以作为一种特质、一种过程、一种状态,但它却并非一种目标。它像一道魔咒,在具备数字化构造的城堡里被各路神怪呼唤,从而焕发出不可思议的力量。就如数年前还不显山露水的社会化媒体,在媒介融合时代呈现出裂变式的扩张,打破了媒介固有的运行规则。人们开始了一场对自我进行社会化和信息化再造的工程,最终将"身体"化作瓦解社会既有结构的工具。甚至如福柯所说,自我并非别人赐给我们的,在现实中,我们必须把自己塑造成一件艺术品。

"社会的身体不断地改造着自然的、物质的和观念的身体。""身体这个领域既是最具个人化和私人化的,同时又是社会性和公共性的;它既是自然的、生理的存在,又是政治较量和权力作用的场所;既是肉身的、物质的血脉之躯,又是各种复杂的文化意义较量的角斗场。"①

二

媒介融合近年来呈现出全面和集中爆发的特点有着特定的背景。

首先是经济的无边界浪潮。在以传统工业化为基础的产业经济中,产业边界清晰是明显的特征。而20世纪90年代以来,数字化技术、通信技术和计算机技术迅速发展,使以其为技术支撑的诸多行业之间的边界走向模糊。正是这一重大变化推进了信息、电信、文化、娱乐、传媒、出版、金融等众多行业之间的相互渗透和融合,在全球形成了大规模并购、重组的"无边界"浪潮。与此同时,资源配置和整合方式也发生了结构性变化,许多新的业态应运而生,形成了新的经济增长点,并直接改变了传统的产业结构。新经济呈现出产业边界模糊化的重要特征,这是媒介融合的基本经济前提。

其次,技术使行业间的融合更具有实现性。技术改变了社会,同时社会转型也让媒介融合技术更快速地发展。技术作为传媒产业融合的强有力诱因,几乎决定了产业并购、变迁、调整的方向,也成为我们今天判断一个传媒组织融合程度的重要参数。

再次,以终端融合为特征的泛传媒产业生态系统正逐步成型,它不仅包括传

---

① 周宪:《社会空间中的身体审美化》,载《文化研究》第5辑,广西师范大学出版社2005年版,第1—19页。

统意义上的媒体,还包括电信、IT、金融以及更多传统意义上的非媒体。而终端的便捷化、差异化需要传媒产业不仅能满足规模化生产的要求,还要满足个性化的要求;不仅要包括传统的信息内容产品,还须包括多类别、多层次的信息服务;不仅要打破时间、空间的限制,还需要实现即时、交互的传播。这在传统的媒体时代是不可想象的,但今天技术赋予其逐步实现的可能。

一定程度上,传媒产业融合是在数字技术、网络技术发展到一定阶段的基础上,不同形态的传媒机构之间打破媒介形态藩篱组成的信息生产和运营联盟,它们彼此交流、共享各种传统的、新式的信息服务内容(声音、数据、图片或视频)。

就文化层面而言,传统的天人合一、万物相容的思想是中国媒体产业融合的哲学基础。专业化的细分和社会资源的整合,以及业态的多元化,将以共存、共享、共生、共赢、共悦为思想内核。老庄道家思想、佛教中的"共存"和生物学中的"共栖"都有与其相通的一面。

今天,人们已经能够深刻地感受到物质地球面临的危机,渴望能够与自然融洽地相处。21世纪全球经济新秩序的建立必然以传统的农牧渔业与生物工程技术、信息化技术等的融合为基础。日本著名建筑理论家黑川纪章曾经提出过"异质文化的共生时代"这一理念,这种文化多样性共生的哲学理念,在地中海文明向以"生命原理"为基础的太平洋文明转变的过程中将发挥重要作用。

在社会关系层面,我们看到,拥有中心放射性脉络,或是以干为轴向枝叶伸展的有序化树形线性秩序,开始向着无中心、多方向、各部分能够自律的子整体结构或是网络、矩阵型秩序转变——可以说是由放射状结构向环状结构的转变。这种转变可以解释为部分与整体的共生、融合。

《动民》(*Homo Movens*)和《游牧时代》(*The Era of Nomad*)两本书中预言的21世纪"流动人类"的新生活方式,以及信息城市将成为类似游牧时代的绿洲的假说令人印象深刻。居住在不同地方的人形成了在某个时间共同行动的群体,他们既是媒介融合的推动者,又是媒介融合的受益体。

三

在这本书辗转写就的四年多时间里,原先曾作的大多数预言已经或正在成为现实——媒介融合在传媒界还没有准备好的时候就已冲决而出。传媒业中的行者和即将踏上业界征途的学子,同样对前途充满憧憬、迷茫和期待。除了学习传统的传媒技能与知识,即便是致力于改造社会的实用主义的行动者们,也不可避免地要思考未来会有哪些变化,融合中的媒介社会将如何影响我们的思维方式。

传媒产业在未来的变化大体会遵循这样的逻辑——首先,关于媒体的定义会随着各类媒介边界的模糊而改变。在此过程中,我们被更多的交叉和复合困扰或激动,因此出现了更多的商业模式、技术模式。我们逐渐明白,只有深刻洞悉我们自己才是商业模式成功的保证。人借助获取更专业与稀缺的信息来满足对自身进行补偿和再造的社会化需要,从而对信息处理的专业化水平提出了更高的要求。同时,解构权力的过程又使我们发现,社会交往与互动在实质上是一种社会交换,是通过资源的交换获得某种平衡。于是,我们看到了社会化媒体的兴起。在被称为"微博元年"的2010年,新浪凭微博打乱了既有的传媒格局。而2012年一季度的财报显示,拥有庞大用户基数和黏度的腾讯已扳回此局。其凭借多产品战略布局和社会化媒体营销平台优势,在网络广告业务上也首超新浪。变局让人眼花缭乱。

不同的媒体也在社会化媒体上同台交锋,反应快捷的媒体人很快发现可以更方便地获取信息来源、观点来源、情感来源、关系来源以及创意来源,这一切几乎改变了旧秩序,并正在建立新秩序。

在媒介融合时代,更多的协作化生产将应运而生,因为协作有助于交换资源的行为获得成功和提高效率。在这样的环境中,专业媒介机构的竞争力大小将取决于其资源整合能力的高低。当然,这种整合力由若干核心元素构成。协作是实现共享、共赢的一种路径,也正是在这样的博弈中,融合找到了自己的平衡方式。我们有理由相信,这种资源的交换是可以量化及计算的,其在一定的空间与时间内达到能量守恒。因此,它应该也可以在实验室中被演算和检验印证。

四

在媒介融合的环境中,新的生态关系在同步进行建设与破坏,传媒业前所未有地经历着从物质到精神两个层面上的变革。从传播政治经济学的视角看,媒介融合的影响甚至决定了全球化背景下价值观的流动方式,强势的一方在淹没和吞噬贫弱的洼地,最终造成部分政治社会的崩溃。这值得研究者和实践者深思。

洪宇指出,媒介融合不仅代表让人眼花缭乱的新技术,仿佛还预示着天赋人权和民主自由的人类理想。而实际上,在公众自由表达的表象背后隐藏着更深层次的政治关系、社会关系和权力结构的本质玄机。"媒介融合"实质上是带有强烈价值倾向的规范性框架:一方面,它为"革命式"的技术创新欢呼;另一方面,融合潮流是全球资本体系自我再造重组的能量释放。通过对新技术寓言式的描述,"媒介融合"潜在地打造了强势价值观的输出路径。

随着国际资本的推动和自由主义经济观念的辐射,媒介融合已转变为有自我实现能力的潮流,因而有了超越话语范畴的现实影响力。一个典型的例子是美国1996年的电信改革。这次改革不仅取消了原来的行业隔离,不再禁止电信运营商进入有线电视和网络服务行业,更是抢先全面市场化、私有化、自由化包括电信、广电、互联网在内的美国传播行业,因而迫使英国和欧盟国家紧随其后提升本国媒体资本在国际市场竞争中的实力。垄断集团通过融合抢占先机,以期制定规则,主导转型。新自由主义通过迎合跨国垄断集团资本扩张的本性而兴起,这一历史性改革的深远影响波及整个国际传播体系。总的来说,在全球传播体系市场化、自由化和数字化的大背景下,媒介融合不仅是全球传播体系通过信息产业自我更新和自我重组的具体手段,同时给发展策略、行业监管、资本积累、劳动关系、社会民主和大众文化带来了种种互相制衡的矛盾的影响,历史的延续性和革新性是媒体融合的双重特点。[①] 不论怎样,人类在精神领域的融合上已经达到了前所未有的广度和深度。在同一个信息活动体系中,不同的文化和价值观将被迫或主动地加速碰撞,结果是出现被取代、彼此兼容、彼此融合三种结果。从总体上看会呈现多元化形态下的一元趋同局面,即人类拥有某种共享的、符合人类共同体利益与需求的基本价值观,并在此基础上保有个性。

那么,媒介融合对全球格局、政治、民生以及我们钟情无限的传统传媒产业还会带来哪些实质性的影响?在强势商业逻辑的主导下,媒体融合是削弱还是加强了跨国资本对传播体系的霸权控制?它又是否能摧毁社会歧视,实现全社会的平等信息服务甚至民主化?弱势价值体系崩溃、强势价值观主导世界就是媒介融合的必然结局吗?人类的精神生产和价值观最终会走向大融合吗?

从本质上来说,融合的目标不是信息的自由而是人的自由,是人与社会规则之间的博弈!

以下,我们做一些预测。

一、传统的媒体定义被改写,传媒竞争的范围与边界不断扩大

媒体边界日益模糊这一事实动摇了我们对传统的媒体定义的诠释。在某些场合,人们以"泛媒体"或"自媒体"来形容这个信息时代的特征,试图表达的是

---

① 洪宇:《论西方"媒体融合"的现状与启示:一种传播政治经济学视角》,载《中国传媒报告》2009年第3期。

那个凭借垄断信息资源进行单向传播的旧时代的终结。在交互性成为一种评定标准时,Web 2.0之前的第一代互联网也被称为传统媒体,因此我们看到媒体产品更多地转型成为媒体平台。像淘宝、微博这样,通过提供平台帮助他人实现价值并由角色不断互变的传播者与接收者对平台共同经营的新的生产模式涌现出来。可以预见,未来的"媒"将不再只是信息媒,而且是商品媒和服务媒。在服务模式上,从信息服务向平台服务发展,信息内容和交互方式更加多样化;在应用领域,从以信息传播和娱乐消费为主向社会化服务领域延伸,是一个重大转变。

同时,对媒体而言,竞争的不确定性大大增强。各类泛媒体交叉、渗透、融合,使传媒竞争变得更加微妙、复杂。仅从微博的"媒体"类账号看,截至2012年年底,新浪微博认证的媒体微博总数突破11万个,包括17221个媒体官方微博和92945个媒体从业者微博。这些账号集中在报纸、杂志、电台、电视台等领域,其中报纸类媒体微博约2700家,报业人微博数达1.6万个。媒体机构类TOP 400榜单中,电视类雄踞第一,占31%;杂志类占17%;报纸类则位列第三,占16%。[①]

一场争夺"粉丝"的影响力大战硝烟弥漫,可以称之为异质媒体的"同台操戈"。

在社会日益媒介化的同时,媒体也日渐社会化,政府、各类机构及企业组织的媒介素养不断提升,传媒业的格局与版图将被改写。

二、资本融合促使中国逐渐形成为数不多的超级媒体和传媒寡头

媒介融合将重构中国媒体版图。跨界融合加上资金和资源的集中,都会促使超级媒体和具有垄断性质的少数传媒寡头出现。

2009年,国家共出台了十项和新媒体相关的扶持政策,包括影响力最大的《文化产业振兴规划》以及有关创业板的推出、文化企业的转企改制和分拆上市等内容的政策,传统媒体纷纷进军互联网产业。在国家"十二五"规划中,首次以罕见的大篇幅着力论述文化规划。"推动文化产业成为国民经济支柱性产业"这一全新提法,意味着中国文化产业在体制机制改革方面会有一定的作为,原先在有关宣传部门主导下的文化产业发展将得到政府经济主管部门更多的配合;政府对文化产业的积极推动将更多地寻求市场的响应。而这其中,融合中的传媒业占有重要的位置和优势。

[①] 人民网舆情监测室:《2012年新浪媒体微博报告》,2013年1月。

2011年,浙报传媒借壳"*ST白猫"实现上市,成为"中国第一家媒体经营性资产整体上市的报业集团"和"浙江省第一家上市的国有文化集团"。2012年,浙报传媒最终敲定了增发收购一事。公告显示:浙报传媒拟通过定向增发与自筹资金32亿收购杭州边锋、上海浩方各100%的股权。

2012年,马云宣布收购阿里巴巴网络26.55%的股权,使其私有化退市,这也成为2012年互联网行业并购交易规模最大的一起案例。此前,著名传媒人、原《京华时报》总编辑朱德付入驻淘宝担任总编辑。

2012年,优酷和土豆发布联合声明,宣布合并协议生效,优酷土豆集团诞生。

2013年,新浪宣布,其注册用户过5亿、国内最具人气的社交媒体平台——子公司微博公司,与国内最大的电子商务公司阿里巴巴集团的子公司阿里巴巴(中国)签署战略合作协议。阿里巴巴通过其全资子公司以5.86亿美元购入新浪微博公司发行的优先股和普通股,占微博公司全稀释摊薄后总股份的约18%。另外,新浪授予了阿里巴巴一项期权,允许阿里巴巴在未来按事先约定的定价方式,将其在微博公司的全稀释摊薄后的股份比例提高至30%。双方将在用户账户互通、数据交换、在线支付、网络营销等领域进行深入合作,并探索基于数亿的微博用户与阿里巴巴电子商务平台消费者的能够进行有效互动的社会化电子商务模式。

我们看到了资本的运动轨迹。数据显示,从2008年下半年开始,境内外资本越发热衷于投资与媒体相关的行业。包括国有银行在内的资本大力进入,电视媒体与互联网视频结合,资本向有影响力的传统媒体倾斜,比如新华社、中央电视台等,这些都将带来传媒业的结构性调整。传统媒体通过融合转型获得了新的优势,体制特性和资本动力又进一步推动了其与泛媒体渗透融合。未来国内传媒业在监管方面面临的难题包括:如何协调垄断与竞争之间的关系;如何实现跨区域融合、跨媒体传播以及社会化媒体的内容监管;如何建立泛媒体传播新秩序与规则;等等。

三、传媒业的融合转型从内部流程再造转向外部单入口、单平台的争夺

报纸、杂志、电台、电视台等传统意义上的媒体,在继续保持"模拟"形态的同时,也相继拥有了各自的数字形态,而且多数实现了网络化。

具备了形态的多样化是否就实现了媒体的融合呢?从单一媒体样态向多种样态的延展,使媒体在组织融合、管理融合、品牌融合、技术融合、营销融合等诸多方面为深度融合奠定了基础。在中国的传媒体制中,媒体集团内部一般有多

个独立的媒体单位,在融合的初级阶段多力争达到优化内部资源、控制成本和提升效率的目标。因此,传统媒体纷纷进行内部流程与管理系统的优化,其基本设计原则是将平面、影像、网络等多种媒体形式接入数码技术平台,通过对管理流程的有序整合,形成多元化的媒体生产和传播链。

然而,具备了多种媒体样态,并不意味着就拥有了融合媒体的运营能力。相反,一些媒体进行的技术与产品"新媒体化"因脱离业务模式进行创新而造成重复投资、架构冲突等现象,并未获得新的竞争力,反而陷入内耗并导致资源的流失。

有资料显示,媒体对客户信息资源的整合目前主要是面向管理而非面向应用。以信息资源为例,各部门之间数据打通可以做到彼此"看见",但尚难做到共享复用。如何从"信息集成平台"发展为"应用集成平台",成为突破初级阶段的一道壁垒。

一般可从以下维度来衡量媒介融合的深度:

(1)即时互动效度;(2)动态非结构数据处理水平及应用频度;(3)社会化媒体平台运营水平及融合深度;(4)组织内部合作共享程度。

在更开放的移动互联网时代,"多屏多终端,单平台单入口"的排他性发展趋势日益明显,用户从真实的个人身份出发,通过社会关系链进行信息传播与资源整合,使得对单入口、单平台的争夺更加激烈。对媒体而言,其本质是从产品导向演进到用户导向。

2012年11月群邑中国发布的研究报告显示,将近三分之一的中国三、四线市场消费者使用移动设备接入互联网,这一数字相比2009年增加了351%。

以腾讯微信为例,2012年9月,腾讯宣布用户数突破2亿。有此巨量用户基础,预计不久腾讯就会实现微信支付功能,打通从社会化媒体到社会化商业的通道。腾讯即时通信服务、游戏、Qzone等产品也将从PC端通过微信迁徙到更简单易用的无线互联网入口——智能终端上,这一切体现出腾讯在入口争夺战中的强势竞争力。

南京大学金陵学院传媒学院的一项调查显示,在使用苹果或安卓系统的终端受访者中,自定义搜索新闻的用户已超过了习惯性选择单一媒体品牌阅读的用户。用户会越来越倾向于使用常用的账户入口,并通过该入口满足各种需求。因此,争夺入口式服务、获取入口价值成了关键环节。

这已超越了传统的媒体竞争模式。如果不具备互联网思维和经营理念,传统媒体的转型将难以成功。

四、社会化媒体加快融合进程,改变媒介生态

在新的融合趋势下,媒体的内容生产、销售方式、赢利模式都在改变。

美国互联网调研公司 comScore 2011 年 12 月发布了 2011 年全球社交网络研究报告。数据显示,互联网用户每 5 分钟的在线时间中就有 1 分钟在浏览社交网站。以 Facebook 为代表的社交网站用户总量已超过 12 亿的规模,与互联网的用户总量相比,这样一个规模的比例为 82%。越来越多的中国广告企业逃离传统媒体,或者削减在其中的投入;而与新媒体的关系日益亲密,其中依赖度最高的是以微博为代表的社会化媒体。

据美通社调查数据,87% 的受访企业每天都使用社交媒体。微博和移动应用的使用在企业人群中增长迅速,使用频率数倍于博客、社区、RSS 订阅等"传统"新媒体应用。77% 以上的受访企业已开设官方微博,其中半数获得认证。近 80% 的企业对通过社会化媒体与客户和消费者之间建立起的互动和营销关系表示较强认同,印证了新媒体环境下公关与营销进一步融合的大趋势。[①]

以微博为例。尽管敏锐的媒体人已能够娴熟地从中获取信息和观点,但对其作为关系来源、创意来源、情绪来源以及数据来源的特质,仍未引起足够重视。多数媒体官方微博互动值低、服务性弱,运营仅限于传统媒体在新媒体平台上的品牌延伸,因此还有相当大的潜力可以挖掘。一些持重的学者认为,要避免微博上情绪性的发言干扰传媒人理智的判断。事实上,社会化媒体上那些海量碎片化的信息中,蕴藏着丰富的价值,而挖掘与解读它们的内涵,需要传媒人具备专业能力,相应的新媒体工具发挥更具特色的作用。

社会化媒体的繁盛构建了新的媒介生态,也为媒体融合转型提供了新的土壤。

对于媒体人而言,他们的角色已不仅是信息的经营者,还将转变为"人"和"人的关系"的经营者。

五、媒介融合的结果是终端融合,数据分析潜力巨大、备受重视

终端融合既是媒介融合的特点也是其结果。传统的报业、广电等以及掌上媒体、互联网等都将面对相同或类似的客户群体。融合后的视频、文字、图片之间的屏障被打破,视频生产者与传统纸媒的界限变得模糊。纸媒也能做电视,网络电视台里也可以有纸媒创设的频道……纸媒体作为信息产品中的高端产品,

---

① 美通社:《2011 中国企业新媒体应用调查》,http://www.prnasia.com。

或许会成为阅读领域的奢侈品。预计移动互联网将为 APP 的开发带来重要机会。未来三年内,每个月平均将有约上百万用户首次接触移动互联网,好产品可以低成本地获得高黏度用户。未来用户的切换成本很高,争夺用户将成为媒体之间的又一场战争。

终端融合也让传媒业迎来了大数据时代。互联网本身具有数字化和互动性的特征,这种属性给数据搜集、整理、研究带来了革命性的突破。传统时代的分析师通过抽样调查等方式,花费较大的时间和资金成本才能获取的数据,如今可以更方便、更全面地得到,而且数据的丰富性、全时性、连续性和及时性都要强得多。

与过去相比,互联网时代面临的不是数据匮乏,而是数据过剩。因此,数据分析师必须学会借助技术手段和自己的知识储备、专业技能进行高效的数据处理。更为重要的是,互联网时代的数据分析师要不断地在数据研究的方法论方面进行创新和突破。例如,结合经济学、社会学理论,构建消费者行为模型。

就传媒行业而言,媒体运营者能否准确、详细和及时地了解受众的状况和各方面的变化趋势,是决定媒体经营成败的关键。特别是在移动互联网时代,终端用户既是信息产品的定制者,也是信源提供者和观点、产品、需求的生产者。

传媒业与数据相关的两点值得重视。一是在以用户为导向的媒介生态中,通过数据分析侦知用户需求及了解其行为习惯的变化是媒体制胜的关键。二是借助数据挖掘提升商业智能,为广告主和用户提供增值服务将成为未来媒体重要的商业模式。

数据挖掘与"智能化搜索"和"云计算"相关。它以人为核心,通过建立模型和进行海量信息搜索,对数据进行处理、分析,从而得到我们想要了解的观点、结论,并进一步进行深入的商业模式挖掘。这种非结构化、大数据量的即时处理只有云计算能够完成,它对搜索的智能化以及数据分析师的专业水平提出了更高的要求。

以广告领域的数据搜索应用为例。谷歌将推出基于位置和时间段的跨终端的广告投放系统。它可以帮助广告主投放更具针对性的广告;可以实现"圈地"投放;可以选择时间段投放;可以选择桌面或移动终端搜索关键词投放。对数据挖掘的分析则会更多地应用于媒体开发多层次、多类型的增值情报产品。转型后的媒介组织较之个人最明显的优势来自组织协作能力和资源整合能力,对海量信息的分析、编辑和产品化需要团队协同和专业知识,智能化搜索与数据挖掘工具的优化也有赖于强有力的资源保障。因此,传统的新闻生产、传播与营销方式都在发生根本性的转变。由于信息碎片化带来数据存储与处理方面的压力,重视数据分析的融合媒体将更依赖于云计算服务。

六、商业模式面临转型，线上与线下相结合的活动营销或将成为媒体经营的重点

传统媒体面临的危机表面上来自新媒体与新技术的冲击，其实是信息垄断时代结束所带来的必然结果。在传统的信息不对称年代，由持有准入牌照的采编人员通过专属平台进行信息发布，几乎成了公众获取信息的唯一渠道。这样的发布是单向、强势、不平等的，它决定了传统媒体的产品导向，即我有什么资源就办什么媒体，想让更多人听到你的声音只有通过我的平台。传统媒体成了信息发布的代理商。

而在新的媒体环境里，理论上讲每个普通人都可以通过社会化媒体平台发出自己的声音，对于每篇文章、每个观点都可以根据自己的意志经营，传统媒体的权力被迫交出。在平等、互动、自由竞争等新媒体精神的驱策下，由特殊人才、特殊工艺处理条件经营的传统新闻"生意"，被技术化后的智能信息流取代。广告主和公众都有条件选择自己认可的信息传播方式。

在这样的自媒体时代，传统媒体必须经历商业模式的根本性变革。长期忽视受众、不注重互动、缺乏动态数据的传统媒体转型吃力，遭遇技术与业务模式的双重冲击，竞争力不断下降。以纸媒行业为例，高能耗、高污染、高成本已经够让媒体掌门头疼，而那些静静躺在邮局或发行部门仓库里的订户名单几乎不具备数据价值。广告主逃往网络平台经营自己的官方微博，信源提供者也越来越习惯于采用自媒体进行信息传播。加上数据分析能力远远落后于电子商务行业，传统媒体的赢利状况遭遇了前所未有的窘境。

传媒业融合转型遭遇的最大困惑就是难以找到适合自己的新商业模式。早期建成的网站、数字报、手机报、客户端等黏度很低，成功者寥寥。

或许可以从互联网的发展中得到一些启示。

以网址导航和链接为特征的信息门户网站，如新浪、搜狐是第一代新媒体的代表，它们的成功基于在那个时代对稀缺信息的补充。第二代是开心网这类围绕"人"展开经营的"新媒体"。在那里，信息经营是附着在核心业务上的增值服务。第三代新媒体则围绕资源经营，我们可以看到线上虚拟世界与线下现实世界的融合，如携程这样 O2O (Online to Offline) 整合型的服务供应商。而像腾讯这样进行网站、微博、视频、QQ 空间、即时通信、微信等多产品布局，并打通微博和 QQ 空间、突破弱关系与强关系间壁垒的社交媒体平台，一旦实现与本地化服务的对接，即可实现从第二代向第三代新媒体的转型。它可以有效地、一站式地帮助广告主解决所有的社会化媒体营销问题,从提高品牌曝光率、建立口碑到吸引忠实顾客并将其聚合在自己的社会化媒体社区中。

这是否是一种趋势?在动态数据中进行逻辑推演并描述人的需求特征,进而提供多层次、多样态的增值服务,成为线上、线下资源的整合与运营者,并开展各类活动,将成为传媒业未来重要的营销手段。而策划、创意水平的高低,也将直接关系到媒体品牌的影响力。

七、新的传媒组织管理思想和方法诞生

在变革的环境中,专业媒介机构的管理思想亟待变革。

比如,媒介融合令受众成为"互众",在技术、市场、经济等诱因的作用下,媒体面临"规模化"和"差异化"的双重要求。如何解决这一矛盾?编辑部既要具备规模化与组织化生产的能力,又要满足个性化与差异化的需求,有效控制生产成本。这就意味着,技术工具要尽可能智能化,个性化的知识要尽可能被标准化,分散在每个人头脑中的经验要被集中和优化,这样才更便于信息聚合式的产品生产,使用户的选择体验更好、黏度更高。

在调研中我们发现,传统媒体在较大程度上陷入这样的误区——在新媒体大潮扑面而来时,膜拜技术工具的作用,将系统更新、平台升级,甚至向员工配发新款手机作为转型的重点,以至于投入大量资金"装备"自己,却并未因此而获得新生。在不断地投入、调整与失败的循环中,它们对于行业的未来感到迷茫。

事实上,技术尽管重要且关键,但并不是传统媒体转型过程中的唯一决定因素。只有了解媒体演进和沿革的内在逻辑,才能洞察其发展趋势。媒体转型的核心是业务创新而非简单的工具更新。明白了媒体的核心竞争力所在,设计出符合自身特点的业务模式,技术模式才能够有的放矢、发挥优势。

在此前提下,以技术应用、开发与创新来带动生产效率的提高、提升专业化水平是必由之路,也有利于更好地实现媒体秉持的价值观。预计媒体将更多地在文本挖掘方面运用中文语义分析技术,甚至自主开发情报搜索系统。融合句式分析、情感分析和分类分析将用于进行对品牌、产品及其属性的分析。相对于单一关键词查询,智能化语义识别技术提供了中文多角度语义分析的条件。此外,社会化媒体管理工具开发,App Store 创意开发,更丰富的交互方式——遥感、触摸、罗盘、语音和摄像头等,都有可能在融合转型过程中发挥重要作用。

另一方面,新技术将变革、优化传统的作业方式。比如,在新技术条件下,通过跨地域、跨领域、跨组织的协作来完成调查性报道的模式被越来越多地采用。跨区域的非营利新闻调查机构,或将发挥更大的作用。比如国际记者中心(International Center for Journalists)关于全球不正当香烟贸易的调查,号召14个国家的22名记者参与,跨越了数十个时区。因为有这样一个团队,记者们才得以讲述从中国的造假者、俄罗斯的囚犯工厂,到纽约的印第安人居住地,再到巴基斯坦和北非的军阀的故事。在历时13个月的调查中,记者们将获取的公开资料、线人资料和未经处理的短片整理成一个多媒体文件夹。这个协作团队联系安全性、合作性强的网络工作室来分享文集、照片、录像等资料。最终的关于"地下香烟"的报告曝光了一个价值数十亿美元的非法交易体系,它带来了世界范围内的犯罪、腐败、恐怖和疾病。而在传统媒体时代,这或许需要一个调查记者走遍全球,耗费巨大的资源。

新的管理理念还将令新的部门应运而生,比如社交媒体部。负责官方微博运营、社交电视运作等的部门,在未来的媒体转型中将具有重要作用。美国的西雅图KING电视台在全美最早成立了社交媒体部门,首位社交媒体部主任Evonne Benedict透露,她的职责是成为新闻工作者、社区推动者、客户服务代表、品牌管理者、开路人、团队教练。

国内有媒体在尝试"社交电视",即可一边在线观看视频一边讨论、分享,还可以自己创建合辑以及属于自己的节目和电台,发布的内容还可以直接同步到微博。多任务、跨平台的多屏业务体验是融合媒体未来发展的方向。

视频部门也将成为重要的新兴部门。融合生态中的视频已非传统电视专属,移动视频甚至会成为未来媒体的基本属性。我们将具备微时性、微媒性和微众性的视频定义为"微电影",正是为强调其媒体属性。微电影等的生产与销售部门会逐渐出现在融合媒体中。微电影广告凭借强大的互联网传播平台和更为优越的表现形式,会逐渐受到广告主的青睐。

智库等研究部门会成为未来媒体的大脑。它的职能至少包括明确战略目标与定位,进行技术研发与转型、业务模式研究、用户行为习惯与需求分析、内容产品分析和绩效评估等。与过去不同的是,研究的前瞻性和探索性会大大增强。

与之相关,首席技术官(CTO)、首席数据分析师等职位也将成为未来媒体的"标配"。

在传统媒体时代,技术部门的任务主要是保障出版或播出系统安全,居于服务和从属地位。而在融合媒体时代,CTO将襄助决策层决定集团的新媒体技术路线和未来走向。他甚至有权否决与媒体发展战略无关的或错误的技术投入与改造指令。CTO领导的技术部门也需能够把握技术的发展趋势并具备开发、应用最新产品的能力等。

数据分析师则需要具备跨学科思维与创新能力。尤其在经济学、社会学与计算机领域,需要有宽广的视野、深厚的知识积淀和超常规的眼光,能从貌似无关的数据中找出逻辑关联,具有策划与协作管理能力,懂得媒体运营与建模原则,擅长制作图表与包装,能从垃圾中得财富,从碎片中求价值,从行为中解人心,从历史中知未来。

八、颠覆本科新闻院校人才培养模式

新闻院校既是媒体的合作者,又是传媒业后备力量的生产基地。据中华考试网统计,截至2013年,全国开设新闻传播学类专业院校有389所,每年有十多万新闻专业大学生毕业,但有相当数量难以适应传媒业的发展需要。毋庸置疑,新闻院校的传统教育理念已面临严峻挑战。

在媒介融合趋势下,新闻院校以人文思想立足的根本理念,需要与科技精神有机融合。学科建设的交叉性和复合性日益明显,在培养研究型人才的同时,特别是在新闻学本科层次,应高度注重培养应用型人才,超前或者同步培养符合业界未来需求的复合型人才,对教育理念、教学模式、课程体系、实验室建设思想、教学评价体系进行彻底改革。高等教育具有的教育、科研和服务社会三项基本职能中,科研占有极其重要的位置。尤其在新的媒体生态环境中,新闻本科教育既区别于职业技术学校,又区别于以理论研究为主的研究生层次的培养。在传媒人才的孵化空间里,需要社会学家、经济学家、心理学家、数学家、计算机专家和语言学家、传播学家等一起通力合作;也需要传媒业的精英记者、编辑、经营者、管理者进入象牙塔给学生提供实战层面的磨砺与历练;还需要从事科研工作的教师和工程师积极与IT企业、传媒业开展项目合作,通过对一线行业的理解和前沿性研究,保证教学的持续敏度和锐度。

高校的首要任务是培养人,而终极目标则是服务社会、推动人类社会之进步。所以高校的科研定位不是做直接服务社会的事,而是通过选择具有标杆意义的典型性项目加以研究,实现影响产业和引领社会发展的目标。学生在四年时间里,可以最大限度地学习和了解这一切。预计实训类课程将由课外实习实践逐步转入课内教学体系,其中,与新媒体相关的实验教学课程将发挥越来越重要的作用。

同时,新闻伦理类课程也将逐渐成为高校新闻学教学的重要内容。媒介融合的发展、社会化媒体的繁盛,会不断降低隐私保护的门槛,挑战现有体制与法律体系。

据路透社报道,2013年欧盟立法机构将给予用户对个人数据更大的控制权,Facebook和谷歌等互联网公司今后要使用用户数据,可能要获得更多的许可。

欧盟立法机构希望限制互联网公司向广告公司出售用户数据的能力,特别是当人们不知道他们的数据是如何被使用的时候。

作为首批从用户数据中获利的公司,Facebook和谷歌一直在游说反对限制用户数据使用的举措。医疗服务提供商和智能电表制造商等其他依赖用户数据的公司也对此高度关注。

中国会怎样?

对生活于这样重要的转型期中的我们而言,这些事物充满诱惑,我们对其无限憧憬。

这不是一个时代的开始,却是一个时代的转折。

我们无须改变时代,我们就是时代本身。

第一章
媒介融合的观念变迁

如何理解媒介融合？这是我们首先需要解决的问题。事实上，媒介融合本身虽然是个新概念，但它的雏形却早已经产生。广播的诞生、电视的诞生都带来了它们与原有旧媒介的冲突，而在这一冲突的过程中，为了竞争的需要不同媒介形态间又彼此学习、互相借鉴，在产权关系上也互相渗透，这是媒介融合的初级阶段。有了互联网之后，新媒体与传统媒体的冲突与交融让媒介融合进入新的发展阶段。今天，随着技术的发展，媒介融合又在向更高的层次迈进，直指人类实现信息自由的梦想。那么，究竟什么是媒介融合？作为一种观念，它又经历了怎样的变迁？下面，我们就回答这个问题。

> **本章要点**
>
> 当两个以上的媒介出现，就有了媒介融合观念的萌芽。各种媒介间互相合作、补充的观念也可以被称为媒介竞合观。媒介竞合之后的阶段可以用媒介整合来概括。这是在媒介竞合与真正的媒介融合间的过渡阶段，是人类从媒介时代向后媒介时代过渡的时期。关于媒介整合的各种观念则可以被称为媒介整合观。因此，媒介融合首先是一种历史趋势，从出现两种以上的媒介开始，它就开始发挥作用，直到媒介间的区别消失。其次，媒介融合是人类信息科技发展到较高阶段后的突变进程。再次，媒介融合是一个结果。世界上本来没有媒介，技术和社会发展催生了媒介，同样由于科技和社会发展的不足导致了媒介的差异，而进一步的发展则导致各种媒介差别的消失。

第一节 媒介的竞合

"媒介融合"（Media Convergence）这一概念最早由美国麻省理工学院的伊

契尔·索勒·普尔(Ithiel De Sola Pool)提出。1983年,他在其《自由的科技》(*The Technologies of Freedom*)一书中提出了"传播形态融合"(the convergence of modes),认为数码电子科技的发展是导致历来泾渭分明的传播形态聚合的原因。他的本意是指各种媒介呈现出多功能一体化的趋势。[1] 然而,随后又有学者从不同角度提出了各自的媒介融合概念,这些不同的解释之间存在着巨大的分歧。但无论如何,目前我们可以肯定的是,随着互联网、手机等新媒介形态的兴盛以及人类社会信息化的广度和深度不断拓展,媒介融合本身越来越成为学界、业界关注的一个焦点问题,也是影响深远、不断演进的社会现实。

媒介融合的概念之所以引发巨大争议,其根本原因是它还是一个新生事物,处于急速发展、变迁的阶段,并且在不同国家和地区的表现形式也存在巨大差异。我们难以准确判断出它的哪些特征具有持久性,而哪些特征只是过渡形态,更难判断出它最终的成熟形态。然而,这不等于我们就无法对媒介融合进行准确的界定和预测。在人类媒介发展的历史进程中,过往的历史经验可以给我们一部分启示,当然这同时还需要避免僵化的套用或教条主义。

一、广播与报纸的竞争和合作

媒介融合最初从哪里开始?从广播诞生的那一天起,媒介融合才具有了第一个基本条件,即有了两个以上的媒介。从那时开始,新媒介——广播和旧媒介——报纸,开始共存于世,只是人们还不知道二者之间的最终关系:是你死我活的竞争、是共存共荣,或者是这个比较现代的词语"融合"?

报纸曾经主宰着整个大众传播事业。《泰晤士报》一度成为大英帝国的力量象征,美国总统林肯曾说,"除密西西比河以外,我不知道还有什么能拥有《泰晤士报》那样强大的力量";对苏联十月革命来说,《火星报》起到了助产士的作用,向全俄劳动人民普及了革命思想,同时将分散在全俄的革命者联合了起来,堪称"脚手架""播种机";而在中国近代轰轰烈烈的维新运动与辛亥革命中,办报是改良派与革命派的主要活动之一,诸如"一张报纸顶十万大军"这样对报纸威力的评论也常见于这一时期的史料。

然而,当广播出现后,报纸的垄断地位消失了。《火星报》的创办者列宁惊喜地称广播是"不要纸张、'不受距离限制'的报纸"[2]。广播现场感强烈,充分

---

[1] 孟建、赵元珂:《媒介融合:粘聚并造就新型的媒介化社会》,载《国际新闻界》2006年第7期,第24页。
[2] 《列宁全集》第49卷,人民出版社1988年版,第244页。

刺激人们的听觉,具有强烈的感染力,被称为"心灵剧场"。在实况直播手段出现之后,其时效性也远在报纸之上。广播还具有良好的伴随性,听众可以一边听广播一边忙其他工作。广播的这些优点都是报纸无法比拟的。于是,一时之间,报纸的销售量大跌。由于年代久远,我们很难看到当时的从业人员和研究者的书面评论,但可以想见,其中免不了有"报纸将走向消亡"的论调。

然而,随着时间的推移,广播的缺陷也逐步暴露出来。广播是流动的,内容转瞬即逝,无法保存;广播是肤浅的,不能承载复杂深邃的内容,它满足的是听觉,却不能给人以视觉的享受。广播的这些缺陷却正是报纸的长处。报纸便于折叠,可以随身携带阅读,可以长期保存,可以表述复杂深刻的抽象概念,还能刊登精美的图片。

于是,最终形成了今天的结果:报纸和广播各司其职,各安其政。报纸退出了一部分市场,但在它擅长的深入报道和记录事实上做得更好;广播充分发挥它感染力强、不胫而走的长处,获得了一个庞大的市场,但这并不完全来自对报纸市场的挤压,相当部分是它自己开辟的市场增量。广告额比例的变化是良好的佐证。1929 年,美国电台的广告收入只占同期报刊广告收入的 5% 左右;到了 1939 年,在全部广告收入中,报纸占 38%,杂志占 35%,电台占 27%。[①] 但值得注意的是,在电台广告收入占广告收入总额比例不断上升的同时,报纸广告收入的绝对值仍然在增长,只是在新增广告收入中所占的比例不断降低,而这种下降的趋势也不是无限持续的,其速度逐步放慢,最终趋于稳定。其他国家也普遍经历了类似的过程,电台的广告收入比例从初期的"敌进我退"发展为后期的"敌我拉锯",恰恰说明了问题的复杂性。

当然,两者之间并不是单纯的敌我关系。1920 年,世界上第一家广播电台 KDKA 电台开始播音,然而,它播送的第一条新闻来自当地的《邮报》。[②] 这在某种程度上预示着新旧两种媒介间的关系剪不断理还乱。在业务上,广播新闻一开始完全模仿报纸新闻的写法,按照报纸的写作模式进行报道。随着经验的积累,从业者才开始摸索出广播独特的新闻报道手法。[③] 在广播中出现了《报纸要闻》《今日读报》之类的栏目,而一些报纸也刊载来自广播,尤其是远方短波电台的新闻,更有一些聪明的从业者,时刻关注其他类型媒介的从业者及其报道,从中获取自己没有的线索、补充自己不足的内容。广播公司兼营报纸、报业集团收

---

① 李彬:《全球新闻传播史》,清华大学出版社 2005 年版,第 259 页。
② 陈卫平主编:《中外广播电视简史》,上海外语教育出版社 2006 年版,第 28—29 页。
③ 李彬:《全球新闻传播史》,清华大学出版社 2005 年版,第 326 页。

购广播台的现象,也越来越多地出现。

二、电视的冲击

20世纪40年代,广播发展到历史的顶峰,但好景不长,它也迅速沦落为旧媒介。第二次世界大战之后,电视得以飞速发展,美国的几大广播网全部在保留电台的同时,进入了电视领域。从电视机的生产数字中可以看出这一新媒介来势迅猛:1946年,美国生产了4600台电视机,1949年就上升到300万台,1950年则为746万台。① 电视声画一体,文字、声音、图像、视频无所不包,几乎囊括了报纸、广播所有的优点,具有不容置疑的传播优势。

广播对报纸的威胁远不如电视对报纸、广播的威胁立竿见影。1933年,罗斯福总统开始借助广播发表他著名的"炉边谈话",鼓舞美国人走出大萧条。但在此之前,政治家们对广播大都不屑一顾,认为广播与其身份不相称,这也是罗斯福"炉边谈话"取得轰动的原因之一。这从一个侧面表明广播的影响力是逐渐提升的。而电视诞生不久,就迅速表现出了它强大的威力。电视能带给观众空前的视听享受,对信息能够做到基本接近真实的还原,可以自由组合文字、图像等多种元素以达到最佳的表现效果,成为三大媒介中当之无愧的王者。

由于技术手段限制,早期的电视主要播放的是娱乐节目,电影业、广播业、报纸、杂志、书籍,乃至夜总会、酒吧等,如同遇到大海啸,纷纷在竞争中溃不成军。人们坐在家里,一天用好几个小时来看电视,大幅度减少了出门参加各种娱乐活动的时间,以至于20世纪50年代,全美国有5000家电影院灯火不明,老板跑到小卖部去卖爆米花。② 大批的报刊从赢利转为亏损甚至倒闭,例如著名的《星期六晚邮报》步其竞争对手《柯里尔》的后尘,于1969年停刊。③ 50年代中期以后,随着技术的进步,电视新闻开始崭露头角。1963年,美国通过电视了解新闻的人第一次超过了通过报纸了解新闻的人,这是一个历史性事件,标志着电视新闻时代的来临。报纸、广播的生存空间被空前压缩了,电视成为当之无愧的第一媒介,人们最主要的娱乐和新闻渠道。

那么,报纸和广播有什么可以在电视的冲击下生存的资本? 它们是否真的要被电视淘汰? 诸多观察家预测,电视的出现宣告了电台的末路。也有观察家提出,广播和电视的发展意味着人类走入电子媒介时代,印刷媒介将最终消亡。

---

① 陈卫平主编:《中外广播电视简史》,上海外语教育出版社2006年版,第173页。
② 李彬:《全球新闻传播史》,清华大学出版社2005年版,第294页。
③ 〔美〕埃默里等:《美国新闻史》,展江等译,新华出版社2001年版,第445页。

生存还是灭亡,似乎再次成为两大"旧媒介"的问题。

对广播来说,电视的冲击尤其强烈,电视的声画结合几乎对广播具有直接的替代优势。广播在广告额递增速度大赛中击败报纸还没有多少年,就不得不感受被打垮的滋味。但是,在短暂的混乱期后,广播电台通过转型找到了自己新的用武之地。它们纷纷调整自己的节目形态和内容,以适应市场的变化,放弃了一些无法与电视抗衡的节目形式,如情景喜剧、舞厅音乐和肥皂剧,转而开发能有效发挥广播特色的节目形式,如开设音乐频道,大量增加古典音乐、乡村歌曲等适宜听而不适宜看的内容等。

总的来说,广播电台充分发挥自身硬件平台、节目内容开发和接收机终端建设等方面的优势,由"广播"转向"窄播",以特定的听众群为对象,日趋小型化和地方化,满足了不同细分市场受众的需求。① 而对于电视台来说,由于投资建设成本高昂,过小的细分市场难以保证经济效益,只能望洋兴叹。一个个细分市场的累积,使广播仍然保留了庞大的听众数量。此外,随着时代的发展,它也获得了一些新的成长空间,如汽车制造商在小型便携式半导体收音机开发出来后,将其作为汽车的标准附件安装,以汽车驾乘人员为目标受众的交通台也由此兴盛起来。

广播能够不被电视取代的最独特优势则在于其伴随性,人们可以一边忙其他事一边收听广播,这是报纸、电视都无法做到的。广播被电视狠狠撞了一下腰,不过最终仍然是站在媒介舞台上的主要舞者之一。

报纸的生存空间在电视兴起后也不得不再次被压缩,但也并非毫无招架之力。电视也存在与广播类似的问题:线性播放模式,内容转瞬即逝难以储存,观众无法自由选择想看的内容,除非电视台重播,否则难以回顾自己感兴趣的节目。报纸能够通过文字给读者冷静思考的余地,在这方面电视富有现场感、细节鲜明的优势反而成为劣势。虽然电视也能够设立深度报道栏目、发表严肃评论,但总是不如报纸的报道和评论有深度、精炼且具有说服力。另一方面,报纸能够携带,可随时随地按需翻阅。这些方面的优势,使报纸在"敌进我退"一段时间后,再次站稳了脚跟。面对电视的冲击波,报纸在业务方面可以看得到的变化是,引人注目地向独家报道、深度报道、解释性新闻、评述性新闻方面发展,在变化中获得了新的生机。②

在竞争的同时,同样引人注目的现象是新旧媒介之间的互相补充、学习借鉴。

---

① 张彩:《世界广播发展研究》,中国传媒大学出版社2007年版,第5页。
② 蔡帼芬、梁虹:《印刷媒介将会消亡吗?》,载《现代传播》1999年第1期,第42页。

早期的电视节目笼罩于广播的影子之下。各种流派的广播节目出现于电视之上,如情景喜剧、肥皂剧等。它们在电视上受到的欢迎虽然不亚于被移植之前的程度,但是除了增加了更为生动逼真的画面,在本质上似乎没有更大的改变。① 同样,经过漫长的探索,电视才开发出能完全发挥自己优势的节目形态,加入了越来越多的独特元素。但另一方面,它对旧媒介的学习借鉴始终没有停止。

电视新闻评论中的本台评论、本台评论员文章、本台短评、编前话、编后话等节目形态都是借鉴自报刊评论文章体裁和广播评论节目形态的结构方式。凤凰卫视在1998年开播《凤凰早班车》,主持人陈鲁豫通过报摘来"说新闻",影响迅速波及整个中国电视界。这种节目形态是电视借鉴广播"报纸摘要"结构方式的具体体现。而广播读报节目在我国最早可以追溯到1950年4月10日开办的《首都报纸摘要》,即现在中央人民广播电台的《新闻与报纸摘要》。②

而报纸同样向它的两个后辈借鉴。它向广播学习了针对特定群体设计专门的版组、版面和栏目等,向电视借鉴了增强视觉冲击力的手法,将图片作为版面设计的中心元素,走向彩色化、立体化。1982年《今日美国》的创办,开创了报纸以大量富含信息的照片和图表来表现新闻内容的先河,可以说正式宣告了"读图时代"的到来。③ 而画刊的出现更早了几十年。

除了业务方面,媒介机构在所有权、组织结构等其他层面也发生了深刻的渗透,最终呈现出三大传统媒介"你中有我,我中有你"的局面。

三、媒介竞合的历史规律

相对报纸,广播是新媒介;相对广播和报纸,电视是新媒介。这是两段前后相继的历史进程,其中有着许多相似的地方。

在每一次新媒介出现并充分证明其优越性后,新旧媒介之间的关系就成为人们关注的一个命题。新媒介在短时期内的大规模扩张,不可避免地会为旧媒介的整个产业链条带来冲击,有时甚至呈现雪崩效应,而"狼来了"的呼喊自然不绝于耳。常见的观点有两种:一种是旧媒介将完全被新媒介取代;另一种相对保守,认为旧媒介将处于边缘位置,新媒介将成为主宰者。

而最终这两种观点都不攻自破,广播没能取代报纸,而电视也没能取代广

---

① 刘利群、傅宁:《美国电视节目形态》,中国传媒大学出版社2008年版,第6页。
② 孙宝国:《电视新闻节目形态的几种结构方式》,载《中国广播电视学刊》2008年第7期,第54页。
③ 蔡雯、甘露:《西方报纸版面变革及其动因探析》,载《国际新闻界》2002年第4期,第64页。

播。之所以会产生这些错误观点,是因为评论者将新媒介出现引发的市场格局的重新分配看作一个持续进程,过于着急地下了结论。新媒介的扩张和旧媒介的萎缩,既可能是一个持续的过程,也可能是暂时的局部现象,单纯地就一时一地的情形判断未来,免不了发生错误。

总的来看,历史上的新旧媒介冲突,开始总是旧媒介的大幅萎缩和新媒介的大举扩张,而经过一段时期,变化速度逐步放慢,最后形成某种稳定状态。也许我们可以换一种视角,不把这一过程看成是新媒介对旧媒介的排挤,而是相反,是新媒介获取了本来应该属于它的地位,只是在新媒介出现前,这个空白或者无法填补,或者被旧媒介暂时占据而已。广播满足的是人跨越时空再现听觉信息的需求,而电视满足的是跨越时空再现视听信息的需求。在它们出现之前,这些需求早已存在,但是无法被满足;它们出现之后,这些或者被闲置,或者被旧媒介勉强替代的市场空间自然地回归新媒介,而真正属于旧媒介的则不会被取代。这样也许就能解释市场格局变化的原因。

罗杰·菲德勒提出,"一切形式的传播媒介都在一个不断扩大的、复杂的自适应系统以内共同相处和共同演进"。也就是说,每当一种新形式出现和发展起来的时候,它都会长年累月和程度不同地影响其他每一种现存形式的发展;而此时,比较旧的形式就会去适应并且继续进化,而不是死亡。①

回顾这两段媒介发展史,可以肯定的是,在新媒介出现之后,只要旧媒介仍然存在其自身的独特优势,那么就仍然存在它的市场空间。如果这种优势还比较大,那么旧媒介就仍然是媒介舞台上的主要选手;如果旧媒介被边缘化,那么最可能的解释是它的这种优势太小。而报纸、广播和电视在彼此的竞争合作中,都寻找到了足够有力的独特优势,从而形成了三足鼎立的局面。

同时,三大媒介的自身优势又都是动态变化的。一些相对于其他媒介的原有优势可能会变弱、消失,也可能产生新的优势。这来自两个方面的原因:一是媒介自身的变革,二是社会条件的变迁。

从1970年开始,英国《太阳报》第三版每天会刊登性感暴露的女性图片,该报在短短一年内发行量从150万份激增到210万份。其成功的前提有两个:一是印刷技术的进步使报纸能够刊载精美图片并且对成本影响微小;二是法律和社会风气能够容忍这样的内容。无论对《太阳报》作何评价,这种报纸大量运用精美图片的做法,客观上增加了报纸与电视对抗的筹码。同样的例子也发生在

---

① 〔美〕罗杰·菲德勒:《媒介形态变化》,明安香译,华夏出版社2000年版,第94页。转引自蔡雯、甘露:《西方报纸版面变革及其动因探析》,载《国际新闻界》2002年第4期,第67页。

电视领域。由于电视的摄像和转播设备极其沉重、昂贵且工序烦琐,早期的电视台基本上对突发事件束手无策,因此虽然在娱乐节目方面席卷市场,但在新闻方面几乎无所作为;而技术问题一旦解决,电视立即在新闻方面狂飙突进,成功占据了媒介老大的宝座。广播方面,交通频道的兴起显然依托的是收音机的小型化和汽车制造业的迅猛发展,这两个因素缺一不可。而电视拍摄、制作和终端接收成本的大幅度降低以及有线电视网络的建成则使广播在"窄播"方面的优势大幅度削弱。

不同媒介的所谓优势,事实上就是对人类某些需求的满足程度。这一程度的深浅,决定了媒介竞争地位的高下。为了获取竞争优势,媒介需要尽量发挥自身的优势,同时尽量满足受众的其他需求,因此三大媒介间的学习借鉴、互相补充和它们之间的竞争一样激烈。

在竞争与合作中共存,是新旧媒介最终将形成的局面。

四、媒介的竞合观

2003年,美国西北大学教授李奇·高登根据不同传播语境下媒介融合所表达的含义归纳了美国当时存在的五种"融合新闻"的类型:(1)所有权融合:大型传媒集团拥有不同类型的媒介,以实施这些媒介之间的内容相互推销和资源共享;(2)战略性融合:所有权不同的媒介之间在内容上共享;(3)结构性融合:与新闻采集与分配方式相关,如报纸新闻加工打包后出售给电视台;(4)信息采集融合:新闻报道层面上一部分新闻从业者需要以多媒体融合的新闻技能完成新闻信息采集;(5)新闻表达融合:记者和编辑需要综合运用多媒体的、与公众互动的工具与技能来完成对新闻事实的表达。[①] 高登的观点归纳了网络等新媒介兴起后的变化,但同样适用于对前网络时代三大媒介互相补充、学习借鉴的各种现象的归纳,因为在这几个方面都能找到相应的事实。

这时还没有出现媒介融合的概念,但却很难否认媒介融合的初级形态已经产生并发展起来。我们可以用媒介竞合时代来概括网络出现之前的这个时期。所谓媒介竞合,指在竞争基础上的合作。三大媒介形态既存在市场竞争中的对立关系,又出于竞争需要而互相补充、学习借鉴,在组织结构、业务等方面从宏观到微观开展合作。而在这个阶段出现的各种媒介合作、互相补充的观念,也可以

---

① Rich Gordon, "The Meanings and Implication of Convergence," in K. Kawamoto, ed, *Digital Journalism: Emerging Media and the Changing Horizons of Journalism*, New York: Rowman & Littlefield, 2003, pp.57—73.

统一称为媒介竞合观。

这是媒介融合的萌芽阶段,是对未来的媒介融合的预演。称其为竞合而非融合,最关键的原因在于三大媒介间的互补、借鉴,无论是发生在业务层面还是战略层面,都有一个前提,那就是媒介形态间的界限仍然清晰,我们能够准确地为信息终端、传播方式和传播内容定位,指出它属于哪一种媒介。这也是判断媒介竞合时代的规律是否可以后的新旧媒介关系适用的前提。

值得注意的是,当今相当一部分冠以媒介融合之名的观点中,虽然着眼于网络等新媒介与三大旧媒介间的关系,讨论的是双方在共存背景下的互补合作,但在逻辑上没有脱离媒介竞合观的范畴。

媒介竞合最根本的动力是人类对理想信息环境的永恒追求,这是任何单一的媒介形态都不能全部满足的。为了获取尽可能大的竞争优势,一旦在政策法规和技术条件两方面获得可能性,人们就将促成媒介形态间的合作、互补。同时,还存在另一种动力,它贯穿于整个媒介的发展史,这来自产业发展的驱动。现在的研究者往往忽视了动力的双重性。

五、媒介融合中的产业发展驱动

市场经济从诞生开始,就呈现出某些趋势。

首先是市场扩张趋势。早期的商品生产交换活动局限于地区市场,但是由于技术进步不断降低了通信、交通和信息处理的成本,也由于资本的逐利特性,越来越多的人日益深刻、全面地卷入市场经济,促使市场的范围不断扩大,从地区市场扩展为全国市场,从全国市场发展到跨国市场,而最高阶段则是全球市场。20世纪80年代出现了经济全球化的概念,标志着全球统一市场的基本形成,贸易、投资、金融、生产等要素从局限于一地、一国发展到了在全球范围内流动,以实现最佳配置。

其次是经济金融化趋势。这是指实物经济被金融经济所取代,社会资产的金融资产化程度不断加深,金融成为经济生活中一个核心性、主导性和战略性的要素。企业的所有权逐步以股权的方式体现,从而使所有权可以很容易地被分割、转让,企业所有者和经营者的角色发生分离,不同行业的企业对投资者来说是一样的资产增值工具,经营的成败最终都统一表现为金融资产的损益。无论是个人投资者还是机构投资者,都可以同时拥有大量不同企业的所有权,而企业除了经营自身业务,也能以机构投资者的身份,与其他企业进行广泛的所有权交换,获取投资利润或其他合作优势。

再次是垄断的趋势。通过残酷的优胜劣汰,市场中会出现占据主导地位的竞争者,这就是垄断型企业。它们在两个方面具有明显的比较优势:一是在提供的产品或服务上具有更大的规模,从而形成规模经济优势;二是对上游和下游产业进行渗透,努力控制从原料、生产到销售的整个产业链,形成范围经济优势。所谓范围经济,指如果同一厂商生产两种(或更多)产品的总成本低于在两个(或更多)不相关厂商处分别进行生产,那么就存在"范围经济"。① 范围经济常常是制造不同产品的公司进行并购或联合经营的动因,在有些情况下发生在同一产业中不同的垂直层次上。

当然,还存在其他一些发展趋势。这些趋势彼此共同作用,渗透在当今所有产业的发展进程中,媒介产业也不例外。

1889年,爱德华·斯克里普斯与米尔顿·麦克里组成了斯克里普斯—麦克里报业联盟。这是美国也是全世界第一个报业集团。到1914年,该联盟已在全美拥有23家报纸。这是最初的媒介集团,它突破了地域的限制,是报业垄断的雏形,但仍然局限于一个国家、一种媒介。

1926年,美国无线电公司创立了全国广播公司(NBC),到1934年时共拥有127座电台,遍布美国各州。1927年,美国16家电台联合组成独立电台联营公司,后来发展为哥伦比亚广播公司(CBS)。1941年6月,全国广播公司和哥伦比亚广播公司一起获得商业电视执照,从而宣告了美国电视业的正式诞生,这两大广播公司也从全国性广播集团变身为广电集团。

1997年,全美最大的报业托拉斯甘乃特集团拥有90家日报、39家周报、1家周刊和8家电视台、16家广播电台,经营业务同时跨越报纸、广播、电视媒介。

几十年来,全球的媒介生产行为日益集中在几家超级媒介集团手里。以新闻集团为例,20世纪60年代其创始人默多克从澳大利亚的一家报纸起步,逐步垄断了澳大利亚的媒介产业,随后向欧美、亚洲扩张,目前在全球拥有数百家报纸和杂志,拥有全球四大洲有线、无线、卫星电视频道的股份,可以同时通过40多个频道向亚洲53个国家提供娱乐和信息节目,此外还涉足出版、电影、网络等产业。默多克充分利用新闻集团在全球范围内的规模经济和范围经济优势,统一调配各个子公司的精彩内容,对人才等资源进行共享,从而节省了成本,建立了一个跨国界、跨媒介、跨行业的超级垄断集团。②

研究者认为,产业所有权、组织管理等层面的融合是媒介形态、功能融合后

---

① 〔美〕柯林·霍普金斯等:《媒介经济学——经济学在新媒介与传统媒介中的应用》,暨南大学出版社2005年版,第75页。

② 李良荣:《新闻学概论》,复旦大学出版社2007年版,第100—102页。

面临的更深层面、更深刻的融合。① 诚然,媒介形态、功能的融合必然会带来媒介所有权、组织管理等方面的融合,但是不能说,媒介所有权、组织管理等层面的融合仅仅由于媒介形态、功能的融合。

事实证明,早在媒介融合的概念提出之前,李奇·高登所称的"所有权融合"就已经是一种普遍现象,媒介集团通过拥有不同类型的媒介,实现了媒介之间的内容相互推销和资源共享。但是,这种所有权融合不仅发生在媒介领域,也发生在媒介产业与其他产业之间,如报业集团投资酒店业、电影公司涉足玩具业等,在其他产业之间也并不罕见,如交通运输企业控股旅游公司等。这是产业发展的总体趋势和自然结果,即向垄断化、全球化、所有权关系复杂化方向发展。总之,在"所有权融合"上,产业发展的驱动是一个举足轻重的独特因素,这来自媒介企业作为产业的特性,而不是媒介作为信息传播工具的发展规律,并且它在"结构性融合"和"战略性融合"两方面也能发挥作用。人们在探讨媒介融合问题时,不应忽视媒介融合动力的双重性,虽然当前更主要的动力是媒介作为传播工具的发展规律或者说人类对理想信息环境的追求。

第二节 媒介的整合

一、互联网的出现与冲击

在20世纪的冷战时期,核大战的阴云始终笼罩着人类。为了在可能的核战争中获取胜利,美、苏两大国把对科技的想象力发挥到极致。鉴于核武器可以在瞬间摧毁任何指挥中心,美国人试图建立一个没有中心的通信系统,这在核战争情况下是最可靠的。1969年,美国国防部高级研究计划署(ARPA—Advanced Research Projects Agency)建设了一个实验性网络,它一开始由四台服务器组成,它们彼此互联,任何一台发生故障,其他几台仍能正常通信。它被称为阿帕网(ARPAnet)。这被证明是一个极具价值的实验,在科学研究上具有巨大潜力。1985年,美国国家科学基金会建立五大超级计算中心,进一步将全美科研单位的中级计算中心连接,于1986年形成全国广域网——NSFNET,后在此基础上形成了INTERNET——网间网或者因特网。

中国人这次紧随其后。1987年9月在北京计算机应用技术研究所,钱天白先生向世界发出了来自中国的第一封电子邮件:跨越长城,走向世界。一个新的

---

① 郑保卫等:《我国媒介融合研究的回顾与前瞻》,载《新闻传播》2008年第2期,第8页。

时代开始了。

与广播、电视一样,网络的力量是逐步显现的。但它一旦初步成熟,立即表现出在信息传播方面空前的威力。它的海量信息、全球共享、双向互动、快捷方便、个人自主传播等特点,在人类传播史上都是空前的。

因特网将全世界的计算机连接起来,从而形成了一个巨大无比的数据库。任一时间、地点发生的任一事件都有可能上网并被广泛传播。由于传播主体多元化,人人皆可成为信息源,网络信息可以最大限度地被传播;由于数据库的存在,历史信息得以被纵向保存。信息集纳的广度与深度形成了网络传播信息海量的特点。

报纸利用文字和图片传递新闻,广播以声音发送信息,电视借助声画播放节目。网络媒介则兼容了这一切。它的多媒介特点最大限度地实现了各种传播形式的"兼容并包",受众可以根据自己的喜好自由选择多种形式,各种感官需求都能得到满足。

网络通信依靠的是数字信号,速度为每秒30万公里,瞬间可达世界任何地点,在技术环节上保证了快捷方便。在提供最大传播速度的同时,通过网络传送文字、图像、语音、视频的成本低廉到了人们无法想象的地步,并且随着网络带宽的增加和成本的急剧下降,这一趋势仍处于不断发展中。

网络传播的个人化特征非常明显,用户可以从容地利用各种检索工具在各类数据库中"各取所需",自由地选择信息接收的时间、地点以及媒介的表现形式;同时,网络传播的传者也可根据用户的需求为他们提供信息的专门化"推送"服务。信息的传播在网络中显得个性张扬、特色鲜明。

网络建构于超文本、超链接之上,信息处于网状结构中,节点(node)间通过关系链加以链接,从而构成表达特定内容的信息网络。网络对信息的存储可以按照交叉联想的方式,从一处迅速跳到另一处,打破了文本系统只能按顺序、线性存取的限制,可以方便灵活地检索。

网络与报纸、广播、电视的最大不同是它的双向互动性,传受双方的角色位置可以方便、频繁地交替互换。报社、电台、电视台都是单向地向数量庞大的匿名受众传递信息,呈现"我传你受"的传播定势,虽然受众可以通过信件、电话等进行反馈,但力量微弱低效,且彼此孤立。在整个网络中,任何节点都可以发布信息,并向发送信息的节点传回反馈,且任意两点都可以进行交流,正如麻省理工学院教授尼葛洛庞蒂所言:"在网上,每个人都可以是一个没有执照的电视台。"①

报纸的深度报道、广播的娓娓动听、电视的声画合一,对网络来说,都不是问题。这次,也许"狼"真的来了。慢慢地,所有的旧媒介有了一个约定俗成的称呼——传统媒介。这个称呼隐藏着这样的意味——人们公认,网络是在本质上与过去所有媒介形态不同的颠覆性形态。

二、新一轮媒介竞合观

网络的冲击来势迅猛。旧媒介都感受到了冬天的寒意。

可怜的报纸再一次遭到踩躏。据全球报纸协会提供的数字,从 1995 年到 2003 年,报纸发行量在美国下降了 5%,在欧洲和日本分别下降了 3% 和 2%。20 世纪 60 年代,5 个美国人中有 4 个人每天阅读一份报纸,而现在只有一半的人还保留看报的习惯。《正在消失的报纸:拯救信息时代的报业》一书的作者菲利普·梅耶说,如果这种趋势继续发展下去,2040 年 4 月,最后一位读者将在读完最后一份报纸后将其丢入垃圾桶。②

Editor and Publisher 在 2005 年的研究发现,大约三分之一阅读在线电子新闻的用户对传统媒介失去了兴趣。电视的收视人数下降了 35%,收听无线电广播的人数下降了 25%,购买报纸的人数下降了 18%。③

中国社会科学院社会发展研究中心 2005 年进行的互联网调查显示,网络占用了消费者更多的时间,而不仅仅是读报纸的时间。④ 这类似于电视兴起时的状态,电视占有了人们大量的时间,几乎所有的娱乐和文化行业都受到冲击。

中国的情况与美国相比要复杂一些。由于多种因素的影响,新旧媒介之间在争夺市场空间的同时,增量的扩大或多或少弥补了存量重新分割所造成的旧媒介市场份额的减少。⑤

历史好像又在重演,这次是否能有所不同?

对目前的新旧媒介关系,有这么几种观点:

"网络边缘论":传统媒介不会灭亡,网络将成为传统媒介的补充;

"取代论":网络媒介必将代替传统媒介;

---

① 〔美〕尼古拉·尼葛洛庞帝:《数字化生存》,胡泳、范海燕译,海南出版社 1996 年版,第 56 页。
② 张建军:《报业的危机与转型》,载《新闻爱好者》2006 年第 2 期,第 8 页。
③ 张振亭:《电视新闻如何应对网络新闻的挑战》,载《电视研究》2002 年第 5 期,第 27、28 页。
④ 参见郭良等:《2005 年中国 5 城市互联网使用状况及影响调查报告》,中国社会科学院社会发展研究中心,2005 年。
⑤ 参见 Lhw1976:《网络媒体对报纸的影响》,http://lhw1976.bokee.com/3196411.html,2010 年 2 月 14 日。

"网络主流论":网络媒介将成为主流媒介,传统媒介将让位于网络媒介并变得边缘化、非主流化;

"共存论":传统媒介将与网络媒介共存互补。

这些观点都有其立论依据,只是随着网络时代的快速演进,或者被现实否定,或者表现出明显的缺陷而被修正。

网络将成为传统媒介的补充的论调维持的时间不长,信奉者也不多。这种观点主要出现在网络发展初期。那时,网络系统软硬件的价格极其高昂且性能低劣,而对使用者的技能也有很高的要求。一台最低端的家用电脑能卖出七八万元的价格,最早的上网者被迫使用DOS等字符界面的操作系统,以每小时几十元的价格,通过电话拨号的方式,在因特网上龟速爬行,图片、语音、视频等多媒体运用仅仅是美好的想象。

虽然网络系统所有的组成部分都以远远超过人们想象力的速度发展,但是它的无穷魅力需要经过一段时间才能充分展现。这中间的不成熟状态是支持这种观点的主因。毫无疑问,这种观点最大的问题是没有认识到网络所具有的巨大能力,因此也不可能被具有发展眼光的研究者所认同。

网络必然代替所有传统媒介无疑是一种激进派观点。这种观点认为网络的发展将带来无限可能性,并在此基础上进行了大胆想象。它确信传统媒介无法被取代的那些优势并不是永恒的,它们随着网络体系的自我发展完善最终一定都能够被取代。既然网络在过去即具有无限的发展空间,那么在未来也必然能够突破现在的局限。

认为传统媒介还能继续存在的观点则相对谨慎,立论依据与激进性观点类似。差别在于,它认为某些习惯因素、特殊的自然和社会状态会让传统媒介仍有用武之地。

共存互补观的拥护者最多,他们的信心来自对历史现象的考察。这种观点承认网络具有的巨大可能性,但也认为传统媒介的一些优势不可取代。前两轮新旧媒介之争的结果是共存互补,那么这一轮也将沿袭历史上的演变格局,二者最终将在竞争与合作中形成互补关系。

这几种观点看似泾渭分明,其实却有共同之处——将传统媒介和新媒介视为两种截然不同的事物,分析两者之间的竞争和合作关系。这是任何新事物出现时观察者的自然心态,也与历史上的报纸与广播之争、电视与前两者之争的逻辑一致,属于媒介竞合时代的逻辑。

三、竞合观的论据

在这种逻辑下,新媒介是否会取代旧媒介,取决于后者在哪些领域具有相对优势。如果前者能覆盖后者所有的功能,并实现得更完美,那么替代就不可避免;而用户的转换成本、转换利益的多少以及认知程度、消费习惯、产品价格、配套产品情况等则会影响替代的速度和程度。

那么,传统媒介有哪些优势?

在普及率方面,网络相对于报纸、广播、电视来说仍然处于劣势。接入网络需要一台 PC 机、连接装置和因特网服务商(ISP)。尽管家用计算机价格不断下降,但仍属于高档消费品;尽管网络接入费用已多年持续降低,但对于低收入群体来说,仍是一个不小的负担;而使用 PC 机上网,还需要一定的技能。总之,使用网络需要较强的技术和经济能力,而使用传统媒介的门槛则低得多。两者的使用门槛差距越大,普及率的差距就越明显。而普及率是决定网络是主流媒介还是传统媒介的补充的核心因素。

在技术方面,虽然网络上有大量的音频资源,但是网络音频的质量比调频广播和 CD 都要差,并且,网络音频能同时容纳的收听人数还受到带宽的限制;对于数据量更大的网络视频而言,问题更加严重,画面质量相当糟糕,可视面积小,播放过程的断断续续常给人不愉快的体验。与大屏幕高清彩电相比,网络视频仅仅能解决内容的有无问题,远谈不上视听享受。网络在视音频压缩技术、计算机性能、网络带宽等方面显然还需要大幅度提高水平才能赶上广播、电视的水准。

在物理特性方面,便携式调频收音机的体积已经达到了"纽扣"级,广播陪同人们生活、工作的伴随性优势更加突出,报纸可以折叠携带的优势仍然独一无二。

在心理和习惯方面,习惯了报纸、广播和电视的消费者即使同时是网络用户,其原有的媒介使用习惯也不会轻易消失。网络具有信息海量化、按需选择的特点,但也因此弱化了权威性、真实性,而传统媒介在受众心目中早经树立起了权威地位,精心选择的信息、固定的版面或时间表能节省受众大量的精力。

在业务方面,大量网上信息来自传统媒体,在重大新闻领域尤其如此。传统媒体拥有庞大而训练有素的编辑、记者队伍,有广泛的社会资源,这些网络媒体都不具备。网络媒体要获得这些资源不仅成本高昂,政策等方面还有限制,并且很难在短时间内见效。

这些理由是四种观点中"共存论"和"网络边缘论"的共同论据,区别在于对优势程度的认定方面。但在"取代论"或"网络主流论"的拥护者看来,这些论据并不能证明传统媒介不会被取代,只会影响取代的速度和程度。具体理由如下:

在普及率方面,由于计算机的价格、网络接入费用都在持续下降,网络操作日益傻瓜化,公众的整体教育水平也在不断提升,因此这些年网络与传统媒介普及率的差距迅速缩小,网络用户的增长是爆炸式的。除非有证据证明网络普及率有一个上限,否则普及率上的差距就是一个没有实际意义的问题。

技术上,计算机性能、视音频压缩技术的水平突飞猛进地提高,网上聊天从文字、语音方式,发展到今天的视频方式即是一个明证。网络在语音、视频服务上带给用户的满足程度不断提升。

此外,随着芯片技术水平等的提高,已经无法否认网络终端微型化、便携化的可能,广播和报纸在物理特性上的优势并不具有持久性。

在心理和习惯方面,任何习惯如果缺乏实际效用的支撑,在人口的代际变迁中都会消失,而网络在权威、真实、精炼等方面的弱势,并不构成技术和应用上的障碍。在由网民需求导致的竞争中,这些问题迟早可以得到改善。而网络在业务方面的缺陷,其实也只具有时间意义。随着自身经验的积累和外部资源的转入,新闻采编等方面的能力迟早会提高。政策限制可以延迟这一进程,但终究改变不了这一进程。

单纯从逻辑角度而言,似乎取代论和网络主流论更有道理,但不至于动摇共存论的基础,因为现实似乎更能支撑彼此竞合的新旧媒介关系模式。不过可以肯定的是,所有这些观点仍然属于媒介竞合时代。然而,越来越多的现象超出了这些观点能够解释的范围。

四、媒介整合的发展

以下这些现象日益深刻地影响着媒介环境,甚至影响到媒介的定义本身。

(1) 很多网络媒介产生于传统媒介母体之中,是传统媒介事业范围扩大的结果,而随着网站影响力的增强,其在这些传统媒介机构中的重要性也与日俱增,从发挥补充作用发展到支柱之一,甚至成为最重要的支柱。

央视网、新华网、人民网分别由中央电视台、新华社、人民日报社主办,虽然它们的母体分别是电视台、通讯社、报纸,但都打破了单一媒介形态的局限,充分地发挥着文字、图像、音频、视频的综合传播优势。《人民日报》的全国发行量有200多万份,而人民网的点击流量超过1亿次,其网上社区"强国论坛"更成为中国民意舆情的风向标,报纸的影响力通过网络得到极大拓展。而由多种类型的媒介联办的网站也发展起来,这方面的典型是2000年5月相继正式开通的千龙新闻网和东方网,它们通过报纸、电视、广播的大规模网上联合,整合新闻资源,以更好地参与竞争。① 另一个典型是北京人民广播电台,该台在网络领域进行了广泛探索,开办了北京广播网、DAB 手机电视、数字多媒体机、数字电视动感音乐频道、IPTV 网络电视、《音乐周刊》杂志等多种服务,充分整合了现有的广播资源。②

(2) 网络成为传统媒介工作流程中不可缺少的关键工具,从新闻线索的获取、新闻采访、新闻写作、资料整合到受众反馈等每一个环节,网络都渗透其中,电子邮件、聊天软件、网络社区等早已成为业者生活的一部分。媒介内容的生产从单一方式转向网络化和多媒介化,生产目标从单一媒介转向网络和传统媒介共享。

传统媒介及其创办的网站为增加信息来源,采用转载新闻、购买转载权、互相提供链接等方式与其他网络信息源进行合作,如《成都商报》就曾专门成立国内新闻中心,上网查找全国各地报纸、电视、广播、通讯社和新闻网站的网上新闻,及时提供给国内新闻部。③

美国的甘乃特集团在旗下所有报纸设立"信息中心",通过移动采集平台,让原先的报纸记者能在任何时候、任何地方,通过任何他们喜欢的平台接收信息,同时为报纸和其他类型的媒介工作。④ 再如,以《芝加哥论坛报》为旗舰的论坛公司组建了统一的多媒体新闻编辑部,以互联网为中心建立综合信息平台,为旗下各报、网、广播和电视媒体统一加工制作和分发内容信息。这种"先网后报""先网后台"的模式被不少媒介集团所采用。⑤

大批传统媒介的产品已经报网共用或台网共用,如北京人民广播电台的日常嘉宾访谈节目规律化地生产网台共用音视频节目,每周上网视频访谈节目 120 小时,并将这些内容根据新媒介点击规律剪辑成 5—10 分钟的简短信息内容。而外语广播、爱家广播更是全频率网上办台,提供适合在网上传播的各种形态的信息。⑥

(3) 媒介终端形态和信号传输网的区别也趋于模糊。用户上网收听收看广播电视频道、读报纸网络版的过程,是一个网络使用过程,但又不能否定这一过

---

① 胡明川:《网络媒介促进跨媒介合作》,载《西南民族学院学报》2001 年第 2 期,第 133 页。
② 陆莹:《广播媒介与新媒介的资源融合》,载《中国广播电视学刊》2009 年第 1 期,第 23 页。
③ 胡明川:《网络媒介促进跨媒介合作》,载《西南民族学院学报》2001 年第 2 期,第 134 页。
④ 邓建国:《信息中心,未来报纸的新闻编辑室——美国甘乃特集团的激进报业改革》,载《新闻记者》2007 年第 2 期。
⑤ 涂慧、袁志坚:《媒介融合:报网互动的下一步》,载《新闻前哨》2007 年第 12 期,第 37 页。
⑥ 陆莹:《广播媒介与新媒介的资源融合》,载《中国广播电视学刊》2009 年第 1 期,第 23 页。

程与传统的广播、电视、报纸的联系。在世界各国,广播、电视都正在或已经实现数字化,数字广电系统传输的信号、接收终端的处理模式与因特网系统逐步接近,日益智能化、交互化,广电网络自身也成为一种因特网接入方式。而智能化3G手机的发展使手机报、手机电视、手机上网、手机广播等功能都集成到同一个小型移动终端中,具有无限的发展潜力。

(4) 媒介的概念被突破。一些节目的采编播人员创立了自己的博客、播客、论坛等,直接与受众交流,诸如进行节目和个人公关、收集受众反馈、获取新闻线索、组织粉丝团等活动都可以在网络中进行,网上信息经过整合后又进入报纸、广播、电视等传统媒介,形成循环。传统意义上受众面对大众传播媒介时是被动无力的,现在借助网络可以自由地发表意见、进行交流并获得了组织性。传统媒介借助网络成为信息交换和交流的平台,而不再是单方面的信息输出工具。

媒介成为服务平台。一些传统媒介的网站提供电子邮件服务、天气和交通状况查询等服务,向综合性的生活助手方向发展。而诸如征婚交友、家电维修、网上商城、二手物品交换等服务内容不仅仅属于网站,而是往往与线下的实体传统媒介、商业机构合作互动。

这些林林总总的现象,已经不是传统的大众传播媒介的定义——"向社会公众大规模传播信息的专业化媒介机构和信息载体"所能概括的了。如果单纯地考察个案,有一些现象可以用媒介间的取代或共存互补来解释,但综合起来看,这些观点都缺乏足够的概括力,媒介发展史上前两次新旧媒介竞合的经验已经明显不适用。

问题出在哪里?

根本性的问题是对网络的功能和性质产生了误判。网络在发展初期还很不成熟,无穷无尽的功能尚未揭开美丽的面纱,这使人们倾向于将网络当作一种利用计算机获取信息的传播形态,就如同在收音机前听广播、在电视机前看电视节目一样,于是产生了网络媒介或第四媒介这样约定俗成的概念,这在一定程度上起到了误导的作用。

网络具有大众传播媒介的功能,同时又囊括了人际传播、群体传播和组织传播的功能,既具有信息的存储和处理能力,又具有信息的输入和输出能力。而网络媒介这个概念从字面上来说仅仅涉及了它所具有的大规模信息输出能力。不能说网络媒介的概念是错的,但是这仅仅是对网络的很小一部分功能的概括。网络远远超越了大众传播媒介的范畴,不止三大传统媒介,一切人类的交谈、会议等通信活动,图书、杂志、电影、剧院等任何信息传播样式,都能在其中再现。它是一个能够囊括人类所有信息活动或者说精神交往活动的平台,就如同人们熟知的那个词——虚拟世界,它是人类的第二个世界。① 而所有的人类体外传播活动,都可以整合进这个统一的平台。

因此,传统媒介与网络并不是平行对等的关系,这些年来发生的传统媒介与网络的竞争只是表面现象,其实质是报纸、广播、电视"网络化生存"的历史进程,是旧的子目录在探寻怎样进入新的根目录。在此过程中,传统媒介之间、传统媒介与网络之间、媒介与其他传播工具之间的界限都变得模糊,最终实现的,则是"媒介融合"。

这个过程从表象上看既符合取代论,因为网络对传统媒介的生存空间产生了迅速排挤,传统媒介的广告额比例迅速下降;也符合共存论,因为传统媒介与网络的边界、传统媒介间的边界都越来越模糊不清,彼此合为一体的趋势越来越明显,似乎在以特殊的方式共存。但就本质而言,这既不是取代也不是共存,虽然能找到很多论据,却无法从根本上对新的现象作出解释。取代论、共存论等成立的前提是媒介边界的清晰,而这一前提已不复存在,前两轮媒介变革的历史经验也已不再适用。

在第一节中提出了媒介融合的萌芽阶段——媒介竞合时代,那时各种媒介间互相合作、补充的现象可以称为媒介竞合。那么,媒介竞合之后的阶段可以用媒介整合来概括。这是在媒介竞合与真正的媒介融合间的过渡阶段,是人类从媒介时代向后媒介时代发展的过渡时期。

媒介整合时代描述的是这样一个时间跨度——以原本清晰的传统媒介边界由于网络平台的出现开始模糊为起点,以各传统媒介、网络、手机等融合为一体为终点。在此阶段,媒介的方方面面都将发生翻天覆地的变化——在所有权、组织结构等层面将逐渐合为一体;在信息采集、新闻表达等业务层面将互相渗透、合作直至不分彼此;在终端、信息的数据编码、传输网等技术形态上也将走向共享。针对媒介整合的各种观念则可以称为媒介整合观。

五、手机的介入

自网络被称为第四媒介之后,多了一个意想不到的伴侣——手机,后者被称为第五媒介,二者共同扛起了新媒介的大旗。

与网络一样,由于高昂的持有和使用价格,由于技术还没有充分发展,手机在漫长的起步阶段很难让人联想到会成为一种媒介。在20世纪90年代初的中国,手机的价格在一万元以上,相较于工薪阶层每月一二百元的收入,这是少数

---

① 张允若:《对"第四媒介说"的再质疑》,载《当代传播》2005年第5期,第29页。

先富者和公务用户的专享奢侈品。高举着砖头般的手机在街头眉飞色舞地通话,在很多年里是某些人特殊的炫耀方式。那时,它显然不可能跟"大众传播媒介"这么平民的概念产生什么联系。

但在那些年里,手机发展的几个趋势已经非常明显,并不断化为现实:体积控制越来越不是问题,从厚实方正的砖块发展为千变万化的造型,大小主要取决于用户的使用需要;在制式上从模拟信号转向数字化信号,并向智能化方向发展;日益多功能化,集合了英汉字典、收音机、MP3、电子阅读器等越来越多的功能;价格则是飞流直下三千尺,人手一机慢慢成为现实,人们用手机通话的时间越来越长。在西方发达国家,这个进程还要快得多。

随着价格的降低和功能的增多,手机用户的数量剧增,至2005年年底全球的手机用户已经超过20亿。① 这是一个巨大的用户基数。但是用户数量巨大并不必然让手机成为一种"媒介",第五媒介的发展史中有几个关键之处。

第一是短信功能的兴起。用户可以通过短信来接收各种文本信息,如订阅自己感兴趣的新闻、资讯,也可以群发短信进行大面积传播。在短短几年里,短信增值服务取得了爆炸性的增长,它也意外地成为处于互联网冬天中的若干门户网站的救命稻草。搜狐、新浪、网易等主要门户网站都将其视为赢利武器,投入大量人力、物力,开发各种娱乐和信息服务。如在对"9·11"、伊拉克战争等重大突发事件的报道中,手机短信借助背后的网站先于其他媒体将信息传达给受众。手机平台的"媒介"意义就这样被逐步认同,并且与网络一样,突破了媒介的传统功能范畴,既是大众传播平台,又是组织传播、人际传播的重要工具。

第二个关键是2G网络。在短信之后,无线通信技术与因特网技术开始融合,2G网络出现了。用户可以通过手机收发电子邮件,用手机内置的QQ等软件进行网上聊天,第四媒介和第五媒介开始合流。虽然这时通过手机上网的价格极其昂贵,还不能浏览真正的Web网站,并且狭小的手机屏幕、缓慢的速度、复杂的操作也使手机上网成为一种糟糕的体验,但是,人们已经可以看到新的可能性。一旦技术的进步解决了这些问题,手机将成为真正的网络终端。

第三个关键是3G网络时代的到来和手机实现智能化。这是正在进行的过程。CPU、内存、硬盘等原先属于计算机的配置在新型手机中日益普及,虽然未必使用同样的名称。手机视频显示、音频播放的质量也日趋提升。3G网络则与手机硬件的发展相辅相成,它提供了足够的网络带宽使无线上网的速度达到或接近有线上网的水准,在2G时代人们想象的视频流媒体播放功能在高带宽下

---

① 赵劲:《对日本手机传播及媒介融合趋势考察》,载《国际新闻界》2006年第6期,第60页。

已变为现实。

同时，人们也产生了困惑，即越来越难定位手机的性质。

在手机只有短信功能的时代，一切都很清晰，称手机为第五媒介，主要是强调短信这种特殊的传播形态。

当时已经有相当多的手机集成了调频收音机的功能，这是将收音机的关键元件微型化并安装在手机中的结果。在手机上看电视的技术难度稍大些，实现方式有两种：一种是将模拟电视信号接收芯片安装在手机中，这样手机就类似于多年前的带天线的电视机，能接收通过发射塔传输的电视信号，其最大的好处是成本低廉，但频道少，收视质量差。另一种是手机本身支持数字无线广播技术，能接收来自卫星或发射塔的移动数字多媒体信号，可以将其视为数字电视的无线版本。由于广播、电视的信号并没有实际区别，因此手机能接收的大量频道既包括广播频道也包括电视频道，还有其他一些可供点播的信息服务，而唯一的限制因素是较高的价格。显然，第二种方式包含了手机电视和手机广播的功能，能取代此前的方式。

到了3G时代，手机可以通过上网的方式播放视频、音频文件，这种收看、收听与人们在计算机前享受网络视频、音频的过程并无差异。虽然还存在不少缺陷，如最致命的上网流量费用等问题，但有线因特网接入服务从昂贵到廉价的转变令人们很难否定它的前景。有线因特网接入的一切优势也很可能在无线接入中实现，一旦价格和速度的问题得以解决，使用移动数字信号的手机广播、手机电视在技术意义上很可能是多此一举。

总的来说，手机广播和手机电视的功能，从传统的无线模拟信号发展到移动数字信号，再到通过3G网络来实现，与传统广播、电视的发展路径一致。广播、电视、网络从彼此界限清晰发展为难以区分。手机报也经过了类似的发展过程。最早的手机报通过短信方式发送，用户订阅后就可以接收到一条条新闻信息，但是由于载体的限制每条只有几十个字，称其为报只是一种比喻。在2G时代，通过订阅方式接收彩信已经能够良好地模拟报纸，一条100K数据量的彩信可以承载数万文字并实现图文并茂。而在3G时代，通过智能手机上网在速度、操作等方面的使用体验不断接近用电脑上网的舒适水平，各类新闻网站、报纸网络版等自然可以一览无余。

可以看到，早在2G时代手机就扮演着多重角色：它既是网络使用终端，又是报纸的非纸质阅读平台，还可以收听广播、收看电视，此外还有个原本的标签——第五媒介。而到了3G时代，依托高速接入因特网的能力，这些功能又达到了一个新的高度。那么，手机究竟是什么？

它是所有一般传播方式中技术最复杂、最先进的一种，最鲜明地预言着未来。

它首先表明了终端可以普及到什么程度。今天的中国已经拥有接近十亿部手机，超过了任何一种传统媒介或网络的用户数量，再加上它可以与每个用户贴身相伴的无线移动特征，这发出了未来的信号——信息终端将无处不在，除非受到人为或极端自然条件的限制。

其次，它表明了未来终端的面貌——全媒介和全能信息终端。手机将成为报纸、广播、电视这三大传统媒介的统一平台，更关键的是，它是笔记本电脑之外更便携的网络终端，而网络原本就有囊括一切人类体外传播活动的性质。

手机的核心价值不是它被称为第五媒介，而是集中体现了媒介终端融合和功能突破的无限可能性。时代已经给出了这些方面的很多信号，但都没有手机的智能化和3G网络的普及令人印象深刻。

连入网络的电脑本身也是全媒介和全能信息终端，但是它替代不了广播的流动性和报纸在物理上的便携性，单一媒介终端仍然有存续的合理性基础，而3G手机则宣告单一媒介终端存在的希望渺茫。网络刚刚出现时，用户不得不在硕大的台式电脑前正襟危坐；随后，用户可以坐在咖啡馆中，轻松惬意地面对着笔记本电脑无线畅游；而3G手机时代则让用户进入了一个新的自由世界，信息服务无所不在。这样的终端形态发展史，本身也提示了一种可能性：即使目前还存在终端形态的种种不足，如只能接收和输出视觉、听觉信号，对触觉、味觉还无能为力，但技术的进展很可能会以梦幻般的方式消除这些缺陷。终端将可能植入人类的身体，联入人类的神经系统，穿在人们的身上，隐匿在空中随叫随到……这些不一定只是想象。

第三节 媒介的融合

一、融合观的出现

一些研究者的目光非常敏锐，他们没有在"取代"还是"共存"的传统逻辑中纠缠过久，而是迅速转向新的分析框架——"媒介融合"，并开始探讨其可能性和发展路径。在我国，关键的时间点是2005年。这一年5月，蔡雯教授发表了她与美国密苏里新闻学院教授关于媒介融合问题的对话，随后又一连发表了几篇相关的研究论文。此后，关于媒介融合的研究迅速增多。2005年，在中国学术期刊网的数据库中，标题中含有"媒介融合"或"媒体融合"字眼的论文只有6

篇,而到了2006年剧增到26篇。① 这种研究"井喷"应该归功于概念引进与实践发展的适逢其时,蔡雯的工作在大量新现象引发的集体困惑前打开了突破口。

但其实在此之前,媒介融合的概念在国内早已出现。从1998年到2004年,共有21篇论文的标题中出现了"媒介融合"或"媒体融合"的字眼。② 同时,也有不少论文以其他形式表达了相近的概念。

1999年,崔保国提出:我们正在经历一场新的媒介变革,变革的主要特征表现为媒介的大融合与大裂变。信息技术仍在蓬勃发展,媒介的融合交叉与互相渗透在进行的同时又在不断地裂变,新媒介层出不穷。③

2000年,季桦提出,在网络不可阻挡的发展大趋势下,电视要善于利用网络把自己的信息推出去,把网络请进来,要利用网络扩大自己的影响,应采取在节目内容上取得突破、塑造电视明星等手段作为对抗网络的策略。④

2002年,庞亮认为,网络一定要跟传统媒体融合发展,因为这是打造超级媒体集团、应对全球化挑战、实施战略重组以占据新世纪主导地位的需要;统治"内容王国"的传统媒体与统治"技术王国"的网络联合起来,彼此互通有无、取长补短才是未来我国在国际传播新秩序中获取一席之地的保证。⑤

2003年的一篇论文提出,媒体融合包括物质传播技术上的融合、报道上的配合与联动、媒介间的相互学习和取长补短、跨媒体集团对各种媒介机构的包含四个方面。⑥

总的来说,这些研究大多数是面对网络出现后传统媒介竞争格局的变迁,自发地提出媒介融合或近似的概念,并进一步进行分析解读,背后并无牢固的内在逻辑,零碎散乱、不成系统,不过却在各个侧面提供了一些启示。共同的问题在于,它们讨论的"融合"其实指的是网络和传统媒介间的互相补充、学习借鉴,是网络刚兴起时网络与传统媒介间"共存"还是"取代"争论背景下的产物,处于传统的新旧媒介竞合的逻辑框架之内。但这一状况又可以理解,因为当时新媒介发展的实践还提供不了多少证据,证明这是一次全新的媒介变革,传统逻辑解释不了的现象还没有大量涌现。

在国外,也存在同样的问题。美国鲍尔州立大学(Ball State University)的戴

---

① 郑保卫等:《我国媒介融合研究的回顾与前瞻》,载《新闻传播》2008年第2期,第8—9页。
② 同上。
③ 崔保国:《技术创新与媒介变革》,载《当代传播》1999年第6期,第23页。
④ 季桦:《竞争与融合——试论电视与第四媒体的发展》,载《中国广播电视学刊》2000年第52期。
⑤ 庞亮:《关于我国网络媒体与传统媒体融合发展的几点思考》,载《中国广播电视学刊》2002年第3期,第37—38页。
⑥ 森森:《媒体融合与文体亲和渐成趋势》,载《报刊之友》2003年第3期,第43—44页。

默(Lori Demo)等指出"媒介融合"有五个步骤:(1)交互推广。作为合作伙伴,媒介相互利用对方推广自己的内容,如电视介绍报纸的内容。(2)克隆。作为合作伙伴的媒介不加改动地刊播对方的内容。(3)竞合。作为合作伙伴的媒介之间既有合作也有竞争,如一家报社的记者、编辑在某电视台的节目中对新闻进行解释和评论,某一媒介为自己的合作伙伴提供部分新闻内容等。(4)内容分享。作为合作伙伴的媒介之间定期交换新闻线索和新闻信息,并在一些报道领域进行合作,但各个媒介的新闻产品仍然由各自的采编人员独立制作。(5)融合。作为合作伙伴的媒介在新闻采集与新闻播发两个方面全方位地合作,利用不同媒介的优势最有效地报道新闻。[①] 不难看出,这里讨论的仍然是媒介间的合作互补。

1983年由普尔提出的第一个媒介融合概念也存在这样的局限。他对媒介融合的想象更多地集中于将电视、报刊等传统媒介融合在一起,实际上指的仍然是彼此间的补充、合作。但无论如何,这个新概念提供了丰富的想象空间,比其他概念更有力地归纳出80年代在互补合作的深度和广度上达到新阶段的传统媒介关系,并为当时风起云涌的跨地区、跨行业的媒介机构兼并以及世界性媒介集团的形成提供了一种有相当说服力的解释,因此能够延续下来并在网络兴起后进一步流行。

反观当时的中国,还处于"文化大革命"之后媒介发展的大规模补课期。新闻是否要尊重事实、新闻事业是否可以企业化管理等今天不言自明的问题,仍是学界、业界争论的焦点,新闻业在传播技术上也大幅度滞后,因此很难产生上述思想火花。一直到了网络兴起的90年代末,媒介融合的概念才自发地出现在国内研究者的讨论中。遗憾的是,虽然在网络的发展上我国与西方国家比较接近,但由于我国大众传播业整体发展相对落后、研究的历史积累不足,因此比较系统的媒介融合观念仍然是由美国引进的。2005年蔡雯引入的媒介融合观,在适当的时间提供了超越传统逻辑的系统化思路,从而引发了后续的研究热潮。但可以肯定,即使没有这样的引进,在实践引发的越来越多的困惑面前,我国的研究者经过摸索也能够发展出理论化、系统化的媒介融合观念。

蔡雯引用了美国新闻学会媒介研究中心主任安德鲁·纳齐森(Andrew Nachison)对于"融合媒介"的定义:"印刷的、音频的、视频的、互动性数字媒体组织之间的战略的、操作的、文化的联盟。""融合媒介"最值得关注的不是集中了各

---

① 蔡雯:《从"超级记者"到"超级团队"——西方媒体"融合新闻"的实践和理论》,载《中国记者》2007年第1期,第81页。

种媒介的操作平台,而是媒介间的合作模式。她列举了三种媒介融合模式:协商模式、合作分类模式、合作操作模式。在对美国融合媒介的现状进行了介绍后,她认为这"导致新闻传播业务变革的必然结果是'融合新闻'"。"融合新闻"首先会引起传播业务整合和流程管理的变化,与此相应的是未来的融合媒介最需要的两类新型人才:"一是能在多媒体集团中整合传播策划的高层次管理人才,二是能运用多种技术工具的全能型记者、编辑。"[①]这里的"融合媒介"与"媒介融合"并无区别,蔡雯从定义、内容、现状以及影响等角度进行了系统全面的阐述,从而为对媒介融合的思考开辟了一条新路。

二、融合观的发展阶段

2006 年,有研究者提出,媒介融合的定义存在着缺陷,媒介融合并不仅仅指媒介之间的合作和联盟,"将不同的媒介功能和传播手段融为一种,这才是媒介融合的核心部分"[②]。

这个批评是准确的,2005 年引入的媒介融合观仍然比较模糊,对媒介融合的真正前景还没有足够的洞察,后续几年里的研究才将问题逐步理清。而这个批评本身也再次表明,媒介融合是一个处于不断发展完善中的概念。

媒介融合的概念出现于 20 世纪 80 年代初,可以说是时代的产物。由于特殊的历史原因,这个时期中国的媒介产业刚刚起步,并且处于对外封闭状态;但是在西方世界,早已开始的经济全球化在 80 年代开始加速,以默多克为代表的传媒大亨们在完成了原始积累后开始在全球版图内扩张,世界范围内媒介产业通过股权转移方式进行的兼并、重组活动一浪高过一浪,全球规模的媒介产业垄断开始形成,并具有鲜明的跨行业、跨媒介特征。这与技术进步和社会发展引发的媒介竞争格局的变迁结合起来,一起将媒介间的互补、合作与借鉴推上了新的高度。

为了归纳在深度和广度上前所未有的媒介互补、合作与借鉴现象,媒介融合这一具有杰出表现力的概念自然地出现了。但是,它只是对量的积累达到一定阶段的概括,而不是对质的变化的描述,它所指的那些现象早在 20 世纪 20 年代广播刚诞生时即出现在广播和报纸的互动关系中,所有权、组织管理等方面的"融合"案例虽然出现得要晚些,但是也早于观念本身。

---

① 蔡雯:《新闻传播的变化融合了什么?——从美国新闻传播的变化谈起》,载《中国记者》2005 年第 9 期,第 70—72 页。
② 陈浩文:《再论媒介融合》,http://www.zijin.net/news/journalism1/2008-1-11/n08111430612H23IE6CDEG1.shtml,2010 年 2 月 16 日。

正如前文所述,初期的媒介融合观念属于媒介竞合观,是在媒介共存、竞争的前提下探讨相互间的合作、互补模式。它遵循的是媒介竞合时代的逻辑,这种逻辑的前提是媒介间的边界清晰,人们可以准确地对内容、服务进行分类,指出它们属于哪种媒介。历史上的前两轮新旧媒介竞合,无论人们认为新媒介将取代旧媒介,还是新旧媒介将共同生存发展,都在这一逻辑框架之内,而那些集中关注新旧媒介共存合作关系的观点,则可以称为媒介竞合观。

90年代之后,经济全球化的进程更快了,与汽车、计算机等其他产业领域的情况一样,媒介集团间的兼并、重组来得更加猛烈,超级媒介集团的实力迅速膨胀,以致世界上的媒介资源都集中于有限的几家媒介集团,但这些都不是根本性的变革因素。21世纪初,网络逐步普及并展现出强大的变革性力量。首先引起广泛关注的是它在大众传播方面的威力,于是它被称为"第四媒介"。网络与传统媒介间的关系,这一传统逻辑内的老问题再次浮出水面。一些研究者认为,与历史经验一样,应该是新旧媒介共存共荣;也有一些敏锐的研究者直接使用了"媒介融合"或近似的概念。但是,这些概念在本质上与网络产生前的媒介融合观没有什么不同,讨论的仍然是媒介间互相补充、合作借鉴的问题,仅仅是多了网络这个新参与者。因此,这种媒介融合观就本质而言,仍然属于媒介竞合观。2005年之前国内的论文中"融合"这个词虽频频出现,但都没有引起强烈的关注,缘由在于,学者们对实践催生的困惑缺乏足够的解释能力。

蔡雯引入的媒介融合观虽然在一定程度上超越了传统逻辑,但还是表现出过渡特征,如认为对于融合媒介最值得关注的是合作模式,体现出对传统逻辑的恋恋不舍。类似的情况在同时期国内外的研究中广泛存在,这种过渡期的混乱也是导致对媒介融合的界定众说纷纭的原因之一。

网络的出现引爆了一个新的时代——媒介整合时代。网络是一个几乎能承载所有人类传播活动的平台,借助这个平台传统媒介的边界趋于消失,终端、传输网、信息编码方式等技术、功能上的差别越来越小,并进一步导致在所有权、组织结构、新闻生产和表达等方面产生相应变化,总的走向则是"融合"。而这整个进程,从媒介边界清晰到媒介边界消失、不分你我,就被称为媒介整合时代。这种趋势在网络发展初期并未表现出来,但随着网络从Web 1.0发展到Web 2.0,并向迄今还没有定论的Web 3.0前进,前景已经清晰可辨。

在媒介整合时代,不少冠以媒介融合之名的观点其实仍然属于媒介竞合观,如国内2005年之前关于媒介融合的论文,而即使在2005年之后,也仍有一些论文属于这个类型。

那么,如何区分哪些观点属于媒介竞合观,哪些属于媒介整合观?虽有深度和广度上的差距,但媒介整合时代与媒介竞合时代的诸多现象并无质的差异,例如跨媒介集团的发展,这种所有权的合并从媒介竞合时代已经开始,而在媒介整合时代继续深入。

答案在于对最终发展趋势的理解。研究者许颖认为,媒介融合可以分为三个层次:一是媒体互动,或者说是战术性融合,这指的是业务层面;二是媒介机构结构上的融合;三是媒介大融合。① 但事实上前两个层次在媒介竞合时代已经出现,而在媒介整合时代,各种媒介、网络、手机等在走向融合的过程中,第一层次和第二层次又是必经之路。理清媒介竞合与媒介整合的关系的难度就在这里。关键之处在于对趋势的判断:如果以各种媒介之间的共存共荣作为"融合"的结果,那么就是媒介竞合观;如果以各种媒介之间的边界消失甚至媒介自身概念的消失作为结果,那么就是媒介整合观。

许颖的观点也反映出当前媒介融合研究的共同不足:没有充分认识到报纸、广播、电视等不同媒介产生差异的根本原因是技术因素导致的形态、功能上的差别,媒介融合最核心的问题则是技术发展导致的媒介形态、功能差别的消失,所有媒介机构和业务行为的变化都依附于此。这进一步导致许多研究者不能准确判断媒介所有权、组织结构等方面的融合与媒介融合的关系。媒介整合进程本身会促进所有权、组织结构等方面的融合,一旦达到整合的终点——媒介融合,媒介所有权、组织结构等方面也必然是融合的,但是,即使没有媒介整合进程,所有权等组织行为层面的融合依旧存在,因此不能简单地将其等同于媒介融合。

在媒介整合观中,具有代表性的是美国密苏里大学新闻学院副院长布莱恩·布鲁克斯(Brian Brooks)的观点:媒介融合,又称媒体融合,核心思想就是随着媒体技术的发展和一些藩篱的打破,以及电视、网络、移动技术的不断进步,各类新闻媒体将融合在一起。②

彭兰指出"媒介融合"可以分为几个阶段:(1) 业务形态融合:多媒体日益兴起;(2) 市场融合:产品相互嵌入、多元组合;(3) 载体融合:发行渠道的"合"与接收终端的"分";(4) 机构融合:更高层次的再分工。③ 这些观点毫无疑问在竞合观的基础上前进了一大步,并且具有启发意义,人们至少可以做出这样的判断:在媒介整合时代,一切媒介及其形态、功能、传播手段、所有权、组织结构等

---

① 许颖:《互动、整合、大融合——媒体融合的三个层次》,载《国际新闻界》2006 年第 7 期,第 32—36 页。

② 李垒垒:《媒介融合——概念、形式、研究趋势》,http://www.chuanboxue.net/list.asp?unid=4956,2010 年 2 月 16 日。

③ 彭兰:《从新一代电子报刊看媒介融合走向》,载《国际新闻界》2006 年第 7 期,第 16—17 页。

要素都在结合、汇聚直到融合,这是一个连续统一的进程。

媒介整合的归宿是媒介间边界消失,彼此实现融合,这时就进入了媒介融合时代。那么,这个时代是怎样的?什么是媒介融合观?

三、媒介融合的根源

人们很容易形成一个印象:媒介融合是媒介技术进步和媒介产业高度发展的产物。但是,如果我们对人类的信息传受行为进行全面的考察,就会发现,媒介融合的根源是人类对理想信息环境的永恒追求。从这个最根本的动力出发,也许能够勾画出媒介融合时代的面目。

加拿大学者麦克卢汉的观点提供了一个好的逻辑起点,他认为"媒介是人的延伸":报纸是人的视觉的延伸,广播是人的听觉的延伸,而电视则是视觉、听觉的综合延伸;同时,媒介和社会的发展史也是人的感官能力"统合—分化—再统合"的历史。也就是说,由于人的感官所感知的一切都是视觉、听觉、触觉的综合,而这些都存在严重的时空限制,所以人类的本能之一,就是要把远方的视觉、听觉、触觉等信息,跨越时空完美地再现。但是,由于科技水平等方面的限制,这些再现只能是分裂的,如报纸单独延伸了视觉,广播单独延伸了听觉,它们分别让视觉、听觉信息跨越时空得以再现。随着技术的进步,统合所有感官能力的"延伸"最终必定会实现。在麦氏生活的时代,电视最接近这种理想形态。

麦氏提出的其实也是媒介融合的观念,所谓统合,也就是融合。他所提到的"媒介"定义范围非常广泛,绝不仅仅是大众传播媒介。之所以我们今天提到媒介时会不假思索地想到报纸、广播、电视,根本原因是它们在人类使用的众多媒介中具有特别重要的地位。但无论对于媒介如何定义,麦氏都指出了这样一个基本事实,那就是,媒介不过是人体功能的体外化。就此而言,从报纸、广播到电视的发展,实际上仅仅是完成了人眼、人耳感官能力的体外完整再现(统合),而相对于人们在电视机前听觉、视觉体验的极大满足,嗅觉、触觉还远谈不上体外再现,离统合则更远。

我们可以进一步提问:即使实现了人类感官能力的全面统合,那是否就是终点?

人体是一个完整的信息总系统,人拥有信息存储能力、信息处理能力、信息输入能力(听觉、视觉、触觉、嗅觉等)、信息输出能力(说话、体语等)等,这些能力完整地融合在一起。但是,在原始时代,这些都局限于人体本身,无法实现体外再现。可以说,跨越一切时空距离,在体外完美再现人的信息总系统,是人类发展的本能方向。从哲学角度而言,这也是一种"从哪里来,到哪里去"的问题,是以"否定之否定"形式产生的进化。

眼、耳、鼻等感官,或者说视觉、听觉、嗅觉、触觉等"觉"属于人的信息输入系统,因此,"媒介——人的延伸"概括的只是信息输入系统的体外再现。而"统合—分化—再统合"则进一步指出了人体信息输入系统中听觉、视觉等分支由于技术限制不得不逐步发展,在经过漫长的独立阶段后才可能最终完善统合的进程。

即使完成了这一步,还存在一个更高层次的统合过程,那就是信息输出系统、信息输入系统、处理和存储系统等从开始的整合于人体,到其体外再现能力分别发展,再进一步重新完美统合的过程。与信息输入系统的各分支一样,这些与信息输入系统并列、在更高一级——人类信息总系统之下的各个部分,也由于科学技术水平的限制,只能先后发展起来。并且在相当长的历史时期内,它们没有表现出任何可以在某种技术手段下体外完整再现的可能性。

Web 2.0 时代的网络才开始表现出这种可能性,它具有信息存储、处理能力,而它的终端(计算机)能输入和输出文字、影像和声音,输出气味的能力正在开发中,与人体神经系统连接以输出触觉的构想也已经出现。一旦科学家们的构想得以实现,未来高度发展的网络,按照当今的习惯,或者可以被称为 Web x.0。

那么,这是否就是终点?不尽然。因为还有更高的层次存在。人类的体力系统也在经历统合—分化—再统合的过程,机器人技术是目前在这方面达到的最高水平。最终的人体功能体外再现将可能达到这样的完美境界:当人类利用体外信息系统发出一个指令,所有的工具便能自动完成工作。科幻电影《骇客帝国》中曾经显示过这种可能性,而幻想是否就一定不能变为现实?

物联网(the Internet of Things)的出现和发展为这种想象提供了现实参照。所谓物联网,指的是通过有线或无线信息传感设备,按约定的通信协议,把物品与互联网连接起来,进行信息交换和通信,以实现智能化识别、定位、跟踪、监控和管理的一种网络。它的核心和基础仍然是因特网,是在后者基础上的延伸和扩展,使人与物、物与物之间能够进行信息交换和通信。例如应用了物联网系统的货车,当装载超重时,汽车会自动告诉你超载多少,但空间还有剩余,轻重货可以怎样搭配;当搬运人员卸货时,一只货物包装可能会大叫"你扔疼我了",或者说"亲爱的,请你不要太野蛮,可以吗";当司机和别人扯闲话时,货车会装作老板的声音怒吼:"笨蛋,该发车了!"①

总之,最后可以回到一个简单的人所共知的概念:工具——人的延伸。所有的技术进步都是为了实现人体能力的延伸。人体能力可以分成信息系统、体力系统等等,而信息系统则可分成信息输入、信息输出、存储等,信息输入系统又可以继续划分为听觉、视觉等。这三个层次,从低到高,在体外化过程中都将经历统合—分化—再统合的过程。最终将实现的是人体所有能力的体外再现和全面统合,或者说,体外世界和体内世界、虚幻和真实彻底的融合。

庄周感慨:究竟是蝴蝶梦到了庄周,还是庄周梦到了蝴蝶?这是一种哲学观。然而,科学技术的发展,很可能会消弭哲学和科学的界限。

四、媒介融合的本质

人类发展的目标,首先就是无限向外界延伸自己的能力,包括人体信息系统的所有能力。报纸、广播、电视等媒介,就是人体信息输入系统的外在延伸;人体信息系统的所有能力是融合在一起的完美整体,那么技术发展的目标也就自然包括这些媒介的高度融合。媒介融合虽然是一个现代化的概念,但它是人类进化过程中始终隐含的基本动力之一。

人体信息系统的所有能力的融合理应包含三个层次:

(1) 信息输入系统的内部融合,即各种媒介先后出现,并彼此渗透交互,最终融合在一起。报纸、广播、电视先后出现,在电视上初步开始融合,并最终在新媒体时代合为一体。

(2) 信息系统的内部融合,即信息输入系统、输出系统、存储系统、处理系统的融合。除了第一层次的融合,网络中的海量信息大大提高了人类的信息存储能力,搜索引擎、Wiki 等大幅度提高了人类的信息处理能力,从文字聊天、语音聊天到视频聊天的发展,是人类的信息输出系统不断扩展的表现,这些也将实现融合。

(3) 信息系统与其他人体功能系统的融合。通过网络操纵家用电器、生产线等体现了这方面的进步。物联网的发展已经初步提供了这种可能性,终极结果可能是用意识或者说神经脉冲控制一切仪器设备。如果是这样,《骇客帝国》中的一切就可能成为现实。

这三个层次发展的速度不同。第一层次实现得最早,发展得最快,第三层次则刚刚开始。它们代表了三个发展阶梯,但又不是绝对的前终后始。

---

① 参见百度百科"物联网", http://baike.baidu.com/view/1136308.htm? fr=ala0_1_1,2010 年 2 月 17 日。

当前形形色色的媒介融合观,其实关注的都是第一层次,而彼此之间也莫衷一是,没有定论。这很正常,因为媒介融合背后关联的其实是人类发展的宏大趋势,这远远超出媒介融合这四个字所能覆盖的范围。仅仅给媒介融合下定义必然是片面的,随着实践的发展将无法自圆其说。但出于提出问题一定要回答问题的需要,我们仍将尝试进行不太准确的概括。

媒介融合首先是一种历史发展趋势,从出现两种以上的媒介开始,它就开始发挥作用,直到媒介间区别的消失。媒介竞合时代的媒介互相补充、合作借鉴,媒介整合时代的媒介由分到合,诸如此类的媒介关系变迁,反映的其实都是一以贯之的发展、演化过程,是整个媒介发展史中始终起作用的影响因素之一,集中体现于不同媒介的互动关系之中。将媒介竞合看成媒介融合的萌芽,立论的基础在此。

其次,媒介融合是人类的信息科技水平发展到较高阶段后的突变进程。网络的出现提供了一种可能性:在统一的信息平台上,视频、音频、文字等各类信息可以汇聚一体,终端、传输网、信息编码方式等纷纷趋同,传统媒介可以移植、扎根于网络,实现"网络化生存"。这种可能性从萌芽到产生、发展并实现的动态进程,可以被称为媒介融合。当今冠以"媒介融合"名义的各种媒介整合观,讨论的主要是这个进程。

再次,媒介融合是一个结果。世界上本来没有媒介,技术和社会的发展催生了媒介,同样由于技术和社会发展的不足导致了媒介的差异,而进一步的发展则会导致各种媒介差别的消失。这个发展的结果,可以称为媒介融合。对媒介竞合、媒介整合、媒介融合三个时代的划分方式,就是基于媒介融合作为一种结果的静态状况。

那么,媒介融合的时代又是怎样的?

五、媒介融合时代

在媒介融合时代,人类信息环境的所有层次都将发生彻底变革,变革将围绕囊括人类所有体外精神生产和交往活动的统一平台进行。这个平台是报纸、广播、电视、网络、手机等的融合统一体,也是因特网高度发展后的产物,或者也可以套用现在 Web 1.0、Web 2.0 的说法将其称为未来的 Web x.0 网络。媒介融合时代的特征实际上也就是 Web x.0 网络的特征。由此,人们可能情不自禁地再次产生误解,认为所谓"媒介融合"终究还是网络取代所有的旧媒介。因此,特别需要提醒的是,网络电视台、网络电台、网络报纸等既是网络的一部分,又是传统媒介在新时代的延续。媒介融合这一概念的优势就是能够精确描述这种特殊状态,这是"取代论"或"共存论"都无法描述的。

当媒介融合成为现实,仅就今天的大众传播媒介而言,主要的变化可能包括以下方面:

(1) 媒介间差异消失、形态消亡。媒介机构曾经有报社、电视台、广播电台等名称,但此时都失去了实际意义。在 Web x.0 网络中,它们大部分将发展为专业的内容生产者,与今天的节目制作公司、通讯社等具有同类性质,决定其竞争地位的是内容生产能力的高下。另一部分将与今天的网站合流,成为内容组织者,决定其竞争地位的是内容的集成能力和用户的使用体验。当然也可能两者兼而有之,但无论如何,报社、电台、电视台的称呼将只具有象征意义。

通过渠道垄断等产生的媒介权威消解了。传统报纸、电台、电视台等都需要相应的印刷厂、发射塔等硬件,需要发行渠道或频率资源,更需要政府许可和政策保障,这些使它们获得了特殊权威和巨额利润。但在统一的平台之中,这一切都是明日黄花,它们将被迫与其他信息内容生产者、组织者竞争。竞争对手可能是个人、小型节目制作公司和小型网站等在"过去"无法想象的对象。而糟糕的是,来自"过去"的优势可能尚存但却在逐渐消逝,决定竞争胜负的因素高度简化为能否在内容上获胜。

(2) 终端和传输网走向实质上的统一。实现了融合的全能终端将成为主流,而手机、笔记本电脑等多种形状、大小的终端,以无线或有线联结方式遍布于生活的每一个角落,遵循同样的信号发送、接收和处理机制,具有信息接收、发送、处理、存储等多种能力,融通信工具、报纸、收音机、电视机、电脑、书籍等各种功能为一体。仍然会有单一功能的终端存在,如耳机状的收音机、超大屏幕电视等等,但这些"例外"中的大部分仍然是 Web x.0 网络的一部分,发送、接收、处理的是同样的比特流信号,与一般终端的差别仅仅是出于便携、增强视听效果等目的而进行的对某些功能的强化或简化。

无论传输网的具体组成部分在物理介质和通信协议上存在哪些不同,是有线还是无线,是通过电源线、有线电视线、电话线、红外线还是蓝牙传送信号,传输网中传输的都是无差别的比特流。如今正在加紧推行的"三网合一",在媒介融合时代将是更具普遍意义的"万网合一"。

(3) 用户获得前所未有的信息自由。人类的信息传受行为始终受到各种客观条件的制约,但是随着媒介融合的发展,这些制约将不复存在。所有的信息都能够以最佳表现形式来呈现,用户也可以选择最适合自己的信息内容表现方式。用户既可以选择信息的被动"推送",也可以选择主动"拉送";既可以保持沉默,也可以发表自己的见解;既可以始终做一个信息内容的接收者,也可以成为生产者和发布者。

总的来说,用户最终获得的是自由。这里使用"用户"而不是通常的"受众",也正是因为角色从被动向主动的转换。当然,这里的"自由"更多地指信息传受过程,不是指传播内容,后者属于意识形态领域。

(4)实现全面融合。媒介间技术、形态、功能上的差异消失了,自然地媒介所有权、组织结构、新闻生产、信息表达等方面的差异也失去了实际意义,媒介机构行为层面和业务层面的融合是水到渠成的自然结果。媒介融合时代的新闻工作者,其信息采集、编辑活动采用的是"融合"方式,而发布的则是"融合新闻"。虽然个体之间可能存在能力上的差别,但就总体而言,他们都是多媒体全能型的记者、编辑。

此处概括的仅仅是媒介融合时代的部分变化,而对未来进行预测是非常困难的,因为这一过程太过漫长且仍在不断变迁。一个对未来静态的、整体的概括既无必要也无可能,但基本发展趋势却可以确定,那就是将会沿着人类信息系统能力融合的三个层次的路径不断前进,直到实现人体所有能力的体外再现和全面统合,或者说,体外世界和体内世界、虚幻和真实的彻底融合。

从短期的"未来"角度而言,在媒介融合时代,媒介即网络,网络即生活方式。因此,通过今天 Web 2.0 时代的诸多特点可以预测媒介融合时代的状况:信息传播无界化、去意识形态化、去中心化等对 Web 2.0 时代特性的描述,都将会在那个时代获得进一步的发展和完善。

本章讨论

站在媒介发展的历史规律的角度,应如何看待媒介融合?

对话和思考

1. 前两轮新旧媒介竞争的历史经验是什么?
2. 所有权融合与媒介融合既有联系,又有区别。这是为什么?
3. 关于网络与传统媒介的关系的"共存论"和"取代论"各自的论据是什么?
4. 划分媒介竞合观、媒介整合观、媒介融合观的依据是什么?
5. 媒介融合的根源和本质是什么?
6. 媒介融合之后会有什么样的图景?

第二章
媒介融合过程中的技术形态变迁

媒介融合既是一个观念变迁的过程,也是一个技术形态的发展过程。在讨论了媒介融合的观念之后,让我们回到技术层面,看看媒介融合是如何随着技术的发展而被不断推进的。正是科学技术的发展,使媒介从无到有,使人类从拥有单一媒介进化到拥有多种媒介,而同样也由于科学技术的持续进步,又使媒介走向融合,走向媒介概念失去意义的后媒介时代。

> **本章要点**
>
> 广播、电视的诞生所依赖的社会条件与报纸诞生时并无二致,但与报纸不同,催生广播、电视的决定性因素是技术进步,其产品分代也与电子技术的发展阶段保持一致。
>
> 计算机是电子技术发展的核心成果,它在越来越多的领域能够替代人脑,从而最终能够模拟人类信息系统的全部能力,实现人类信息系统的全面体外化延伸。
>
> 网络将一台台孤立的计算机连成整体,从而实现了对人类社会体系的模拟,提供了完全再现一切精神生产和精神交往活动的平台。一切传统媒介也将进入这个平台。在现实层面,正在发生的是广播、电视的日益智能化、网络化,而计算机网络也呈现出日益丰富和强大的大众传媒功能,双方在编码解码方式、信道、终端等各层面互相交叉渗透,直至融合为一体。这是人类所有体外化工具融合进程中的一个必然环节。

第一节　纸媒和早期电子媒介技术

纵观媒介融合的演进,我们可以发现,无论是传统媒体时代的媒介竞合,还是网络时代的媒介整合,直至正在发生的媒介大融合,技术的发展始终在其中扮演着至关重要的角色。可以说,没有技术的进展,媒介不会产生,媒介融合也没有发生发展的可能。现在,就让我们从最早的大众媒体——报纸开始,寻找媒体融合技术变迁的轨迹。

一、报业领域的技术进展

作为第一种大众传播媒介,报纸产生的首要条件不是技术因素。与其他媒介不同,报纸的技术雏形早已经出现,人类社会的"近代化"才是它发展成熟的根本原因,虽然技术进步也是推动人类社会近代化的主要因素之一。

进入17世纪,随着物质技术条件逐步改善,原来的手抄小报逐步改为印刷出版,不定期出版的新闻书逐步定期化,而随着邮政事业的发展,邮件稳定地每周送达一次,于是便有了新闻性较强的周刊或周报,即定期报刊。通常认为,定期报刊的出现标志着近代新闻事业的诞生,或者说大众传播时代的到来。

报纸的产生,依赖于一系列互相关联的社会条件。

首先是人们对信息的大量需求,以下几个因素起到了推动作用:

(1) 经济的发展。资本主义商品经济的兴起,使得社会分工进一步发展。市场联结着相距千里之遥的地区,国家真正连为一体,社会规模极速扩大,社会变动的速度大幅度加快。

(2) 地理大发现。哥伦布抵达美洲,达·伽马开辟了从好望角到印度的航路,麦哲伦实现环球航行,加强了欧洲与世界的经济、文化联系。航海事业和对外贸易的发展,使得国际交往不断增加,人们不仅需要了解本地的情况,还要知道国内和世界各地的重大事件。

(3) 文艺复兴和宗教改革运动。以反封建为宗旨的文艺复兴和宗教改革运动,启蒙了人的思想,资产阶级革命运动风起云涌,使得社会中的信息量大为增加。各个阶层都更加关注时局的变化,以便采取相应的对策。新兴阶级和新兴政治力量迫切需要传播关于反封建斗争的信息、观点,以左右舆论,促进社会变革。

其次是社会物质和文化条件的改善。

(1) 欧洲中世纪封建社会的割据局面被打破,民族国家初步形成,统一的民族语言也发展起来。以发展较晚的德国为例,割据力量从上千个变为拿破仑战争后的四十个左右,然后在19世纪实现统一,这个进程同时是形成统一的德意志民族和德语的过程。统一的语言和有效整合的国家,是任何传播事业发生发展的基础。

(2) 大工业生产使城市大量兴起,人口不断从农村向城市集中,既增加了信息的来源,也增加了人们对信息的需求,同时使得报纸可以集中方便地发行。现代邮政事业的产生使报刊定期发行成为可能。公路、铁路等交通手段的持续进步也使得信息交换日趋便利,显著地降低了新闻采编和发行成本。

(3) 大工业生产和日益复杂的社会分工需要社会成员具有比较高的文化水平,而近代化的生产方式本身又提供了足够的物质生活和教育条件,使得社会成员的文化水平日益提高,满足了成为报纸读者的基本条件。

上述条件共同导致了报纸的出现。本质上它们是大众传播事业形成的社会条件,之所以称其为报纸形成的条件,是因为那个时期在大众传播领域只有报纸这一媒介形态。

而以后的广播、电视等大众传播事业的进一步发展,依赖的仍然是这些条件,只是在程度上进一步深化了。在今天的世界,交通和通信技术日益发达,社会分工更加复杂,市场扩展到全球范围,导致了更多的信息需求;国家间的交往日益密切,社会变迁具有强烈的全球同步色彩,某些语言已经具备了成为世界性语言的条件;高科技催生了对高素质劳动者的要求,大学学历逐步成为基本的就业门槛。所有这些构成了新媒介产生和发展的社会土壤,也是历史上大众传播事业产生的条件继续发展的结果。

报纸技术的核心是造纸和印刷技术。

公元105年,中国东汉时期的宦官蔡伦改进了造纸的方法,向汉和帝献纸,真正实用意义上的纸张开始出现。纸的发明大幅度降低了信息传播的成本。此前在中国,写一本书就要用一车竹简;而在中世纪的欧洲,抄一本《圣经》则要用三百多张羊皮。但在很长时间内,纸仍然不具有大众传播意义,因为其价格很昂贵。在宋代,出产自朝鲜半岛的"高丽纸"是东亚贸易中的大宗产品之一,苏东坡等书画家十分喜爱使用"高丽纸",但这显然不是普通百姓能消费的。在欧洲,由于造价昂贵,那不勒斯和西西里的国王腓特烈二世曾在1221年下令禁止使用纸书写官方文件。一直到1797年,法国人尼古拉斯·路易斯·罗伯特成功地发明了用机器造纸的方法,才使纸张成为一种廉价产品。

中国人发明了活字印刷术,但仍有诸多缺陷。1450年,德国人谷登堡发明了铅合金活字版印刷术,用作活字的材料是铅、锡、锑合金,易于成型,制成的活

第二章 媒介融合过程中的技术形态变迁

字印刷性能好。在铸字工艺上,谷登堡使用了字盒和字模,使活字的规格容易控制,也便于大量生产。谷登堡还首创了脂肪性油墨,大大提高了印刷质量,这一方法一直沿用至今。严格说来,谷登堡发明的是一套系统、全面的印刷解决方案,具有中国的活字印刷术无法比拟的优势,它使印刷技术跃进了一大步,具有划时代的意义。这一时期,印刷工业的规模都不大,印刷厂多为手工业性质。

1845年,德国生产了世界上第一台快速印刷机,印刷技术的机械化过程从此开始,人类进入工业化大生产时代。

1860年,美国生产出第一批轮转机。之后,德国相继生产了双色快速印刷机、印报纸用的轮转印刷机;到1900年,又制造了6色轮转机,彩色印刷逐步得以实现。

20世纪70年代,感光树脂凸版、PS版的普及,使印刷业开始向多色高速方向发展。80年代,电子分色扫描机和整页拼版系统的应用,使彩色图像的复制实现了数据化、规范化,而汉字信息处理激光照排工艺的不断完善,使文字排版技术发生了根本性的变革。90年代,彩色桌面出版系统的推出,表明计算机全面进入印刷领域,报纸技术和计算机技术开始合流。

技术发展对报纸的影响主要体现在以下几个方面:

(1) 成本不断下降。报业发展历程完整的国家基本上都经过了从政党报到商业化报纸,从面向上层社会的高级报纸到大众化报纸的过渡。无论其背后有多少原因,成本下降都是一个重要因素。报纸成本高昂,经济收益有限,报业的商业化程度自然有限;而政治力量则倾向于不顾成本地占领舆论阵地,因此政党报得以占据主流地位。同样,报纸一开始只能是比较富裕的群体的消费品,只有在成本降低到一定水平时,才能成为大众消费品。改革开放以来的中国,报纸版面普遍经历了迅速膨胀的过程,间接反映出印刷和造纸技术的进步。

(2) 印刷质量和内容表现能力不断提高。报纸的发展经历了一个内容越来越丰富的过程,从单一字体字号到多种字体字号,从仅有文字到拥有插图、照片,从单色到彩色再到照片级印刷,技术的进步提供了日益增多的表现手段,也使报纸在与其他大众传媒的竞争中获得了新的优势。今天的报纸在某种意义上说是"图片报",这反映出报纸努力与电视争夺受众的意图,是一种无奈的朝着"媒介融合"方向的努力。

(3) 报纸的采编、发行手段得以改善。录音、摄影设备的发展,增加了记者的新闻采访手段,提高了记者的工作效率。通信、交通领域的进展也同样如此。

而技术变迁对广播和电视媒介的主要影响,也同样表现为成本降低、功能扩展、新闻生产和信息发布条件改善三个方面。

二、模拟广播技术

大众传播发展的社会条件在报纸时代已经具备,对后来的电子大众传媒而言,技术变革则是其发展的首要因素。

广义的广播,是指通过无线电波或导线传送声音信息的多功能、现代化的信息传播工具,因此既包括广播,也包括电视。但人们一般指的广播都是声音广播,其中又分为无线和有线两类。

无线广播是广播发展的主流,它是一系列技术积累的结果,其中关键的几步如下:

(1) 无线电波的发现。早在1864年,英国理论物理学家麦克斯威尔发现了电磁学基本原理,提出了放射性电波可以无线传送的论断。1884年,德国科学家海尼·赫兹依照麦克斯威尔的理论从事实验,终于发现了产生、发射与接收无线电波的方法,并发明了测量电磁波波长的科学方法。1895年,意大利人马可尼和俄国科学家波波夫在不同的地方分别进行无线电传送信号的试验,均获得成功。1896年,马可尼在英国取得了专利,并且组建公司从事无线电报器材的生产。1899年,他成功地拍发了英国至法国的无线电报,1901年完成了越洋电报的收发,从此无线电通信进入实用阶段。

(2) 电子管的发明。1904年,世界上第一只电子管在英国物理学家弗莱明的手中诞生,这只"真空二极管"标志着人类电子文明的发端。1906年,美国人德弗雷斯特在二极管的基础上发明了三极管,使电子管成为被广泛应用的电子器件。在无线电通信的基础上,人们逐步解决了运用电波负载声波的技术问题。同年圣诞节前夕,匹兹堡大学教授雷金纳德·费森登在马萨诸塞州的实验室里进行了简短的节目广播,效果良好。

(3) 超外差电路的发明。1918年,美国人阿姆斯特朗发明了超外差电路,可以防止两个频率相近的信号在接收机中互相干扰,从而能够保证接收机接收不同频率的广播。

1920年11月2日,美国匹兹堡的KDKA电台开始播音,这是世界上第一家无线广播电台——无线广播事业诞生了。

广播的技术进步集中体现于它的终端——收音机。电子管、晶体管和集成电路,是电子技术的几个发展阶段,而每个阶段都与收音机的发展阶段一一对应。事实上,其他电子设备,如电视机、计算机都是如此,它们从诞生的那一天起就具有内在结构的一致性,因此,不同的电子设备天然地具有"融合"的基础。

最早销售的家用收音机是矿石收音机和电子管收音机。矿石收音机是指由天线、地线、基本调谐回路和矿石组成的没有放大电路的无源收音机,由于用矿石来做检波器而得名。这是最简单的无线电接收装置。这种收音机线路简单、成本低廉,普通的无线电爱好者就能独立组装。相比于电子管收音机,它的价格只是其几分之一,如果购买配件组装则成本更低。在20世纪50年代的中国大城市,组装一台矿石收音机的花费在十元左右,相当于一个人一个月的伙食费,在当时以这样的成本拥有一台收音机具有巨大的诱惑力。但矿石收音机终究是一种原始产品,缺陷非常明显,如需要使用耳机收听、只能接收附近的电台信号等等。

电子管收音机才是真正意义上的收音机,但电子管的缺陷也明显地表现出来。电子管十分笨重,能耗大,寿命短,噪声大,结构脆弱,性能不稳定,移动使用时非常容易出故障,制造工艺也十分复杂,需要高压电源,而用电效率却很低。我们可以在反映20世纪旧中国场景的影视作品中看到电子管收音机的这一形象:硕大的台式收音机被郑重地安置在房间一隅,通过导线从插座取电,启动之后经过一分多钟的预热,终于传出了软绵绵的声音——"中央广播电台……"

1947年12月,在美国贝尔实验室,第一只晶体管被生产出来。这是20世纪的又一项重大发明,是微电子革命的先声。它的发明又为后来集成电路的降生吹响了号角。同电子管相比,晶体管具有诸多优越性:它的寿命一般比电子管长100倍到1000倍;消耗的电子极少,仅为电子管的十分之一或几十分之一,一台晶体管收音机只要几节干电池就可以使用半年以上;晶体管设备不需预热,一开机就能工作;结实可靠,比电子管可靠100倍,耐冲击、耐振动;体积只有电子管的十分之一到百分之一,放热很少,可用于设计小型、复杂的电路;晶体管的制造工艺虽然精密,但工序简便,有利于增大元器件的安装密度。种种优势使得晶体管被迅速地广泛应用。1953年,首批电池式晶体管收音机一投放市场,就受到人们的热烈欢迎。收音机的袖珍化、便携化,为广播开辟了新的市场空间,如在美国,收音机与日益普及的家用轿车相结合,导致交通广播台兴起。

但是,晶体管收音机的绝对价格仍然相当高。在20世纪60年代末70年代初的中国,普通工人一个月的工资仅够换取一两只晶体管。一般城市家庭如果拥有一台电子管收音机就算达到了"小康"生活水平,如能拥有一部俗称"半导体"的晶体管收音机,就能在左邻右舍引发不小的震动。这一时期的家电类电子产品设计,在保证性能的前提下,如何最大限度地减少晶体管和电子管的数量或实现"一管多能",成为首要考虑的问题。

对"管子"数量的考虑不久以后就变成了笑话,因为集成电路出现了。所谓集成电路,是指把一个电路中所需的晶体管及其他所有元件制作在一小块芯片上,然后封装在一个管壳内,形成一个具有所需电路功能的微型结构;由于所有元件在结构上是一个整体,整个电路的体积大大缩小,引出线和焊接点的数目也大为减少,从而使电子元件向着微型化、低功耗和高可靠性的方向迈进了一大步。集成电路寿命长、可靠性强,同时成本低、性能好,便于大规模生产。用它来装配电子设备,装配密度相较晶体管可增加几十倍至几千倍,设备的稳定工作时间也大大延长。

各种电子设备迅速集成电路化了,这包括电视机、音响、影碟机、录像机、摄像机、计算机、电子琴、电话机、照相机等等。各种复杂的功能都能通过集成电路来实现,如遥控集成电路、语言集成电路等等。集成电路的体积很小,这带来了一种新的可能性,那就是多种电子设备的功能可以很方便地组合在一起。集合了收音机和录音机功能的收录机就是这方面的初步尝试。而随着技术的不断进步,集成电路经历了小规模、中规模、大规模、超大规模、特大规模和巨大规模的发展历程,可以实现越来越多功能的整合,或者说,电子设备间的技术融合。

在收音机领域,可见的发展是单一功能收音机的体积越来越小,从晶体管时代的便携化发展到了袖珍化——收音机可以放在口袋中,而到今天更发展为只有纽扣大小,也可以集成在MP3、手机等其他电子设备中,在价格上则达到了基本可以忽略的地步。

与社会变迁结合起来,收音机体积和价格上的变化为广播媒介提供了多种新的机遇。收音机的便携化使其可以安装在家用轿车上,这为交通广播台的兴起提供了基本条件;袖珍式收音机普及后,听众可以躲在自己的角落里用耳机收听节目,这是夜间节目兴起的一个重要原因;收音机集成到手机、电视机等设备中,则使不同媒介终端的融合成为可能。总之,媒介技术的变迁与社会的变化相结合,会激发出难以预测、威力巨大的连锁反应,但可以肯定,由此产生的所有变迁方向都是一致的,即更理想地满足人类的信息需求。

另一方面的技术进步体现在广播信号上。广播信号最初占用的是无线电波的中波(AM)波段,随着技术的进展,发射系统和收音机都实现了对短波和超短波的支持。

短波广播的缩写是SW。短波在朝天空发射后,被大气中的电离层阻挡又反射回来,从而可以穿越遥远的地理距离,因此它的覆盖范围最大,国际电台通常都是短波广播。短波的收听质量比较差,但却充分展示了媒介超越国家疆界后所带来的可能性。在中国的"文化大革命"时期围绕着收听"敌台"曾经产生了无数故事,今天翻译界的元老当年大多有提心吊胆地偷听"敌台"学外语的经历。早于网络,短波广播其实已经朦胧地提示人们,媒介技术的发展将使真正意义上的全球媒介成为可能。

超短波广播又称为调频,缩写为FM,它的广播信号波长最短,但是它与中波、短波的区别并不仅仅在于波长,还在于无线电波承载声音信号的方式——中波、短波都是调幅波,通过无线电波幅度的变化来反映声音信号,调频波则通过电波频率的变化来反映声音信号。调频的信号最稳定,音质最好,但是穿越建筑和地理障碍的能力极差,又不能通过电离层反射,所以覆盖范围也最小,基本上只能覆盖一个城市或者周边部分郊区。电视的伴音也在调频波段,所以有些收音机有收听电视伴音的功能。调频技术后来又与立体声技术相结合,进一步提升了声音的保真度和现场感,效果非常接近原声再现,远远优于中波、短波广播的收听效果。

在20世纪80年代以后,卫星传送技术也应用于无线广播领域,这使广播在发射塔外拥有了一种更先进和廉价的信号发送方式。卫星广播具有居高临下的优势,原来的许多广播盲点现在都已被覆盖。

短波可以使声音传送到更遥远的地域,调频使广播更接近原音再现的效果,卫星广播进一步克服了覆盖范围上的局限。这些都在不同方面扩展了广播的功能。

有线广播是与无线广播并列的广播形态。它是利用由导线组成的传输分配网络,将广播节目直接传送给用户接收设备的区域性广播。传输网既可以是专用网络,也可以利用专用的电信网和低压电力传输网。

1893年,在匈牙利的布达佩斯有人连接了700多条电话线,定时广播新闻,形成了正式的有线广播。这具有很强的启示意义,它清晰地表明人际传播、组织传播和大众传播之间并不存在泾渭分明的界限,而是可以逐步过渡的:1对1是电话这种人际传播方式,1对700则变成了广播这种大众传播方式。这也提示了一种可能性,即媒介最初与通信工具是合为一体的,那么,媒介发展的归宿也可能是与通信工具的融合。

1924年,苏联开办有线广播,德、法等国也利用电话网传送广播节目,遂形成能输送多套节目的有线广播网。中国是有线广播最发达的国家之一。到20世纪80年代初,我国形成了以县广播台(站)为中心、以乡(镇)广播站为基础、连接千村万户的农村有线广播网。随着社会经济和科技水平的发展,无线广播逐渐占据了绝对主导地位,有线广播网逐步解体。

三、模拟电视技术

电视的诞生稍晚于广播,它同样是许多国家的科技人员长期研究、实验的结果。与广播一样,很难准确地说是谁发明了电视。

19世纪,一些科学家发现光线照射在含硒的物体上会产生电子放射现象,由此他们发现了光电效应,为电视传播提供了基本原理。

1883年圣诞节期间,德国电气工程师尼普科夫用他发明的"尼普科夫圆盘",使用机械扫描方法,进行了首次发射图像的实验。当时,每幅画面有24行线,图像相当模糊。

1925年,英国人贝尔德在"尼普科夫圆盘"的基础上进行了新的研究,发明了机械扫描式电视摄像机和接收机。当时的画面分辨率仅有30行线,扫描器每秒只能5次扫过扫描区,画面本身也仅有2英寸高、1英寸宽。1926年,他在伦敦一家大商店向公众作了表演。

1931年,人们首次把影片搬上电视屏幕。同一年,人们在伦敦通过电视欣赏了英国著名的地方赛马会的实况转播,美国人发明了每秒钟可以播放25幅图像的电子管电视装置。

1936年11月2日,英国广播公司开始定时播出电视节目,这时电视的扫描行数已达240行以上。一般认为这是世界电视事业的正式开端。

1953年,美国联邦通信委员会(FCC)批准了NTSC(National Television System Committee)开发的兼容制彩色电视制式,并于1954年正式开播,从此开始了彩色电视广播的时代。

技术的进步,帮助人们实现了一系列跨越:从光电效应的提出到将远距离光电转换(传送图像)化为现实,从传送静止图像到传送动态影像,从模糊的24线到相对清晰的240线,从黑白到彩色……视听信息跨越时空的再现能力从无到有、从弱到强,当今的高清电视画面已经非常接近现场效果。

电视机从电子管起步,也经历了晶体管和集成电路时代。

1946年,一台电视机的销售价格为350美元——相当于今天的4000美元到8000美元。10英寸的黑白显示器、巨大的扬声器、漂亮的木头盒子组成了这个当时几乎是最时尚的电子产品,其重量高达100磅。

1954年,基本上与彩电技术的发展同步,美国得克萨斯仪器公司研制出第一台全晶体管电视接收机。1966年,美国无线电公司研制出集成电路电视机。由于人们对电视机的可视面积一直存在更高的要求,大屏幕始终是电视机发展的主流,控制体积就没那么重要,而传统的显像管结构也影响了电视机体积、重量的改善。因此,在相当长时间内晶体管和集成电路的运用,主要影响的是电视机的能耗和功能。一直到20世纪90年代以后,液晶、等离子等超薄电视才逐步取代了显像管电视,"壁挂"成为常见的电视放置模式,方方正正的电视机形象才有了彻底改变。从此,电视终端也开始接近收音机的"无所不在"状态,电视机被频繁内嵌于建筑物、悬挂于地铁和公交车中……传统的电视广告也获得了新的发展机遇。

相比之下,摄像机体积变化的意义比电视机大得多。早期的电子管摄像机和录像机体积庞大,无法移动,只能固定在演播厅中。如20世纪60年代初的彩色电视摄像机,总重量在500公斤左右、耗电达3千瓦/小时,因此早期的电视节目很少进行现场直播,对于突发新闻的采访更是无能为力,这导致电视在相当长的一段时间内仅仅能提供以娱乐内容为主的各种演播厅制作节目,广播仍然是人们获取新闻的最主要渠道。随着技术的进步,摄像机的摄像质量不断提高,体积不断缩小,现场直播和对突发事件的采访成为可能。1963年,在美国收看电视新闻的人终于超过了收听广播新闻的人。电视新闻的时代到来了,从这时起,电视才真正成为媒介中的王者。

到了20世纪80年代,大规模集成电路的运用和新型摄像管的发明,使摄像机的功能和质量发生了飞跃,ENG(电子新闻采集)和EFP(电子现场节目制作)成为可能。电视工作者终于可以扛着摄像机出去采访了。最初是两个大汉一起出行,一个扛着摄像部分,一个扛着录像部分;后来是一个大汉扛着一台摄录一体式摄像机;到了20世纪90年代,摄像管被电荷耦合元件(CCD)取代,数字化CCD摄像机成为主流,哪怕是身材娇小的女性也能从事摄像职业了。

通过发射塔发射微波是最基本的电视信号传输模式,之后的有线电视和卫星电视对这种方式构成了良好的补充。

有线电视最早出现在20世纪40年代末的美国。当时,为了增强偏远地区用户的收看效果,人们在山头竖起接收装置,接收到的电视信号通过电缆传送到用户家中。70年代,有线电视被推广到城乡各地,众多的有线电视系统将电视台传来的信号传送给用户。有线电视图像清晰、抗干扰性强、频道多,因而很受观众欢迎。80年代,发达国家的有线电视用户已占全部电视用户的一半以上。90年代,世界上多数国家和地区开办了有线电视,普及率最高的比利时的有线电视用户占全国电视用户的96%。现在,有线电视通常同卫星结合起来,将卫星传送来的各种电视信号转播给用户。

1962年7月,美国发射了"电星一号"通信卫星,第一次把电视信号送上卫星,借助卫星上的转发器进行同西欧国家之间的越洋电视转播。这开启了电视的卫星转播时代。1963年2月,美国发射了第一颗同步通信卫星"辛康姆一号",1964年"辛康姆三号"卫星转播了东京奥运会的实况。随后,各国的同步卫星相继升空,完善了各自的电视转播系统。从地面微波传送到卫星传送,这是一个重大的飞跃。地面微波传送是一种接力方式的传播,每隔50公里左右就要设立一个中继站,传送环节多、建设费用昂贵。卫星传送比地面微波传送的环节少、覆盖面大、信号质量高、投资少,而且不受地形的限制,这就极大地促进了电视的普及和国际化。

但是,通信卫星是多用途的,可供电视传输的信道有限,而且发射功率很小,只有技术水平很高的地面站才能接收到信号,然后依靠地面传输将电视图像传送到各地。为此,20世纪70年代又出现了专门的广播卫星。广播卫星上的转发器功率大,收音机用户、普通的电视机用户安装简单的接收装置(包括小型碟式天线等)就能直接收听、收看卫星传送来的节目,这便是卫星广播和卫星直播电视。1974年美国运用这一方式向阿拉斯加等边远地区播送教育电视节目。1976年苏联用广播卫星向人烟稀少的西伯利亚农村地区播送电视节目。80年代以后,卫星直播电视广泛应用于跨越国界的电视传播领域。

第二节　计算机和网络技术的发展

一、计算机技术的发展

广播拓展了人们的听觉能力,电视拓展了人们的视觉能力。它们的出现证明了媒介发展的一个规律:新媒介总是人们某种感官能力的延伸。与此不同,最初的计算机仅具有单一的计算功能,虽然加强了人们的信息处理能力,但却无法与人的感官能力联系起来。

1946年,第一台电子数字计算机"ENIAC"在美国诞生。它由18000多个电子管组成,占地170平方米,总重量30吨,耗电14千瓦/小时,每秒能进行5000次加法、500次乘法运算。它既没有键盘也没有显示器,运行程序由五位女性操作员输入。当时的所谓编程,其实就是扳动开关和重新连线的体力活。数据的输入输出则采用IBM的穿孔卡片机进行,每分钟能输入125张卡片,输出100张卡片。

在后续的几十年里,计算机经历了电子管、晶体管、集成电路和超大规模集成电路四个发展阶段,体积越来越小,功能越来越强,价格越来越低,应用范围越来越广泛。

从1946年至1958年是计算机发展历程中的第一代。与电子管时代的广播等设备一样,这一代计算机体积庞大、价格昂贵,同时运算速度慢,存储容量小,使用很不方便,主要用于科学计算,只在科学研究等部门使用。

第二章　媒介融合过程中的技术形态变迁

计算机发展历程的第二代从1958年到1965年。这一时期的计算机采用晶体管作为电子器件,运算速度比第一代提高了近百倍,体积则仅为原来的几十分之一。在软件方面开始使用计算机算法语言。这一代计算机不仅用于科学计算,还用于数据处理、事务处理及工业控制。

第三代是从1965年到1970年。这一时期的计算机采用中、小规模集成电路为电子器件,并且出现了操作系统。操作系统使计算机的应用范围得到很大扩展,不仅可用于科学计算,还可用于文字处理、企业管理、自动控制等领域;计算机技术与通信技术相结合而产生的信息管理系统,可用于生产管理、交通管理、情报检索等领域。

第四代计算机是指1970年以后采用大规模和超大规模集成电路为主要电子器件的计算机。1978年,人们成功地在不足0.5平方厘米的硅片上集成了14万个晶体管;1988年,实现了在1平方厘米的硅片上集成3500万个晶体管。而几十年前,人们还以"个"为单位来考虑晶体管的数量。

从外形角度看,第四代计算机有两个发展方向。一是巨型化方向,即不计较体积、功耗,追求最高性能,努力使计算机的运算速度更快、存储容量更大、功能更强,以满足在尖端科技等领域的大规模运算需求。目前的顶尖巨型计算机运算速度已超过每秒万亿次。由于大规模、超大规模集成电路的应用,虽然计算机的性能有了不可思议的提高,但现在的巨型计算机的体积却比ENIAC时代小得多,所谓"巨型"仅是相对于"微型"而言。

另一个方向是微型化,即发展微处理器和微型计算机。集成电路技术的发展使计算机的体积越来越小,价格逐步降低,直至能够进入家庭,个人计算机(PC)的概念也应运而生。ENIAC的造价为48万美元,相当于今天的500万到1000万美元,而用相当于今天1万美元的价格就能买到IBM生产的第一代PC。

PC中有一类产品特别强调便携性能,常见的名称有"笔记本电脑""膝上型电脑"等。早期的笔记本电脑与台式电脑相比,即使性能相同,价格也要贵上几倍,但随着技术水平的提高,笔记本电脑在重量、体积进一步减小的同时,在性能上也与台式电脑相差无几,不出意外将来笔记本电脑会在PC领域占据绝对的主流地位。

更小型的计算机被称为掌上电脑。随着技术水平的提升,掌上电脑的功能逐步完善,但屏幕和键盘太小始终是限制掌上电脑发展的一个主要障碍,目前其主要发展趋势是跟手机、GPS导航系统、收音机等设备集成在一起。

除了作为单纯的计算机产品被使用,微型计算机还大量地以各种形态作为系统的一部分进入仪器、仪表、家用电器等各种小型设备,或作为工业控制设备的心脏使仪器实现"智能化"。

将计算机的发展阶段分为四代是一种比较粗略的划分,还有更为细致的划分方法。但无论计算机发展到什么程度,都是多种技术共同进步、共同参与的结果。最早的计算机以卡片作为信息输入输出的载体,键盘和鼠标的发明使计算机有了便捷的输入工具,而显示器的运用则使计算机拥有了比较理想的信息输出工具;硬盘技术的应用,极大地拓展了计算机的信息存储能力;软盘、光盘等的发明,则同时提升了计算机的存储能力和信息输入输出能力。这些技术成果同时由其他领域共享,如显示器技术,从黑白到彩色、从模糊到高清,都同步作用于电脑和电视。

这些都是计算机硬件方面的进步,而软件的发展也不可忽视。没有软件,计算机只是一台"裸机"。如果把计算机比喻成人,那么硬件是躯壳,软件则是语言和思维。

软件是用计算机语言编写的。计算机语言的发展经历了从机器语言、汇编语言到高级语言的历程。

计算机发明之初,每一条计算机指令均由一组"0""1"数字,按一定的规则排列组成,若要计算机执行一项简单的任务,需要编写大量这种指令。这就是唯一能让计算机识别并进而执行命令的机器语言。机器语言可读性差,不易记忆;编写程序既难又繁,容易出错;程序调试和修改难度巨大,不容易掌握和使用。

20 世纪 50 年代初,出现了汇编语言。它是符号化的机器语言,一条汇编指令对应一条机器指令,使用比较容易识别、记忆的助记符替代特定的二进制串。这样人们就能较容易地读懂程序,调试和维护也更方便了。

但是,汇编语言的效率仍远不能满足需要。1954 年,第一个高级语言——FORTRAN 问世。高级语言是用能表达各种意义的"词"和"数学公式",按一定的"语法规则"编写的程序语言。迄今已有几百种高级语言问世,影响较大的有 Basic、C++、Java 等。它们与自然语言、数学表达式相当接近,通用性好,大大提高了程序编写的效率,增强了程序的可读性。

软件可以分为系统软件和应用软件两类。操作系统软件是应用软件运行的基础。它管理计算机的软硬件资源,为应用软件提供支持,为用户提供方便、友好的服务界面。

早期的计算机谈不上有操作系统。进入晶体管时代后,由于处理器运行速度提高,手工操作的信息输入、输出与计算机计算速度不匹配,因此,人们设计了监督程序或管理程序来实现作业的自动转换处理,这是操作系统的雏形。

20 世纪 60 年代末,贝尔实验室的科研人员用 C 语言设计了一个新的操作系统,将其命名为 UNIX。这是现代操作系统的代表。它是一个支持多任务、多用户、多进程的分时操作系统,运行时的安全性、可靠性以及计算能力都非常不错。

20 世纪 70 年代末,由于市场对 PC 操作系统存在需求,微软公司设计了 MS-DOS 操作系统。从此,用户不必再深入理解 PC 硬件结构,也不必死记硬背复杂的机器语言,利用接近于自然语言的 DOS 命令,就能轻松地完成绝大多数日常操作,有效地管理各种软硬件资源。但 DOS 也有缺点,它呈现单调的字符界面,使用者需要记住大量 DOS 命令,然后在键盘上慢慢输入。这些都需要相当的文化水平和长时间的学习。

从 1983 年开始,苹果、微软等企业逐步推出图形界面操作系统,计算机千篇一律的字符界面被生动、极富个性的交互式图形界面逐步取代,轻轻点击相应图标,程序就会开始运行。而以 Windows 95 为代表的"所见即所得"式操作系统走上舞台,既预示着多媒体技术广泛应用的春天即将来临,也是 PC 用户爆发式增长的一个原因:它使掌握计算机技术的门槛再次大幅度降低。

在操作系统的支持下,大量应用软件被开发出来,例如经典的 OFFICE 系列办公处理软件、ADOBE 公司开发的图形处理系列软件等,它们将计算机硬件的进步转化为更多实际应用。总之,硬件提供了技术上的可能,而软件则将这些可能化为现实。

在个人电脑之后,另一个具有里程碑意义的概念是"多媒体电脑"。至此,计算机终于与"媒体"发生了联系,虽然这不是指大众传媒。在此之前,计算机处理的信息往往仅限于文字和数字,而人机之间的交互活动只能借助键盘和显示器。为了提高人机交互能力,使计算机能够集声音、文字、图片、影像处理于一体,多媒体电脑应运而生。今天的 PC 基本上都是多媒体电脑。多媒体电脑的硬件结构与之前并无太大差别,只是硬件内容有了大量增加,如高分辨率显示接口与设备、声音处理接口与设备、图像处理接口与设备等。这样一来 PC 可以身兼多职:普通电脑、家庭音响、高清晰度彩电、全功能"家庭影院"等等,并且这一清单随着技术发展几乎可以无限延长。

多媒体电脑摆脱了单纯的计算工具的角色,信息输入和输出能力有了较大的提高。在多媒体技术发展的初期,它解决的主要是音频和视频信息的输入输出问题,同时解决了对音频、视频信息的处理和存储问题。由于技术上的限制,多媒体电脑对人类的嗅觉、触觉等其他感官信息还无能为力,但其发展前景仍然令人期待。

科学家普遍认为,计算机发展的一个明显趋势是"智能化",即能够模拟人的感觉、行为和思维过程,能够"看""听""说""想""做",逐步具备逻辑推理、学习与证明的能力。

在第一章我们谈到媒介融合的三个层次。第一层次是信息输入系统的融合,第二层次是人类信息系统的融合。计算机的发展过程,恰恰展示了人类信息系统的融合是怎样一步步实现的。计算机一开始仅仅是人类的信息处理工具,然后不断完善并向信息系统的其他领域延伸,直到成为人类信息系统体外化工具的全能融合体。夸张地说,在人体之外,人类终于造出了作为工具的"人"。

可以说,虽然大众传播工具中内生了媒介融合趋势,但是媒介融合的决定性力量是计算机技术而非媒介技术。唯一的遗憾是,计算机系统是孤立的,不具有进行大众传播的能力。然而,因特网来了。

二、网络开辟的新纪元

我们可以把因特网的诞生和发展过程,与人类社会的形成和发展过程进行类比。通信线路把世界各地分散、孤立的计算机连接起来,实现了资源共享,形成了一个巨大的信息系统,这恰如人类社会的形成彻底改变了人类的面貌,开辟了无限的未来。

社会运行需要满足一些必不可少的条件:(1)每个成员都有自己的标识;(2)人们有共同的语言和行为体系;(3)人们有彼此联系的渠道。网络的运行也依赖类似的条件。

我们知道电话用户是靠电话号码来识别的。同样,在网络中,为了区别不同的计算机,也需要给计算机指定一个号码,这个号码就是"IP地址"。不同国家、不同地区拥有不同的IP地址段。IP地址的功能可以用邮政来类比。邮局会根据通信地址判断信件的收信人是否住在本地区,如果不在,就把信件送到上级邮局,上级邮局也会如此判断,直到找到通信地址所属地区。当用户试图访问一个IP地址,路由服务器就会判断这个地址是否属于自己的管辖范围,从而决定是链接到具有相应IP地址的计算机还是送交上一级路由服务器解决。

IP地址是网络运行的基础。用二进制来表示,每个IP地址长32比特,分为4段,每段8位。为了使用方便,一般写成十进制数字的形式。这时每段数字的长度区间为0—255个,段与段之间用句点隔开,例如202.119.112.254等。IP地址的长度决定了网络中一共能容纳多少台计算机,如32比特长的地址约能容纳43亿台计算机。而正在发展中的新一代网络,IP地址的长度为128位。这样,按保守方法估算,整个地球每平方米的面积上可分配1000多个地址。显然,这是着眼于未来的发展可能性:最终有一天,所有的仪器设备乃至生产生活用品都将集成计算机的功能或被计算机集成,并被纳入网络系统。

就像我们说话时要使用某种语言一样,网络上的各台计算机之间也有一种语言,这就是网络协议,不同的计算机之间必须使用相同的网络协议才能进行通信。网络协议是网络上所有设备之间通信规则的集合,规定了通信时信息必须采用的格式和这些格式的意义。一个网络协议至少包括三要素:语法,用来规定信息格式;语义,用来说明通信双方应当怎么做;时序,详细说明事件的先后顺序。常见的协议有 TCP/IP 协议、IPX/SPX 协议、NetBEUI 协议等。TCP/IP 协议(Transmission Control Protocol/Internet Protocol)是因特网的基础协议,它与 ARPA 网同步诞生,又是后者成功的主要原因。随着 ARPA 网发展为因特网,TCP/IP 也得到了进一步的研究开发和推广应用,成为网络中的"通用语言"。它规范了网络上的所有通信设备,尤其是一个主机与另一个主机之间的数据往来格式以及传送方式,IP 地址就是由它规定的。

如同通信和交通对于人类社会意义重大一样,通信线路领域的技术进步对因特网具有关键意义。几十年来,它的基本发展轨迹是速度更快、价格更低、接入方式更多样化。终端用户一般接触不到主干专用数据线路,最熟悉的还是 PC 接入网络的"最后一公里",而接入方式的变迁也最能反映网络的飞跃式进步。

拨号接入是人们最熟悉的早期网络接入方式,它利用现成的公用电话网,通过调制解调器(modem)拨号实现用户接入。调制解调器是其中最关键的设备。计算机处理的是数字信号,而电话线传输的是模拟信号,为了实现计算机间的通信,就需要将数字化的信息转换成模拟信号然后再转换回来,执行这个任务的设备就是调制解调器。它每秒传输的比特数越多,信息发送的速度就越快。借此,人们可以在计算机间传送文本、图像、视频、应用程序等各种文件。

但拨号接入的缺点也很明显,它的速度最初为 9.6Kbps(比特/秒),然后发展为 14.4Kbps、28.8Kbps、33.6Kbps,一直到后来的 56Kbps。虽然速度提高了几倍,但仍然远远不能满足图像、语音、视频等多媒体信息的传送需求。一个 10K 容量的文本文件可以包含 1 万字,而一张 10K 容量的图片表达不了丰富的内容,音频和视频文件的容量比图像还要大得多。事实上,在网络发展初期,传送多媒体信息还只是美好的想象。最早的网络论坛和网络游戏都是全文字形态,如今的网络语言中由标点符号组合形成的各种表情符,也是那个时代的网民不得已的发明。与缓慢的网络速度对应的是昂贵的上网价格。以 1996 年的中国为例,一些地区拨号上网的价格是 20 元/小时,如果生活在农村和小城市,还需要加上到达大城市接入点的长途电话费。对照当时普通职工平均 500 元的月工资,这是一种纯粹的精英消费。为了尽可能用小数据量制作出内容丰富的网页,当时的网页制作者提出了一个口号——"惜 K 如金"。同样的情况也发生在软件设计者身上。在开发图像、动画、语音等多媒体文件的格式时,尽可能高的质量和尽可能高的压缩比,成为他们同时追求的目标。

虽然在今天看来,无论是 9.6Kbps 还是 56Kbps 都很可怜,但那个时代的网民感受到的却是日新月异的改变。ICQ 等即时通信软件一开始只能提供单一的文字聊天功能,后来逐渐能够提供聊天者的彩色头像、传送图片,直到提供语音聊天功能。在网速达到 28.8Kbps 时,Net2Phone 这样的网络电话服务商出现了,购买它们的账号,再把耳机、麦克风连接到计算机上,就可以打国际长途电话。虽然通话时声音断断续续,但其相对低廉的价格极具诱惑力。在网速发展到 56Kbps 时,网上已经出现了为数不少的网络电台,而人们访问网站时已经习惯了图文并茂、音乐悠扬的页面。

拨号方式依托的是电话网,而 Cable-Modem 方式表明,因特网服务并非电信企业的独家业务。这种方式利用现成的有线电视网进行数据传输,极限速率为 40Mbps,是拨号方式的近千倍。由于有线电视网采用的也是模拟传输协议,因此同样需要 modem 来完成数字数据的转化,这也是 Cable-Modem 名字的由来。它的传输机理也与传统 modem 一致,差异只在于电话网和有线电视网的区别。这种方式的缺点是网络用户共同分享带宽,随着使用者的增多,体验逐步变差;此外,价格和初装费也都不算很便宜。由于中国拥有世界第一大有线电视网,因此人们曾高度期待它的发展潜力。

电信企业通过 DSL 技术再次证明了自己的优势地位。DSL(Digital Subscriber Line)指数字用户线路,是以铜质电话线为传输介质的点对点传输技术,优点非常明显:利用电话线路传输,无须铺设专用线路;速度快且发展空间大,支持同时传输数据和语音;安装简便,开通快捷。DSL 有多种版本,目前在我国流行的是 ADSL(Asymmetrical Digital Subscriber Line,非对称数字用户环路)技术,这已经成为家庭用户接入宽带网络的最主要方式之一。ADSL 支持上行速度 640Kbps—1Mbps,下行速度 1Mbps—8Mbps,并且每个用户都有单独的一条线路与 ADSL 电信局端相连,数据传输带宽由每一个用户独享。其缺点是对线路质量要求高,用户与电信局端的距离需要在 3—5 公里范围以内,否则速度就会大幅度衰减。还有一种 DSL 技术是 VDSL。它比 ADSL 还要快,短距离内的最大下传速度可达 55Mbps,上传速度可达 2.3Mbps 以上,目前仍处于发展过程中。

目前的 ADSL 下行速度一般在 1Mbps 以上。1Mbps 约等于 1000Kbps,56Kbps 的速度真正成为记忆,网络用户进入了"快车"时代,数据流量巨大的视频聊天、视频节目点播早已经成为网民生活的一部分。网络存储、网络计算等技术也发展了起来,这些原来局限于某一台计算机的功能现在可以通过网络上的其他计算机来协调完成。这也表明了网络发展的另一个趋势——随着网络速度和系统整合水平的提升,因特网越来越像一台超级计算机,如同人类社会越来越像一个完整的有机体,或者说,这本来就是同一个进程。

电话网、有线电视网以及专用数据线路,共同构成了因特网的通信线路,而因特网本身又能提供网络电话、网络广播电视业务。这隐隐表明,这三种服务间的信道的区分正在失去意义。

当我们讨论网络和计算机的发展速度时,不能不谈到"摩尔定律"。20世纪六七十年代,英特尔公司的奠基人摩尔总结出了"摩尔定律"。这是个经验性的预测并被表述为多个"版本":(1)当价格不变时,集成电路芯片上可容纳的晶体管数目,每隔18个月就会翻一番;(2)微处理器的性能每隔18个月就能提升一倍,而价格下降一半;(3)用一个美元所能买到的电脑性能,每隔18个月就能翻两番。无论哪个版本,反映的都是电脑性能的大幅度提升和价格的迅速下降。事实证明,处理器的发展过程大体上遵循这一规律。20世纪60年代初,一个晶体管的价格约为10美元,但随着集成电路技术的出现,当一根头发丝上可以放置1000个晶体管时,每个晶体管的价值只有千分之一美分。而在大众传播、因特网等新领域,这一定律也同样适用。证明这个定律是否百分之百精确是没有意义的,最关键的是,它形象地说明了我们这个时代科学技术的进步速度。

三、网络社会的应用技术

因特网本身仅仅是一个平台,它的潜力和功用只有通过具体的网络应用才能体现出来。

电子邮件是因特网中最基础的服务,出现最早,应用也最普遍。相比其他服务,它在技术上实现难度最小,价格最低,同时能满足绝大多数类型的信息交流需要。这些优点在因特网发展的初级阶段相当关键。电子邮件一度是一些国家仅有的因特网服务。中国也经历过类似阶段,在一些科研单位和高等院校,曾出现过几十人共用一个电子邮件账号的"奇观"。那时还没有免费电子邮箱,除了上网开户时电信部门会赠送一个账号,只能依靠单位分配或购买,并且邮箱的容量在很长时期里都没有超过1M(理论上最多能容纳50万字),而一张BMP格式的图片动辄就有几十M大小。因此,早期的电子邮件与纸质信件一样,基本上是单纯的文字的载体。但这是一个"高科技""高消费"符号,那个时代国人的名片上如果印着一个电子邮件账号,是相当时髦的事。不难理解,后来中国第一个实用的免费电子邮件系统163.net推出时为什么会引发爆炸式反应,而开发者丁磊也通过转让 163.net 掘得了第一桶金。随后,263 等免费电子邮件系统发展起来,容量也从 1M 发展到 2M、4M、8M……直到今天的无限容量账号。语音邮件、视频邮件等多媒体邮件也随之兴盛,电子邮件日益精彩起来。

电子邮件系统有几个基本组成部分:(1)安装着相应软件的服务器(功能相对强大的计算机)。它既是接收和发送电子邮件的"邮局",又同时为广大用户提供"信箱"。(2)邮件接收和发送协议。它规定了邮件格式、发送接收规则等细节。这些协议建立在 TCP/IP 协议的基础上,与其他类似协议被统称为应用层协议。(3)邮件客户端软件,如 Outlook Express、Foxmail 等等。它们负责编辑、阅读和管理电子邮件,但不是绝对必要,因为用户也可以登录服务器在线收发电子邮件。不过直接登录的方式需要始终在线,成本很高,功能也单一。服务器(以及相应软件)、协议和客户端(以及相应软件),也是其他网络应用的基本要素。

即使在今天看来,电子邮件也仍然是一种几乎完美的服务,其基础地位仍不可动摇,它完全模拟了现实生活中的邮政系统并且千百倍地超越了后者。通过电子邮件,文本、语音、视频数据都可以在瞬间传遍世界,而且传输成本接近于零。然而,它的价值并不仅止于此,它能满足各种形式的传播需求。以在其基础上发展起来的邮件列表服务为例。每一个邮件列表都对应一个特殊的电子邮件地址,人们向这个地址发送一封邮件,小组中的所有成员都可以接收。而在发送权力上可以设置所有成员都有权发送或特定人员有权发送,在接收上也可以设置任何人都可加入列表或者需要批准。通过对发送和接收权力的设置,就可以重现生活中的一切传播权力关系。自由加入,控制发送权,就是大众传播方式;邮件图文并茂,定期发送,就是一份网上报纸;控制成员加入,自由发送,则形成一个内部论坛;控制成员加入,控制发送权,就是一个等级制的组织的传播模式。

电子邮件的发展第一次表明,网络同时具有大众传播、组织传播、人际传播的功能,这比有线广播的发展历程更清楚直观地启示人们:各种传播形态之间没有截然的界限,之所以在生活中有明显区别,那是因为我们的传播技术还没有发展到一定阶段。

电子邮件服务也有缺陷,即它传送的文件大小受到很大限制,传送方式也比较单一。FTP 服务解决了这个问题。FTP 即"文件传输协议",是 File Transfer Protocol 的英文缩写,用于在计算机之间传送文件。把文件从本地计算机传送到远程计算机称为"上载",把文件从远程计算机传送到本地计算机称为"下载"。在电子邮箱的空间只有几 M 的时代,通过 FTP 服务就可以在计算机间传送容量巨大的文件。可以说,它是网络中的物流服务、仓储服务,为生活中无法通过邮政体系传送的大规模信息产品提供了运输方式。网络中有一些计算机被称为FTP服务器，它们可以存储大量数据文件并将之目录化，好像一个个大型仓库。拥有上载权的用户可以将自己计算机中的文件上载到这个仓库，而拥有下载权的用户则可以检索仓库中有什么自己需要的文件，再进行下载。FTP服务和电子邮件服务结合起来，基本上解决了早期网络中的一切文件传送问题。

在生活中，人们以各种形式聚集起来进行交流，如街头巷尾的纳凉聊天以及正式一些的沙龙、俱乐部等等。BBS(Bulletin Board System，一般翻译为"电子公告板")提供了类似的功能。早期的BBS提供的服务并不比街头的公告板更多，只能以文本形式发表一些商业信息。当个人计算机开始普及后，由于开发者的努力，BBS的功能得到了很大扩充，用户可以获得各种信息服务：下载软件、发布信息、讨论、聊天等。在此基础上，又发展出了网络社区的概念，讨论组、聊天室、博客等其他网上交流形式也被统合在网络社区中，同好俱乐部等各种群体传播形式都可以重现于这个平台，人群得以在网络中重组。可以说，BBS及其变体提供了网络中的公共交流区域。

电话是人们最熟悉的传播方式之一，具有即时性、亲切感，而即时通信的发展则实现了对这些传统同步通信方式的模拟和超越。即时通信(Instant Messenger，简称IM)，是指能够即时发送和接收消息等的网络业务。不同于E-mail，它允许两人或多人之间即时传递信息，大多数即时通信软件可以提供状态信息——显示联络人名单、联络人是否在线以及能否与联络人交谈。与其他服务一样，它一开始仅限于文字信息，后来发展到支持语音与视频交流，也能传递各种数据文件。最近几年，即时通信的功能日益丰富，逐渐集成了电子邮件、博客、音乐、电视、游戏和搜索等多种功能，逐步突破了单纯的聊天工具的局限，发展为集交流、资讯、娱乐、搜索、电子商务、办公协作和企业客户服务等为一体的综合化信息平台。

网络服务发展的一个明显趋势是各种服务的集成化，BBS、即时通信等服务都越来越明显地呈现出你中有我、我中有你的特征。而这种集成化的前提则是WWW服务提供的，其也是网络由精英工具变为大众工具的关键之一。所谓WWW，即"World Wide Web"，中文名为"万维网"，是最流行的网络信息检索方式，大多数人将它当成因特网的同义词，其实它是运行在因特网中的服务。它有几个明显的优势：(1) 图形化、易于导航。在WWW之前，网络上的信息只有文本形式，WWW则融图形、音频、视频信息为一体，同时，用户只需要从一个链接跳到另一个链接，就可以穿梭于各网页、各站点。(2) 跨平台。无论是Windows、Unix还是别的操作系统平台，都可以访问WWW。(3) 分布式。图形、音频和视频信息会占用巨大的磁盘空间,而在 WWW 中则可以把信息放在不同的站点,对用户来说这些信息是一体的。(4) 动态、交互。WWW 站点上的信息可以不断更新,而用户的浏览顺序和所到站点完全由自己决定。

通过 WWW,网络中的众多协议获得了一个统一通用的接口,统一表现为一种简单的可操作的服务模式,原本非常复杂的因特网服务变得异常简单。无论是传统的电子邮件、FTP、BBS、即时通信等服务,还是后来的 RSS、BLOG 等服务,都被统一于 WWW 服务的框架之下,从而彼此才具有了集成的可能。

旧服务不断变迁,新服务不断诞生,这是一个难以穷尽的过程。但可以肯定,无论出现什么服务形态,都是对人类过去传播行为的模拟和超越。人们描述网络时常使用"虚拟社会"的概念,这是极其精辟的,因为人类生活中的一切信息传播行为都可以在网络中找到复制体,而这些复制体又超越了最初的版本。

可以说,计算机是实现包括智能、感官在内的人类信息系统的各种能力的体外化的工具。网络将一台台孤立的计算机连成整体,从而实现了对人类社会体系的模拟,网络服务则是对社会传播方式的模拟。网络提供了完全再现一切精神生产和精神交往活动的平台,广播、电视等大众传播媒介自然也不可能例外,它们最终将以另一种形式存在,即网络化生存。

回顾过去,可以看到,网络的发展史也是微缩版的人类传播发展史。人类历史上的传播进化是一个漫长的过程,网络社会的进化则是它的一个超快版本,几千年的历史进程被浓缩为几十年:传播权力从被精英垄断到由大众享有;从纯文字信息发展到语音、视频;大众传播脱胎于人际传播,再到人际、组织、大众传播差异的消失……

未来人们可能会发现,网络的诞生其实意味着一个新的人类社会体系的诞生,真实世界和虚拟世界互相交融、渗透,直到难分彼此。

第三节　网络与广播电视的技术融合

一、广播电视的数字化

在相当长的时间内,媒介技术都独立于计算机网络发展,但随着计算机网络技术逐步成熟,它也同其他领域一样不可避免地卷入了数字化浪潮。

20 世纪 90 年代,广播事业开始了新的飞跃,传统的模拟广播开始向数字音频广播过渡。1995 年 9 月,英国广播公司率先进行全国性的数字音频广播,瑞典、丹麦、法国、德国、荷兰、瑞士、美国等发达国家紧随其后。数字广播与传统的模拟广播相比,音质纯净,可与CD媲美,抗干扰能力强,收听效果好,同时发射功率低,发射带宽使用充分,具有多方面的优势。最关键的是,数字广播中的信号就其本质而言,与宽带网络中传输的信号是相同的。事实上,除了传统的语音节目,数字广播网也可以提供数字多媒体广播和数据服务。在一定程度上可以说,在数字广播时代收音机也具有某种网络终端性质。

跟传统广播一样,传统电视采用模拟的方式处理、传输、接收和记录电视信号。新兴的数字技术则能把模拟电视信号转变为数字电视信号并进行处理、传输、接收和记录。这是彩电问世以来电视领域的又一次重要变革。数字技术能够大大压缩电视节目,使得原来传输一套节目的频道可以传输多套节目,从而大大增加了受众可收看的节目数量,也大大提高了信号处理和传输的质量,从而极大地增强了接收效果。数字电视的画面比模拟电视清晰一倍以上,音响效果可以同电影院和剧场媲美。

1995年8月,英国发布了《关于数字地面电视的政府建议》,决定从1997年起正式开始数字电视广播,计划用10年到15年时间实现从模拟电视到数字电视的转变。1997年4月,美国联邦通信委员会发布了数字电视计划实施进程表,预计到2006年淘汰模拟电视,全面转为数字电视。1997年3月,日本邮政省宣布要在2000年前开始地面电视的数字化。在卫星电视和有线电视领域,数字化的进展更为显著。从1996年起,欧洲卫星组织等机构发射了专供传输数字电视信号的卫星,法国新频道电视台从1996年春季就开始通过卫星传送数字电视信号。美、英、日、加拿大和其他西欧国家也都办起了一批数字卫星电视公司,一些著名的有线电视节目公司纷纷办起了数字频道。在我国,数字电视化也在不断推进中,预计到2015年全面停止有线模拟电视节目播出。

广播、电视的数字化改造,尤其是电视的数字化改造,其实是电子设备数字化、智能化发展趋势中的必然。这一趋势渗透到广播、电视媒体的每一个技术领域,涵盖了采集、编辑等前端设备,传输网络和终端全部环节。一般用户对终端性能的变化感受可能更为深刻。目前的数字电视机具有许多全新的功能,包括视频点播、网上购物、远程教学、远程医疗、股票交易、信息查询等。其中最重要的服务可能就是视频点播(VOD),它使用户告别了只能被动地收看电视节目的时代,获得了空前的自由度和选择权,大幅度增强了参与性、互动性和针对性,可以说是未来电视的发展方向。电视被赋予了如此之多的新用途,它的角色也从封闭的窗户变成了交流的窗口,成为名副其实的信息家电。换个角度说,电视机等媒介终端在数字化的过程中,越来越具有计算机的特征。

在电视机数字化的同时,人们还在积极地进行另一方面的尝试,那就是通过电视机上网。虽然这些出于商业利益驱动的尝试再次向人们证明了"欲速则不达"的正确性(市场效益不佳),但却是打破电视与网络藩篱的先声。

1999年3月,微软耗资数十亿美元力推"维纳斯计划",计划的核心是生产一种机顶盒,在其中安装嵌入式Windows CE操作系统简化版本(所谓"维纳斯")。这些机顶盒提供了与鼠标、键盘、电话和电视机相连接的接口,全部连接后,电视机就成为一台显示器,用户可以通过电话线路拨号上网。由于一台机顶盒的售价仅是一台个人电脑的几分之一,理论上讲就可以充分利用庞大的电视机资源,让大量不富裕的消费者能够领略到互联网世界的精彩。这是一个非常美妙的设想。在微软发布"维纳斯计划"后,一些富有爱国心和开创精神的中国人立即提出了近似的"女娲计划",以遏制微软的"霸权野心"。然而,市场的反应非常冷淡,无论是"维纳斯"还是"女娲"都不受欢迎。原因非常简单:(1)连家用电脑都买不起的家庭不太可能支付当时还比较高昂的上网费用;(2)用户体验极度糟糕,如庞大且分辨率低的显示器(电视机)给眼睛带来巨大的折磨;(3)性价比太差,机顶盒只能用于上网,其用途恐怕只有电脑的几十分之一。用一句话来概括,这是市场的失败。

站在今天回望,我们可以发现,当时"维纳斯计划"或"女娲计划"的部分设想其实已经在电视数字化的过程中水到渠成地实现了。这也给我们以启示:媒介融合应该是一个自然的技术和社会进步过程,不能脱离技术和社会发展的实际水平。

二、网络的广播电视转向

如前文所述,在网络发展的早期,由于网络使用费用高昂,网速缓慢,网络还不可能展现出它在音频、视频方面的巨大潜力,但是随着技术水平的提高,网络表现出越来越强大的"广播电视能力"。

由于音频对网络带宽的要求不高,所以传统广播与网络的结合比较早。1995年4月,位于美国西雅图的"进步网络"(Progressive Networks)在其网页上放置了一个Real Audio System的试用版软件,提供"随选音效"(Audio on Demand)服务,这一举措标志着网络广播的诞生。到了1998年,全世界已有100多个国家的1550多个电台建立了网站,通过各种广播服务器和节目播送软件,传送各种节目。

随着网络基础设施从"窄带"发展为"宽带",网络电视也发展起来。大批电视台在因特网上建立了网站,传送自己的电视节目。到了今天,无论身在何方,海外游子都可以通过"央视国际"网站收看中央电视台的各类节目,内地观众则可以通过"凤凰宽频"收看对国内新闻事件的另一种表述。

事实上,尽管网络电视一直是热点,但业内并没有产生一个关于网络电视的确切统一的定义。从网络电视的产生和其在国外的发展情况来看,网络电视就是"TV over IP",即以 IP 方式承载电视业务。这种定义方式有两层含义:一是网络电视提供的是电视类业务;二是网络电视基于 IP 技术,通过宽带网络传送内容。所以,从广义角度来看,网络电视业务与接收终端无关,用户可以在任意形式的终端上使用这一业务,如机顶盒(非"维纳斯计划"中的机顶盒)加电视或者手机、PDA 等;从狭义角度来看,通常所说的网络电视专指以"机顶盒+电视机"为终端、以宽带传输网络为载体的视频业务。

从这个定义可以看出,网络电视融合了传统电视和互联网的相关特性,可以被视为传统电视业务、电信新兴业务的结合体。对于传统电视运营商来说,网络电视的出现和发展是一个巨大的挑战;而对于电信运营商来说,通过部署网络电视业务为用户提供全新的应用以及丰富的服务内容将是增强竞争能力、提高赢利水平的有效途径;对于消费者来说,网络电视提供了不同于传统电信和电视业务的新体验。

诸如"中国国际广播电台""央视国际"等机构提供的网络广播、网络电视服务,比起它们的传统媒介版本,体现出巨大的优越性:可以选择直播,也可以选择点播,变传统的"你播我看"为"想看就看";可以一边看文字介绍一边收听、收看,可以立即与主持人或网友互动……

网络广播、网络电视的价值还不止于此,更重要的可能是它们对传统广播、电视业生态的全面冲击。由于几乎不存在技术和资金门槛,商业网站、社会团体和个人都可以开设自己的网络广播和网络电视服务,并且完全可能由于节目内容丰富、服务全面体贴而获取更多用户,唯一真正的限制是政策许可与否。传统广播台、电视台不得不放下高贵的身段,承认自己是普通的内容提供者,同时不得不接受在网络中难以获得暴利的现实。

传统广播台、电视台的关键权力在于对渠道的控制。比如在我国,节目从开始制作到最终播出,需要经过几道关。第一关,必须获得相关部门的节目制作许可;第二关,必须有广播台、电视台愿意播出,这是由资金、技术和政策原因设置的关口;第三关,节目要通过有线、无线电视网络传输。传统广电媒介的权威和暴利即由此而生,明星们宁可一文不取也要上央视春晚,真正的原因在此。但在网络世界,这些都失去了意义。无论是中央电视台、凤凰卫视或者某个网民架设的网上电视台,在网络世界一律平等,观众可以自由地选择看或不看,实时地对它们的服务质量进行对比。由于渠道垄断产生的光环效应让位于口碑效应,内容生产的重要性空前地显现出来。网络对传统电视运营商造成的冲击是比较强烈的,网络电视以及其他网络视频内容直接对电视台构成挑战。但是,如果电视台能放下高贵的身段,更为关注内容资源的生产,慢慢脱离对渠道垄断暴利的依赖,那么,仍将有广阔的发展空间。

相比电视,网络对传统广播业务的影响还比较小。这很好理解。广播的生命力在于其听众可以一心多用,如一边开车一边听广播等。坐在电脑前听广播既无意义也谈不上舒适,无法吸引核心听众。

网络中并非不存在渠道垄断,从全球范围来看,基本上都是以网络运营商为主导力量,这是由于网络基础设施提供商具有天然的垄断性。可以说,广播台、电视台失去的东西,由网络运营商获得了。但这没有动摇内容提供商在网络电视产业链中的重要地位。可以说,网络电视的产业链就是以内容和网络为双核心的产业链,拥有网络资源和拥有内容资源的提供商之间的关系将直接影响到网络电视的发展。

站在技术角度看,一个问题浮现了——今天的用户们通过机顶盒将电视机连上宽带,然后就能收看到各频道的节目。这是上网,还是看电视?

在现实生活中已经出现范本。中国电信推出了"iTV"业务,向广电领域进军。中国电信的网站上声称,"iTV 是中国电信推出的基于电信宽带的增值业务,以电信宽带作为传输渠道,以机顶盒和电视机作为接收终端,向用户提供直播、点播、回看以及资讯、理财、游戏等综合服务",并且画了一个形象的公式:"iTV = 宽带 + 机顶盒 + 电视机 = 电视新看法"。这显然是广电公司所不能忍受的,于是两大巨头的苦斗开始了。更有趣的是,广电公司也早就开始通过自己的有线电视网提供宽带上网服务。

计算机和媒介终端间的技术界限越来越模糊,信道区别也趋于消失,是这些困惑产生的根源。

三、三网合一

广播电视和计算机网络的关系日益纠结,其中的高潮部分是三网融合。

"三网融合"中的三网是指以因特网(Internet)为代表的数字通信网、以电话网(包括移动通信网)为代表的传统电信网和以有线电视为代表的广播电视网,其代表现代信息产业中的三个不同行业,即电信业、计算机业和有线电视业的基础设施。三网融合有多种含义。从最初的意图来说,是实现电信网、有线电视网与计算机网络的融合,即这三个领域信息传输网络的融合。但这不可避免地会带来电信、媒体与信息技术等三大领域的融合。从服务商的角度看,不同的网络平台倾向于承载实质相似的业务；从终端用户的角度看，消费者的用户装置（如电话、电视与个人电脑）日益趋同。不难看出，三网融合在技术上为媒介融合的发展扫清了道路。

三网融合的前提是几个方面的技术进步：(1) 数字技术的迅速发展和全面采用，使电话、数据和图像信号都可以通过统一的编码进行传输和交换，所有业务在网络中都将成为统一的比特流；(2) 光通信技术的发展，为综合传送各种业务信息提供了必要的带宽和传输的高质量，成为三网业务的理想平台；(3) 软件技术的发展使得三大网络及其终端都能通过安装或升级软件，最终支持各种用户所需的特性、功能和业务；(4) 统一的 TCP/IP 协议的普遍采用，使得各种以 IP 为基础的业务都能在不同的网上实现互通，人类首次具备统一的、为三大网都能接受的通信协议。目前这些技术已经相当成熟，客观地说，我国三网融合进程中的障碍主要是"人"的因素而非技术因素。两篇相映成趣的报道刚好能反映这个问题。

2010 年 8 月，中国电信正式宣布开始对"违规高带宽接入"全面清查，而广东所受的影响最大。据广东铁通人士透露，清查行动使其 40% 以上的网间流量被中断，造成电信方向的网络访问严重恶化，用户投诉率猛增。在清查不到一个月的时间里，广东铁通宽带用户申诉达 37477 件，38443 个用户没有缴费，有 28210 个用户面临退网。铁通也要求各分公司客服部门"密切关注事件的发展，制定预案采取措施，努力做好用户的解释安抚工作"。

2010 年 8 月，歌华有线、东方有线、武汉有线、哈尔滨元申网络等有线运营商在"三网融合中国峰会"上普遍表示，高额的接入成本占了宽带总收入的 40%—50% 左右，广电发展有线宽带是为他人做嫁衣。

不少有线宽带用户在论坛上反映宽带速度总是莫名其妙地突然变慢，而电信宽带则不存在此问题。面对此类投诉，有线运营商认为是电信运营商优先传输自己的数据……而从上述一系列非孤立现象可以看出，互联互通以及与此相关的网间结算已经成为我国当前三网融合中的重大障碍，严重影响了宽带市场公平平等的市场竞争格局。①

日前，武汉广电和武汉移动共同推出了广电、电信、互联网三网融合捆绑业务——"三网融合家庭套餐"。这项包含了一年的有线电视收视费、移

---

① 参见熊飞：《互联互通是三网融合重大障碍》，http://www.sarft.net/a/23053.aspx，2010 年 10 月 20 日。

动电话费、宽带费的套餐被部分媒体解读为三网融合的"突破性创举"。

其实并非如此,广电借力运营商(中国移动)的市场营销渠道和缴费渠道,并将运营商(中国移动)的通信话费优惠绑入其中。广电的意图已是司马昭之心,利用这个打着"三网融合"旗号的低价捆绑业务作为突破口,通过它打开高清互动电视和宽带接入市场。这个三网融合"突破性创举"的背后是广电向电信化迈出实质性步伐,而最终的矛头只有一个——宽带接入市场。……

三网融合的初衷是推进电信和广电业务的双向进入,实现双方资源优势互补,然而在现实的市场环境中,广电政企不分的体制形成了业务壁垒,直接导致双方利益交换迟迟不能完成,三网融合陷入僵局。……

目前三网融合面临三大挑战:一是体制挑战。虽然经国务院多次协调,但到目前为止,分业监管的体制问题仍没有解决。二是运营体制挑战。竞争必须要在同样的体制下进行,一个企业和一个事业单位竞争,肯定是不平等的。三是商业模式的挑战。三网实际上是三种不同的商业模式,公益性质的广电业务与商业性质的电信业务如何融合,这是很难突破的难题。

对于广电而言,教练员兼运动员导致了一系列问题:政企不分,利益纠葛,实力不及运营商,竞争不力;同时,作为监管者,又希望借行政力量限制电信业、扶持广电业,这些都不符合市场规律。①

我国的三网融合在某种程度上是追赶美国的产物。1993年9月,美国政府宣布实施一项新的高科技计划——"国家信息基础设施"(National Information Infrastructure,简称NII),旨在以因特网为基础,兴建信息时代的高速公路——"信息高速公路",使所有的美国人方便地共享海量的信息资源。作为信息高速公路建设的一个步骤,1996年,美国进行了电信法改革,前瞻性地解决了电信和广电相互进入的问题,使电信网络和广电网络分别从原来的"专网"(电话网和电视网)变成了多用途的网络。美国人对信息技术和信息基础设施的高度重视,也激发了世界其他国家追赶时代科技潮流的热情。我国也不例外,正是在这种背景下,三网融合在我国浮出水面。

2001年3月15日,政府在"十五"规划纲要中第一次明确提出"三网融合":"促进电信、电视、计算机三网融合。"2008年1月1日,科技部等六部委提出"以有线电视数字化为切入点,加快推广和普及数字电视广播,加强宽带通信

---

① 符周顺:《广电既是教练员又是运动员,成三网融合主要障碍》,载《通信信息报》2011年5月18日。

网、数字电视网和下一代互联网等信息基础设施建设,推进'三网融合',形成较为完整的数字电视产业链,实现数字电视技术研发、产品制造、传输与接入、用户服务相关产业协调发展"。在总体方案历经15稿修改和两年多的博弈,试点方案再经五稿修改且历经谈判几乎破裂的危险后,2010年7月1日,三网融合的12个试点城市名单终于正式出台。后续的三网融合进程仍然一路磕磕碰碰。幸运的是,如今我们终于能够看到曙光。

四、融合终端

媒介融合的技术进展,最容易被用户感受到的是终端的融合。移动终端的发展,是当前最集中体现终端融合的领域。

这一过程分为几个阶段。在手机还没有实现智能化之前,在技术上就能通过加上某些芯片,使其具有收听广播等功能。这是电子技术集成的产物,没有网络的介入。这时的手机已经部分具有了融合媒介的特征。在智能手机发展之后,终端融合的前景就变得非常清晰。智能手机最初的定义是指拥有操作系统和中央处理器等软硬件的手持设备;而到了2011年前后则指在上述基础上,还要求可以像个人电脑一样支持用户自行安装软件、游戏等第三方服务商提供的程序,并通过此类程序不断扩充功能,同时可通过移动通信网络实现无线网络接入。事实上,从定义的变化就能看出终端融合的技术进展,手机日益成为比笔记本电脑更便携、更灵活的小型联网电脑,这也使得它成为媒介融合终端最核心的要素。

智能手机具有五大特点:(1)具备无线接入互联网的能力,支持GSM网络下的GPRS接入或者CDMA网络下的CDMA 1X接入或3G网络接入;(2)具有PDA的功能,包括PIM(个人信息管理)、日程记事、任务安排、多媒体应用和浏览网页等;(3)具有开放的操作系统,可以安装更多的应用程序,使其功能得到无限扩展;(4)设计人性化,可以根据个人需要扩展机器功能;(5)功能强大,扩展性能强,第三方软件支持多。在外形上,智能手机则高度趋同,一律是方方正正的大屏幕,毕竟文字、图像和视频服务都需要比较大的屏幕。

目前,全球多数手机厂商都有智能手机产品,而美国苹果、芬兰诺基亚、加拿大RIM(黑莓)、中国台湾宏达(HTC)更是智能机中的佼佼者。苹果公司的iPhone系列设计是智能手机中最经典的产品;虽然更先进、功能更强的产品不断出现,但它的历史地位却难以撼动。

iPhone 4使用了苹果A4处理器,内存为512M,存储空间为16G或32G,虽然达不到一般笔记本电脑的水平,但是已经能够执行大量任务,存储相当数量的数据文件，至于一般性文字处理、阅读 PDF 文件等更没有问题。与之相比，2003年上市的 IBM T40 笔记本电脑的标准配置不过是内存 512M、硬盘 40G，并且直到 2011 年仍然在二手电脑市场流通。在这样的硬件配置下，iPhone 4 的电池能耗为 7 小时 3G 通话、10 小时视频播放、40 小时音乐播放、300 小时待机。而即使是轻薄型笔记本电脑，目前电池最长续航时间也一般在 12 小时以下。

在网络性能上，iPhone 4 支持 WiFi，可以通过价格、速度都不逊色于有线宽带的无线局域网接入方式上网，也就是说，只要输入输出硬件能够提供支持，通过因特网看电视、听收音机、视频聊天、传送影片等高速宽带应用都不成问题。在没有 WiFi 信号的情况下，iPhone 4 支持当前主流的 2G 和 3G 无线广域网，也支持 HSDPA/HSUPA 技术。理论上，通过 3G 上网最高下载速度可以达到 7.8Mbps，比一般的家庭有线宽带更快。当然，生活中很少有人会这么奢侈，毕竟无线广域网的接入成本远远超过 WiFi。

iPhone 4 使用了名为 Retina 的显示技术，显示屏分辨率为 960×640 像素，每平方英寸面积里有 326 个像素，为一般电脑的 3 倍多，加上同时具有 800：1 的高对比度和 IPS 宽可视角度技术，显示效果非常鲜明、细腻。这就为各种网络应用提供了良好的前提。

除了传统的文字输入和语音输入功能，iPhone 4 还配备了 500 万像素相机，支持自动对焦和 5 倍数码变焦，内置 LED 补光灯，性能接近一般卡片式照相机的水准。不过，更值得称道的是其视频拍摄功能。iPhone 4 拥有两个摄像头：一个位于机身正面，用来拍摄自己；另一个在背面，可拍摄其他的一切。它支持 720P 分辨率的高清视频拍摄。视频拍摄功能加强之后，苹果将 iMovie 这一苹果电脑上优秀的视频处理软件移植进来，用户可以非常方便地在 iPhone 4 上进行视频编辑，可以任意插入视频和音频。这样一来，iPhone 4 就成为一台视频拍摄处理设备。

在此基础上，苹果开发了 FaceTime 功能，使人们的可视电话梦想成真。通过 WiFi 连接两部 iPhone 4，只要轻轻一点，人们就可以彼此挥手问好、相视微笑或分享故事，而且可以选择风景、人像等不同的场景模式。

可以说，以 iPhone 4 为代表的智能手机集中体现了媒介融合终端的特点：既是广播、电视、报纸、书籍，又是通信、办公、娱乐设备；既可以输出显示文字、语音、图像、视频等绝大部分类型的感官信息，也可以输入这些信息；既可以存储，也可以处理这些信息。我们在第一章谈到媒介融合的三个层次，在智能手机上我们可以看到信息输入、输出、处理、存储等诸子系统的融合，事实上已经达到了媒介融合的第二个层次。

第二章　媒介融合过程中的技术形态变迁

进一步来说，无论是媒介融合，还是曾经有人提出的生产融合等等，都可以被归纳为工具融合，这是整体的技术发展趋势，媒介融合仅仅是其中的一个部分。科学技术的发展使人类创造了工具，这些工具都是人类能力的延伸。它们在智能中枢下集成在一起，是必然的发展方向。智能中枢的出现和发展同样是一个必然。随着人类制造的工具的增多，出于协调、整合数量越来越大、种类越来越多的工具的需要，自然会发展出智能系统。当今，由于计算机网络的出现和完善，包含人类一切精神活动的虚拟社会已经形成。在此基础上，传感器技术提供了虚拟的精神世界和物质劳动工具之间的桥梁，人类真正向着"所思即所为"的方向进化。媒介融合只是这一过程中的一个环节而已。

本章讨论

媒介和计算机两个领域的技术进展，与第一章谈到的媒介发展的历史趋势具有怎样的关系？

对话与思考

1. 报纸诞生的决定性因素与广播、电视诞生的决定性因素有何异同？
2. 技术进步与社会变迁的结合是怎样对广播、电视的发展产生影响的？
3. 计算机是怎样成为对人类信息系统进行全面模拟和超越的体外化工具的？
4. 为什么说网络开辟了人类社会的新纪元？
5. 广播、电视的智能化、网络化有何表现？
6. 网络中的哪些服务具有广播电视性质？
7. 媒介融合与人类工具融合的关系是什么？

第三章
媒介融合时代的传媒产业

在从观念和技术形态层面对媒介融合有了比较完整的认识后,我们回到传媒产业领域,探讨媒介融合给传媒产业领域带来的冲击和变革。由于技术的发展,特别是在数字化技术打通了信息编码的藩篱之后,过去就与传媒领域关系密切的通信业,现在也跻身于传媒产业。而在传媒产业内部,各子产业之间也不再泾渭分明,而是加速融合。这一切,都带来了传媒产业格局的变革,由此也引发了产业经营模式的巨大变革。本章将从传媒产业格局和经营模式两个方面,讨论媒介融合时代传媒产业的变革趋势。

> **本章要点**
>
> 媒介融合带来了传媒产业格局和经营模式的巨大变革。对于产业格局而言,媒介融合首先带来了传媒产业边界的延伸,以前不属于传媒产业的通信业现在也成为传媒业大家庭的成员,传媒产业的边界扩张,并由此带来产业结构的变化。传媒产业由分立走向融合,形成"大传媒"产业。同时,传媒产业的市场竞争格局发生变化,表现为:媒介市场的竞争将在媒介单位之间展开;媒介市场将走向横向垄断竞争。产业格局的变化也带来了媒介产业经营模式的变革,主要体现为:媒介生产经营向多媒体、集约化方向发展;传媒产业经营将以用户为中心展开;多次销售与多种营利模式将成为传媒产业经营的常态。

产业是社会分工的产物,是具有某种同类属性的企业经济活动的集合。传媒产业就是与传媒相关的产业门类。依据传媒的发展历程,可将传媒产业划分为传统的媒体产业和新媒体产业,前者主要包括报刊、广播和电视三大传统媒体产业,后者则以互联网和手机产业为代表。因此,传媒产业就是指为广大受众和消费者提供服务的各种媒体行业及其附属产业。它创造的是两种产品:一是内容产品,主要体现为发行收入;二是受众产品,主要体现为广告收入。[①] 传媒产业主要涉及以传播信息为主的传统媒体与新媒体,但在今天的媒介融合时代,传媒产业正在经历深刻变革,不仅体现为产业的边界大大拓展,产业内部结构、外部格局也发生了重大变化,并进而带来媒介管理和经营领域的巨大变革。

第一节 媒介融合带来传媒产业格局之变

一、媒介融合带来传媒产业边界的延伸

在数字技术被广泛采用之前,以报纸、广播、电视为代表的大众传播媒体构成了通常意义上的传媒产业。若以报刊出版成为产业算起,传媒产业的形成时间可以追溯到17世纪。传媒业的核心任务是向公众提供和传播新闻、知识等信息。尽管电信业也是从事信息服务的社会部门,但它拥有专用的信息传输平台和与此对应的专门的接收终端,信息的生产、传输和接收自成一体,与面对社会大众提供大规模新闻信息服务的广播电视和新闻出版行业大相径庭,通常不被归入传媒产业的范畴。比如,第一代移动通信系统只是可以移动的通话系统,与今天我们所使用的功能齐全的信息传播系统完全不可同日而语。因此,在模拟时代,电信业与传媒业之间的边界是清晰的。

但在20世纪90年代以后,随着数字技术的普遍采用,特别是互联网实现大规模商用之后,传媒业和电信业之间泾渭分明的格局被打破,两大产业进入融合发展阶段。比如,当第二代移动通信技术被广泛采用时,手机很快就不再只是移动的电话机,而成为综合性的个人信息终端。今天,随着3G应用的大规模展开,手机成为名副其实的"第五媒体",在信息传播和社会动员方面发挥着其他媒体难以取代的重要作用。就这样,过去不属于传媒领域的通信行业,现在也成为广泛意义上的传媒产业。

在这个过程中,互联网扮演了至关重要的角色。它作为媒介演进谱系中最合适的融合媒介,成为包容所有传统媒体的大平台,是海量信息的集散地,无数网民和机构作为信息的提供者,共同拓宽了传媒业的边界。传统的传媒业是由职业传播工作者主导、面对大众进行信息传播活动的社会系统,总体上是封闭的、单向的。而在互联网被大规模商用以后,传媒业有了新的阵地。媒体借助这一平台实现了与公众的良好互动,同时,无数的公众更是通过互联网

---

① 李放:《中国传媒产业发展研究》,北京交通大学博士学位论文,2009年,第12页。

这一工具,从过去单纯的受众变身为主动的信息传播者。互联网本是冷战的产物,在它问世后的近三十年时间里,一直为技术精英所垄断,不为公众所知晓。直到20世纪90年代以后,随着数字技术的发展和多媒体技术的广泛应用,全球范围的互联网浪潮才得以兴起。在数字化革命的大旗下,信息的采集、存贮、传递有了统一的格式和标准,互联网作为平台的力量开始显现,传统的传媒业借助互联网的平台优势得以扩张,互联网也由纯粹的技术网络发展成为传媒业的重要组成部分。

据媒体报道,在2011年8月举办的中国国际影视节目展上,由土豆、优酷、乐视等视频网站组成的"新媒体"军团异军突起,与传统媒体的竞争日益加剧。这些视频网站在展会上设立嘉宾聊天室,斥重金打造气派、豪华的展位。而且,它们纷纷举起"原创"的大旗,推出多部"自制剧",抢滩电视剧制作市场。除了推出自制剧或投资电视剧制作,视频网站也会买断一些电视剧的版权,与电视台竞争。如30集电视连续剧《浮沉》尚未开拍,就以一集过百万元的天价被网站买断网络版权,创下了一个纪录。《西施秘史》在拍摄期间即被某视频网站买下独家网络版权。视频网站与电视台一样,从电视剧片源开始介入市场竞争,大有与传统的电视剧播出平台——电视台分庭抗礼之势。视频网站可以与电视台一争高下,这在互联网草创时期是不可想象的,在模拟时代更是无法实现的。在数字技术普及之前,影视剧要通过实物的胶片或磁带记录,有专门的放映工具来还原影像。电视新闻的拍摄也是如此,看不出它与属于通信业的计算机网络有任何关系。但进入数字时代以后,打通隔阂的技术基础有了,融合就有了可能。在市场需要的推动下,一切顺理成章。

移动通信系统也经历了类似的过程。在模拟技术主导的第一代移动通信时期,手机不过是可以在运动中进行通话的工具,与无绳电话无异,只是可移动的空间比较大。但在数字移动通信技术兴起后,这一状况发生了根本变化,手机成为无所不能的信息终端。在移动互联网技术的推波助澜下,手机成为便携的互联网节点,加上手机拍照功能的普及,每一个手机用户都成为潜在的现实记录者,公民记者随处可见。如今,由传统媒体与手机融合发展形成的手机报、手机电视、手机杂志等手机媒体产业正如火如荼地发展,移动通信业成为媒体产业的重要组成部分。据艾媒咨询集团发布的《2011年度中国手机视频服务发展状况研究报告》,手机视频市场收入规模2010年为6.67亿元,2011年年底将达到21.6亿元,到2013年预计达到116.1亿元。在用户规模方面,2010年手机视频市场用户规模为7718万,2011年年底将突破1.31亿,预计2013年达到 2.82 亿。①

就这样,在技术变革引发的融合潮流中,以前不属于传媒产业的通信业现在也成为传媒业大家庭的成员,传媒产业的边界得以扩张,并由此带来产业结构的变化。

二、传媒产业由分立走向融合,形成"大传媒"产业

观察传媒产业边界扩张的过程,离不开对传媒业和电信业之间关系的考察。由于技术的原因,传媒业的诞生要早于电信业,二者的关系大致经历了传媒业独立发展,电信、传媒产业分立发展,电信、传媒产业相互融合三个发展阶段。② 如前所述,原来互不相干的两大产业之所以能够从相互独立走向融合,是因为它们拥有了共同的技术基础,即数字技术。有了数字技术,多种媒体形式才得以统一以二进制代码进行存贮和传输,文本、图形、图像、声音等不同媒体形式终于可以在不同的存贮和传输介质中,以同样的数字化形式被采集、被存贮、被传输,最终为受众所采用。电信业传递的图文、语音、视频等信息现在可以通过传媒系统加以传递,同时,传媒业向社会提供的各类形式的新闻信息也可以通过电信业的渠道进行传播,两者之间的技术壁垒消融。

与技术壁垒的瓦解相伴随的是,两大产业既然可以做同样的事情,消费者便可以选择任何一家为自己服务。这样,两大产业便有了共同的市场基础。"不同产业之间形成了共同的技术基础和市场基础,导致技术融合和市场融合现象产生,各个产业之间的传统边界将趋于模糊甚至消失,在技术融合和市场融合基础上产生了产业融合现象。"③ 有学者认为,产业融合的结果是,产生了一种新的信息传播产业形态,即"大媒体产业"。它跨越了原有的产业界限,在融合的市场中为受众提供融合的信息传播服务,并接受融合的产业管制。这一"大媒体产业"可以定义为:以传播媒介为核心,以传播技术为基础,以传播内容为主体,以传播过程为依托,以服务于人的信息传播需求为目标,基于电信业和传媒业之间的产业融合所形成的跨越传统产业边界、跨越不同媒介形式、跨越不同国家区域的信息传播产业。④

从产业分立,走向融合而成"大媒体产业",这是媒介融合环境下传媒产业结构发生的重大变化。产业融合是在技术融合、市场融合、企业融合、业务融合、

---

① http://info.broadcast.hc360.com/2011/08/230755445005.shtml,慧聪广电网,2011 年 8 月 29 日。
② 陈力丹、付玉辉:《论电信业和传媒业的产业融合》,载《现代传播》2006 年第 3 期,第 28 页。
③ 于刃刚:《论技术创新与产业融合》,载《生产力研究》2003 年第 6 期,第 175 页。
④ 陈力丹、付玉辉:《论电信业和传媒业的产业融合》,载《现代传播》2006 年第 3 期,第 30 页。

规制融合等基础之上协同发生的。有学者认为,"产业融合并不是原先就存在,或与产业分立同时产生与并列存在的,而是从产业分立中演变过来的,是产业边界固化走向产业边界模糊化的过程"①。而电信业和传媒业的产业融合对于大媒体产业的诞生有着直接的推动作用。没有电信业和传媒业的产业融合,大媒体产业就无从产生,新的产业形态也无从形成。

IPTV 可以说是两大产业相互融合的典范。在英国,网络运营商与有线电视公司独立经营融合业务,彼此实现完全进入。网络运营商 BT 向用户提供包括语音、互联网接入和 IPTV 的打包业务,并成立多媒体和广播部门介入内容制作;有线电视公司 NTL & Telewest 向用户提供包括有线电视、电话和互联网接入的打包业务;电话一般采用 VOIP 技术实现,与电信运营商对等互联。在日本,总务省是通信与广电业务的统一管理机构,在体制上已实现了通信与广电监管的融合,FTTH 接入和 Triple-Play 业务成为固定电话公司和有线电视公司三网融合竞争的主战场。2008 年,日本有 1320 万 FTTH 用户,占到宽带用户的 27%,而且绝大多数为 NTT 用户,有线电视公司由于起步较晚,份额极少。由于日本有相对丰富的内容选择,NTT 的 FTTH 三网融合业务逐渐纳入地面数字电视节目 IP 传输及高清 IPTV 业务,占据了竞争的制高点。纵观国内的情况,由于牌照限制,电信运营商只能有限度地进入 IPTV 市场,在获得许可的地区,与拥有牌照的广播电视公司合作,开展 IPTV 和多重打包业务,但业务同样发展迅速。从 2009 年到 2010 年,IPTV 的用户增长速度保持在 50% 左右。2009 年,全球 IPTV 用户数从 2190 万发展到 3760 万,新增超过 1500 万户;国内 IPTV 用户数 2010 年底突破 1000 万大关,进入大规模运营阶段。②

在中国,电信业与传媒业的融合主要体现为"三网融合"语境下广播电视网与电信网之间的融合。宽带互联网技术为传统媒体的网络化发展奠定了网络基础。尽管这一进程由于现实的各种原因远没有想象中那么顺利,但融合之势无法阻挡,传统传媒业与电信业之间的融合所带来的新的传媒业已若隐若现。

产业融合意味着新的产业形态的出现,那就是大媒体产业。大媒体产业之"大",主要体现为:产业规模大、核心企业规模大、产业范围大、市场范围大、用户规模大,构成一个大型的产业体系,囊括了从规模经济到范围经济的总体特征。大媒体产业作为新的产业形态,其"新"主要表现为同时体现了以下三个特征:跨国家、跨媒介和跨产业。所谓跨国家,就是指大媒体产业是一个跨越国家

---

① 周振华:《信息化与产业融合》,上海三联书店、上海人民出版社 2003 年版,第 45 页。
② 海锦霞:《三网融合下 IPTV 的发展思路浅析》,载《电信科学》2011 年第 2 期,第 23 页。

地区边界的,在全球范围内进行资本运作、市场竞争和企业管理的产业体系;所谓跨媒介,是指它涵盖了多种媒介形式,而且不同的媒介形式之间还正在发生并进行着相互之间的融合;所谓跨产业,是指大媒体产业突破了原有电信业和传媒业之间的产业边界,打破了原有的相互分立的产业格局,跨越了原先不同的产业范围和领域。而以上这三个特征并不是孤立存在,而是同时存在于大媒体产业体系之中,从而构成了新的产业形态。可以说,大媒体产业的逐步形成,是电信业与传媒业融合的大背景下不可逆转的大趋势,体现了从产业分立的普遍性到产业融合的普遍性的历史变迁,是信息传播产业从产业分立模式到产业融合模式的历史性飞跃,是从一种传统的产业均衡格局向新的产业均衡格局过渡的重要阶段。①

从分立到融合,从而形成具有新的表现形态的大媒体产业,标志着既有传媒格局的深刻变化。尽管这尚需要统一的网络平台以及统一的市场和管制融合作为支撑,但从全球范围来看,这一趋势是不可阻挡的。传媒作为社会信息系统的中枢,它的改变必然会对社会发展和变迁产生影响,也会改变个人的信息消费和行为习惯。对产业本身而言,传媒的改变对其竞争格局也会带来新的冲击。

三、传媒产业的市场竞争格局发生变化

1. 媒介市场的竞争将在媒介单位之间展开

媒介融合带来的是竞争壁垒的消失。媒介融合不仅打破了不同产业之间的界限,就媒介产业内部而言,也同样在不同程度上消除了相互之间的壁垒。如果对媒介产业继续划分,可以分出报纸、广播、电视、电影、杂志等"子产业",这些不同的子产业之间的关联度是有区别的,并且会不断地发生变化。而媒介融合增强了这些不同子产业之间的联系,有效地促进了子产业的内部关联。每一种媒体都可以在融合的背景下成为全媒体,而媒介的集团化运作,更使不同形态媒介之间的信息资源、广告资源、技术设备等方面的联系逐渐增强,媒介之间的资源共享更突出。② 因此,媒介市场未来的竞争,将会在媒介单位、媒介集团之间展开,而不是单一媒体之间的对垒。

这一竞争格局变化的起因首先在于,媒介融合导致媒介市场范围出现变更。在产业分立时代,传统的电信、出版和广播电视三大产业之间存在明显的产业边界特征,三大部门均有各自独立的技术设备、特定的传输平台和专用的终端设

---

① 陈力丹、付玉辉:《论电信业和传媒业的产业融合》,载《现代传播》2006年第3期,第30页。
② 陶喜红:《媒介融合背景下传媒产业结构转型分析》,载《当代传播》2010年第4期,第65页。

备,为消费者提供不同的信息服务内容,其产业价值链是纵向一体化的,信息的生产、传输和接收过程自成封闭回路。从而,三大产业部门之间并不存在明显的竞争关系,竞争主要发生于同一部门内的不同企业之间。在数字技术、网络技术的推动下,三大产业部门拥有了共同的技术基础、通用的传输平台,为消费者提供类似的数字产品。伴随各国传媒管制政策的调整,原三大部门之间可以相互进入,形成高度开放的"大传媒市场"。一方面,各部门的企业纷纷进入其他部门的传统业务市场,比如,电信业进行高速数据传输、视频传输,广播电视部门开展语音业务和数据传输,互联网开展视频传输和语音业务;另一方面,各部门的企业竞相进入新业务市场,比如 IPTV、手机报纸、视频电话等市场。于是,原三大部门的企业将在各自的传统业务市场与各种新业务市场展开激烈的竞争。[1] 这样,产业融合让各部门固有的市场范围边界发生漂移,市场范围发生变化,大传媒产业带来大传媒市场,原来不存在明显竞争关系的企业在面对这一新的共同市场时就面临着竞争。

在传统的媒介行业内部,报网融合、台网融合以及跨媒介的全媒体运作,使得过去一个个业务相对独立的媒体子行业开始竞相涉足对方的领地。隶属于中国第二大传媒集团——上海文广集团(SMG)的第一财经(CBN)就是跨媒介运作的成功案例。第一财经可以说是中国最具影响力、品种最完整的财经媒体集团,旗下拥有:第一财经电视、第一财经日报、第一财经广播、第一财经周刊、第一财经网站、第一财经研究院,并在积极探索数字媒体业务(如无线业务)和金融商业信息服务业务(如实时财经新闻业务和数据库业务)。其中,《第一财经日报》创刊于 2004 年 11 月,是中国第一份全国性的综合财经日报,由上海广播电视台、广州日报报业集团、北京青年报社联合主办。该报由广电媒体主办,是典型的跨媒体的办报模式,主要受众为中国的商界和管理界精英、金融投资人士等,取得了很大成功。在中国,这算是突破体制障碍的一次尝试,而在西方国家,这样的模式司空见惯。在数字化内容成为未来媒介生产的标准内容时,不管是哪类媒体,只要生产出了有竞争力的内容,就可以在融合的终端(如平板电脑)上自由传播。消费者关注的是内容本身,而不是生产者是什么类型的媒体。

在传统的媒介行业之外,在原来的非传媒行业将出现大规模的传媒公司。在美国,自从 1996 年《电信法》通过后,电话、有线电视、互联网公司可以相互进入对方的传统市场开展业务,有线电视业务因其连接千家万户,有线电视网络又可以同时提供优质的语音、数据和视频业务,因而成为电信公司争夺的焦点。依

---

[1] 肖赞军:《产业融合进程中的传媒业市场结构的嬗变》,载《新闻大学》2009 年第 3 期,第 103 页。

照法律规定,各电信公司可以通过不同的形式进入有线电视领域,如可以组建有线电视公司,可以在公共运营公司的名义下提供有线电视业务,也可以在"开放视频系统"(Open Video System)的新模式下从事经营,还可以通过"多信道多点分布式业务"和无线通信手段进入有线电视市场,亦可采用联合或兼并的手段来达到打入有线电视市场的目的。① 很快,多家电话公司获得了有线电视经营许可,从电信业进入传媒业。

在中国,虽然对于融合有较多的意识形态担忧和现实障碍,但电信业介入传媒业的情况仍然存在。如在2008年10月15日与联通合并的中国网通,从2004年起,就参与了三家网络电视台的建立。2004年5月底,网通获得国内第一张网络视频播放许可证,它和国际数据集团IDG投资5亿元合建了网络电视站点"天天在线",并拥有其中40%的股份。网通"天天在线"还与星美传媒旗下的友通数字媒体公司合作,将其原有的内容研发、加工制作环节交由友通负责。6月,央视调动自己的网络电视"中视网络",网通便是其网络经营的战略伙伴。2005年,网通作为网络运营商为中国第一家由广播媒体北京电台创办的网络电视平台"北京网视"频道提供技术支持。② 在这样的合作过程中,电信运营商事实上成为传媒业的一部分,参与传媒市场的竞争。

总之,伴随大传媒产业的内容生产、传输平台和接收终端不断走向融合,原纵向一体化的结构裂变为横向一体化的结构。这一横向结构包括五个基本层次:内容、包装、传输、操作和终端,形成五个水平细分市场。③ 在内容市场,数字化打破了内容生产对传统媒介介质的高度依赖,内容生产得以独立出来,并可以实现低成本的大规模生产,各种媒介的内容生产相互融合,形成统一的、庞大的内容产业。在传输市场,三大产业的专用传输平台逐步向非专用平台转变,相互之间可以实现互联,最终可以实现完全融合。在终端市场,伴随电子消费品的数字化,原专用终端日渐发展成为"融合"的终端平台。④ 一个媒介单位,既可以只涉及这一横向结构的某一个或几个层次,如内容生产或其他领域,也可以覆盖全部市场的所有领域。竞争将不再是在过去的纵向市场之间展开,而是在横向市场展开,与和自己处于同一位置的媒体单位之间进行竞争。

---

① 王菲:《媒介大融合——数字新媒体时代下的媒介融合论》,南方日报出版社2007年版,第95页。
② 同上书,第93页。
③ 周振华:《产业融合:新产业革命的历史性标志——兼析电信、广播电视和出版三大产业融合案例》,载《产业经济研究》2003年第2期,第1—10页。
④ 肖赞军:《产业融合进程中的传媒业市场结构的嬗变》,载《新闻大学》2009年第3期,第103页。

2. 媒介市场将走向横向垄断竞争

在媒介分立时期,传媒市场总体上呈现出垄断程度很高的纵向市场结构。在融合的进程中,纵向市场结构日益发展为竞争性较强的横向市场。一个重要的标志是,媒介市场兼并浪潮迭起,跨行业甚至跨国界的媒介集团相继出现,传统的纵向垄断走向横向竞争,尔后又进入横向垄断。

这样的市场裂变之所以在传统传媒时期没有发生,首先是受制于技术的发展程度。传统传媒都是为消费者提供特定情境下的信息服务,比如,消费者无法通过传统的移动终端享用数据服务、视频服务,无法通过电视终端享用数据服务、电话服务,无法通过计算机终端享用视频服务、电信服务。缺乏融合的技术基础,市场的融合便不会发生。在技术的发展可以提供弥合传统传媒信息服务间隙的新业务的同时,融合还开辟了许多新市场。其一,产业价值链的裂变使传媒业分工深化,生产更为迂回,产生了许多中间产品和服务市场;其二,融合使消费者的每一电子终端都成为综合信息平台,消费者不仅可以享用传媒产品,而且可以获得其他信息服务,如在线银行、在线超市等。数据库运营商和一些相关信息服务主体相继成为传媒市场的新主体。一般而言,消费者对传媒产品的需求富有弹性,伴随数字技术革命的不断深入,各种传媒服务的价格将不断下降,消费者的需求日益增加。① 市场范围和规模日益扩大,同时市场结构由分立的纵向变为分类的横向,长期以来形成的传媒纵向垄断转为横向竞争。

尽管产业融合一定会强化未来传媒市场的竞争,但也有学者指出,未来的传媒市场在竞争强化的同时蕴含着许多新的垄断因素。这包括:因标准设计而产生的垄断效应,规模经济、范围经济的增强等。②

在融合时代,传媒产业的价值链发生裂变,价值链的各环节由不同企业完成,传媒业由一系列横向市场,如内容、包装、传输、操作、终端等市场构成,每一个市场提供相应的中间产品(或服务),从而这些中间产品之间的兼容性对所有生产者而言都举足轻重,内容、传输和终端都必须有一定的兼容标准。可以说,媒介融合中"规模化"的实现过程就是一个"标准化"竞争的过程。③ 网络外部性是消费环节的一种外部性,指一种产品或服务的价值取决于该产品或服务的使用者规模,消费者人数越多,它的价值将越大。为了实现网络外部效应,就必须追求规模效益,这就决定了市场中只有一种产品标准能胜出。在具有网络外

---

① 肖赞军:《产业融合进程中的传媒业市场结构的嬗变》,载《新闻大学》2009年第3期,第103页。
② 同上书,第104—105页。
③ 王菲:《媒介大融合——数字新媒体时代下的媒介融合论》,南方日报出版社2007年版,第45—46页。

部性的市场,消费者不仅在选择一种产品,而且在选择一个网络,消费者是否会进入市场取决于已经进入市场的消费者规模。当两家或者多家企业角逐于具有网络外部性的市场时,某一企业的产品会因已有的消费者规模不断吸引新的消费者进入市场,而其他企业的产品则因缺乏一定的消费者规模而遭到新的消费者拒绝。结果,后者不仅未能吸引新的消费者,而且原有的消费者也将选择另外的产品,最终其用户网络不断萎缩直至消失;前者的消费者规模则越来越大,新进入的消费者也越来越多,最终占有整个市场,而胜出者的产品设计规则成为市场的产品标准。

标准的制定者在市场中享有垄断地位,它们既可以盘剥其他企业,又可以通过垄断价格损害消费者的福利。这是产业融合时代垄断所表现出的新特征。在传统传媒业,企业大多是纵向一体化的,传媒价值链各环节的工作都可以在同一企业内完成,从而不存在兼容标准问题,企业也就不拥有因标准设计而产生的垄断力量。[1] 而在融合的背景下,内容、传输终端都必须有一定的兼容标准。这样,标准的制定者就成为规则的制定者,从而居于有利的垄断地位。

同时,规模经济和范围经济效应的增强也增加了传媒产业垄断的可能性。所谓规模经济,又称"规模利益",指在一定科技水平下生产能力的提高使长期平均成本下降的趋势,即长期费用曲线呈下降趋势。范围经济则指企业通过扩大经营范围、增加产品种类,生产两种或两种以上的产品而引起的单位成本的降低。与规模经济不同,它通常是企业或生产单位从生产或提供某种系列产品(与大量生产同一产品不同)的单位成本中获得节省。而这种节约来自分销、研究与开发和服务中心(如财会、公关)等部门。在传统传媒业中,规模经济和范围经济就十分普遍,这导致传统传媒市场不断趋于集中。传媒产品的数字化可以使传媒企业在更大程度上享有规模经济和范围经济,这将是在产业融合进程中促使未来传媒市场趋于集中的原动力。

在产业融合时代,由于传媒产品具有数字化特点,数字内容产品可以任意复制,并且在传输网络建成后,增加一份数字产品的传输所导致的增量成本几乎为零,从而,当第一份传媒产品生产出来并传输给第一位消费者之后,传媒产品的复制、再发行的成本几乎可以忽略不计。这意味着,产业融合时代的规模经济将持续存在,传媒企业的规模仅受市场需求的限制,而非成本结构的影响。同时,由于传媒产品的复制、再发行成本几乎为零,其价格不再由成本结构决定,传媒

---

[1] 肖赞军:《产业融合进程中的传媒业市场结构的嬗变》,载《新闻大学》2009年第3期,第104—105页。

企业将具有很强的价格控制力量。①

范围经济效应的强弱取决于产品组合中资源的共享程度。媒介产业的发展离不开其赖以生存的空间载体,即媒介产业的空间分布以及各种媒体的区位选择。媒介融合将加剧媒介产业聚集现象。早在一个多世纪之前,著名的经济学家阿尔弗雷德·马歇尔就提出,信息的溢出可以使聚集企业的生产函数优于单个企业的生产函数,尤其是通过人与人之间的关系而导致的知识地方化溢出。该理论对于媒介产业的发展有重要的启示:同一媒介越多地聚集于同一区位,就越有利于媒介生产资料的聚集,其中包括资金、技术、信息、固定资产等,其正的"外部性"效果就越明显。媒介产业聚集还与区域经济发展状况有紧密联系,在大多数情况下,它们之间是一种正相关的关系。目前我国东部沿海的一些中心城市如上海、广州,还有北京等地,经济实力较强,媒介融合在这些地区进展较快,同时对媒介产业聚集产生积极影响。这些中心城市都有两个以上的媒介集团,媒介产业内部、媒介产业与其他产业之间的关联度较高,媒介产业的凝聚力和辐射力较强,对周边的媒介产业生产要素和资源的汇集有一定的促进作用。同时,资源的集聚也有利于使用效率的提升。有学者提出,目前我国已经初步形成了一系列呈扇面状分布的媒介产业带:以北京为中心的渤海京津区域媒介产业带,以上海、南京、杭州等城市为中心的长江三角洲区域媒介产业带,以广州、深圳、香港为中心的珠江三角洲区域媒介产业带。形成这样的媒介产业带,与经济发展、自然条件以及社会历史发展都有一定的关系。但不可否认的是,这其中媒介融合起到了催化剂的作用,它对于产业带的形成有着巨大的推动作用。②

上述因素决定了产业融合将使传媒市场趋于集中,从而形成垄断。在由纵向市场向横向市场转化的过程中,竞争日益激烈,但竞争的结果是,传媒企业在横向市场进行广泛的横向一体化,横向市场的集中度不断提高。为了实现数字化时代日益显著的规模经济和范围经济,传媒企业不断进行兼并扩张,并且在全球化背景下,这种兼并往往是全球范围内的。最终,在产业融合的进程中,许多大型的跨媒体传媒集团、跨国传媒集团迅速形成。③ 这可以有效地说明为什么在融合的大旗下,兼并与合作成为传媒业结构变迁的主旋律。随着融合的深入进行,未来几年,将会有若干个媒介巨无霸集团出现。它们将拥有全媒体业务,覆盖传媒市场的每个领域。届时,传媒市场的竞争格局将走向彻底的垄断竞争

---

① 肖赞军:《产业融合进程中的传媒业市场结构的嬗变》,载《新闻大学》2009年第3期,第104—105页。
② 陶喜红:《媒介融合背景下传媒产业结构转型分析》,载《当代传播》2010年第4期,第66页。
③ 肖赞军:《产业融合进程中的传媒业市场结构的嬗变》,载《新闻大学》2009年第3期,第105页。

阶段。未来的竞争必然由以前行业内部的竞争,转为主要在各大媒体单位之间展开。所有的技术壁垒都被打破之后,全媒体单位之间的竞争将成为竞争格局的主流。

第二节　媒介融合引发的媒介产业经营之变

在媒介融合时代,经历了产业格局之变的传媒业,在产业经营管理方面也酝酿着深刻的变革。这一变革体现为,媒介产业经营将改变过去单一媒体的粗放式经营,实现以内容为中心向以用户为中心的转变,多次销售与多种赢利模式将成为经营常态。其中,围绕用户中心的数据库营销成为未来传媒产业经营管理的核心。

一、媒介生产经营向多媒体、集约化方向发展

媒介融合发生在传媒产业运作的各个环节,仅在新闻生产领域,融合报道已成大势所趋。新的融合新闻生产模式是集中采集、多种信息整合、多媒体故事生成、多渠道信息发布的新闻生产,实现协同传播、融合生产。这种模式将引领传媒产业经营管理理念的三种转型:从单一媒体向多媒体、从粗放型生产向集约型生产转型;从内容提供商向内容运营商、从以内容为中心向以用户为中心转型;从二次销售向多次销售、从一种赢利模式向多种赢利模式转型。[①]

很显然,在产业融合的态势下,单一媒体生产和粗放型经营已不能适应新的传媒环境,而媒介融合正好为多媒体生产和集约化经营提供了可能。由于媒体的技术形态不同,生产流程的复杂性相差很大,因而投入的成本也有很大差异。在现有的几种传统媒体中,电视媒体的前期投入最大。美国学者布雷德利经测算得出:同一个新闻选题,报纸、广播、电视记者的前期采访成本比例大约是1∶1.8∶3.5,电视采访成本高于报纸三倍还要多。[②] 要使前期投入产生最大的传播价值,就需要进行多种媒体产品的同时生产,实现传播效益的最大化。美国的"坦帕模式"就是这样的典型,而在中国,类似的融合案例也不鲜见。以宁波日报报业集团为例,该集团于2001年6月1日推出数字全媒体平台实验田"中国宁波网"。中国宁波网是宁波日报集团一个独立核算的下属单位,是与宁波电视台、宁波电台、宁波日报并列的四大主流媒体之一,同时参与重大事件的报道。

---

① 肖叶飞:《媒介融合引领传媒产业变革》,载《中州学刊》2010年第6期,第249页。
② 张成良:《多媒体融合:泛媒体时代的生存法则》,载《传媒》2006年第7期,第47页。

宁波日报报业集团主推报网互动,报为网扩大影响,网为报凝聚人气。两者的紧密互动,最终扩大了报业集团的影响力。集团针对报网不同的传播特点采取不同的传播策略,如对于即时新闻,报纸一天一报,宁波网可以即时发布,成为报纸的有益补充。宁波网重点推出手机报、各类活动服务信息、新闻资讯等内容。宁波手机报拥有约56万收费用户,2008年实现收入1300万元。宁波日报报业集团以中国宁波网为基本平台,在把中国宁波网做强做大的同时,进行新媒体的项目实验、全媒体的报道实验和搭建数字报业平台的探索。宁波网的视音频栏目主要以全媒体记者部自制为主,目前形成了《对话》《宁网电视》《城事热线》《天一红人堂》等品牌视频栏目,在同一档栏目中,充分实现报网互动。在重大主题报道中,报网互动成为增强感染力、扩大影响力的一种重要手段。《宁波晚报》常以网络征文、网络博客等方式选取稿源。

2009年1月,宁波日报报业集团组建了全国首支专门的视频全媒体记者队伍——全媒体滚动新闻部,成员来自集团旗下各报、中国宁波网和社会招聘人员。全媒体滚动新闻部作为一支高素质的全媒体记者队伍,由中国宁波网具体管理。集团为其配备视音频采集设备(高清摄像机、数码相机、录音笔等)和笔记本电脑。全媒体滚动新闻部实行全天候的信息发布模式,主要为集团各媒体提供以视频报道为主的多媒体新闻信息。同时,全国首个集新闻采编、经营管理于一体的全媒体数字技术平台正式投入使用。该全媒体数字平台包括:内容生产平台,包含内容生产的全部流程;业务管理平台(广告发行、新华书店、出版社、宾馆等);决策管理平台(含人力资源、财务管理);客户管理平台;我的办公室(协同办公系统,包含个人网上信息日记、信息提示等)。该平台实现了内部互通、报网互动,同时内外网互通。这个平台还是一个发布系统,面向传统媒体和新媒体,将内容同时推送到纸媒、手机报、网络(含音视频互动)、户外大屏幕、电子阅读器等,大大提高了工作效率,也能够通过新技术平台打造适合未来发展的全媒体人才。

宁波日报报业集团的全媒体数字技术平台是一个整合集团所有资源,提供基于数字技术的多种媒介生产与发布、业务运营与决策管理等各方面支撑的系统平台。通过数字技术手段,建立了适应数字报业和新媒体发展要求的报道机制,建立了各报记者向网站滚动发稿制度。各媒体着力提高自身为不同传播载体提供内容的能力,推广了应用文字、视音频等复合技术的信息采访采集,实现了一次采集、多渠道编辑和多媒体发布。平台按照业务流、数据流进行采编管理,是媒体集团适应数字时代的重要技术基础。这一全媒体实践的实质就是通过流程再造,实现媒体间的融合,将报纸产业转变为内容产业。[①]

正是因为在同一集团内部的不同媒体之间实现了互动、整合,从而发挥了协同效应,使媒体资源的用途实现了多样化。如同在坦帕集团看到的经典做法,对于同一个采访选题,同一组记者采访写稿、拍照摄像、记录影像声音,再经过后期编辑整理,形成纸媒所需的文字稿件和照片;广播可以利用报纸稿件及声音合成广播报道;视频网站可以借助采集的影像与稿件完成产品。这种组合报道节省了前期采访的费用,同时提升了一个品牌栏目的跨媒体竞争力。尤其是对于报业集团而言,这样等于进入了电视市场,报业集团实际上变成了全媒体集团。就这样,同样的信息通过不同的形式,被制作成适合不同媒体的产品加以分发,从而实现了资源利用最大化。

媒介融合为传媒产业中不同形态和门类的信息提供了共同的平台,无论是信息的采集、存贮还是分发,技术壁垒正在消失,协同生产得到强化,采编人员、客户、设备和新闻资源能够发挥最大的作用,内容生产由粗放型向集约型转变。对于传统媒体而言,跨媒体组合经营具有巨大的市场潜力,媒体的内部整合也是形成核心竞争力、树立品牌形象的利剑。报纸与广播、电视的融合,能够让各自所拥有的有限新闻资源实现共享,将报纸与电视的自身优势发挥到极致,同时又弥补了媒体各自的先天不足。可以肯定的是,未来无论是报业集团还是广电集团,都将可以成为全媒体集团。由于规模经济和范围经济效应的作用,传媒业的垄断竞争局面将逐步形成,最后胜出的媒介集团一定是实现了资源利用最大化的集约型生产企业。

二、传媒产业经营将以用户为中心展开

媒介融合是基于个人的个性化传播,单一受众的个性需求受到重视。在融合的终端,用户才是传播的主人,选择在何时、何地获取何种信息都取决于用户本人,这是完全的互动式、全方位、个性化服务。媒体的经营者要针对受众的个性化信息需求,综合运用多种媒介和终端,选择合适的媒体形式和渠道,以文字、图片、声音、影像等元素全天候、全方位、立体化地互动展示传播内容,实现媒体对受众的全面覆盖和细分,达到最佳的传播效果。

就如尼葛洛庞帝在《数字化生存》中所说:在后信息时代,大众传播的受众往往是单独的一人,所有商品都可以订购,信息变得极端个人化。在媒介融合时

[①] 吴昊天:《以媒体融合发展模式探索传媒产业新型发展之路》,西南财经大学硕士学位论文,2010年5月,第13—15页。

代,前端生产链条融合,后端传播链条分化,海量的媒体产品汇流成一个大市场,再分流给多种终端,由用户自己进行个性化配置,形成沙漏状的传播模式。在集中化的市场中实现个性化的满足,如何分装和组合,将在更大程度上取决于用户。谁掌握了用户这个稀缺资源,谁就掌握了主动权。

　　为了拥有更多的用户,媒体从内容提供商转变为内容经营商。道琼斯公司曾有个著名的"水波纹"理论:在一个新闻事件发生后,首发的道琼斯通讯社,提供第一次报道服务。随后跟进的是《华尔街日报》新闻网站,接下来是道琼斯和 GE 合资的 CNBC 电视台(道琼斯的新闻记者同时担任 CNBC 的节目主持人,记者放下手中的笔就可以播出刚采写的报道),第四个参与的是道琼斯广播电台,然后才是最负盛名的《华尔街日报》出场,展开更详细的报道。接下来接力棒就交到 SmartMoney 等系列刊物手中,由其进行深度报道。最后,信息进入道琼斯和路透合资的 Factiva 商业资讯数据库里,供收费用户检索。一个事件的发生犹如投石入潭,这些媒介像水波纹一样一圈一圈地荡漾开去,环环紧扣,充分发挥自己的特色,形成一个完整的报道体系。媒体不仅要提供内容,更重要的是经营内容,目的就是要锁定更多用户。①

　　要获取更多用户,仅经营内容还不够,还需要从以内容为中心转向以用户为中心。这一以人为中心的经营思路,很好地体现在数据库营销的逻辑当中。数据库营销研究开始于20世纪五六十年代的美国,兴起于80年代,在90年代成为一种方兴未艾的营销形式。关于数据库营销的定义,目前莫衷一是,得到相对认可的,是全球著名的整合营销传播大师舒尔茨的观点。他认为,数据库营销是随着时代的进步、科学技术的发展,数据库技术和市场营销的有机结合,是指企业利用数据库技术,通过搜集和积累消费者的大量信息,经过处理后预测消费者有多大可能去购买某种产品,以及利用这些信息给产品以精确定位,有针对性地制作营销信息,达到说服消费者去购买产品的目的。与以"广而告之"为特征的传统大众营销不同,数据库营销是企业通过管理客户信息,实施批量个性化的客户沟通策略,从而提升客户价值和企业赢利水平的新一代营销方式。② 数据库营销体现了精准营销的理念,媒体经营的数据库逻辑,就体现了以用户为中心的思想。

　　以南京的《现代快报》为例。该报从2010年起筹建全媒体数据中心,该中

---

① 刘长乐:《全媒体核心是争取用户》,http://news.sina.com.cn/m/2011-05-16/113122472504.shtml。
② 郑东新:《数据库营销:信息时代营销方式的创新》,载《情报探索》2009年第10期。

心计划由四方面数据构成:一是内容数据库,记者采访获取的各种信息都可直接发送到内容数据库,如新闻、图片、视频等报道素材或成品;二是96060热线数据库,整合呼叫中心产生的各类数据;三是发行系统产生的各类数据;四是产品信息数据库,开放数据库端口,由报社客户提供信息,如卖场提供的各类电子类产品信息、各房地产公司提供的楼盘资讯等,可为记者采编提供材料,也可直接按需为用户提供资讯服务。①

这一建设过程大致分三个阶段:第一步是搭建基础数据模型。这一步必须和各个部门了解本部门以及报社流程和数据模型的人一起完成。第二步是把网络和手机等新媒体中的数据纳入数据库中流动。第三步是采编系统融合,等前两步做好后,再将传统业务加进去。中间需要过渡和缓冲,避免影响正常业务开展。其中,搭建基础数据模型是关键,其成功与否,直接关系到今后的发展,也关系到数据库的定位——是以读者为中心还是以报道为中心。和其他很多媒体的全媒体数据中心不同,《现代快报》要建立的是以读者和客户需求为中心的数据库。数据库由静态数据和动态数据组成。静态数据指读者或用户的年龄、性别、教育程度、家庭住址等信息;动态数据是指在读者或客户和报社间的互动中产生的数据,如用户通过呼叫中心的反馈或者在"都市圈圈网"上的采购行为等等。数据库建成后,能更好地为读者和客户服务。首先,它能够帮助客户找到目标消费者。报社自己建立数据库,精确掌握读者信息后,无疑能帮助广告主精准定位。另一方面,它也能帮助读者找到合适的商家。全媒体数据中心的组成部分之一是产品信息库,数据来自合作方。借助这一数据库,现代快报社希望成为生活资讯提供商,直接为读者服务。如读者有购买某一电器的意愿,可通过发短信等形式进行咨询,数据中心就可以从掌握的信息中进行筛选,反馈给用户。《现代快报》希望一方面帮助客户找到目标消费者,一方面帮助读者找到合适商家,同时为前端和后端提供服务。此外,数据库建立以后,还可直接输出产品。如手机报可以分为娱乐新闻、体育新闻等不同类别,直接精准地发送到目标读者终端。《爱周刊》是《现代快报》很受欢迎的一份周刊,也积累了婚恋会员等等数据。这些资料真实、详细,可从会员婚恋开始介入,在结婚时有"我能网"结婚班车,在生育前后可以提供《点点周刊》,再到教育阶段提供《招考通》等产品,构成一个系列。② 这一营销理念跟宜家的经营思路非常相似——通过用户数据库的建立,在不同时间为用户量身定做所需的资讯,真正体现以用户为中心,将经营

---

① 王武彬、张垒:《以用户调查支撑精准营销》,载《中国记者》2010年第6期,第56页。
② 同上书,第57页。

用户资源作为媒体经营的核心。如果这一切如期成功建立,媒介产品的精准分发就完全可以实现。

事实上,数据库的建立只是第一步。通过对数据的分析,利用好数据库才能发挥其作用。这通常包括下面几个步骤:(1)根据数据库数据分析受众需求,进行准确的市场定位。通过受众数据库数据可以分析受众的消费兴趣、购买习惯、购买能力、现实需求以及潜在需求。媒体可以充分挖掘和利用这些有效信息。一旦发现适合自己的市场机会,可立刻组织人马开发相应的传媒市场。这样,为受众量身打造出来的传媒产品将会更加贴近受众,贴近市场,因而具有较强的市场竞争力。同时,对于最底层的20%的受众,应根据具体情况采取放弃策略,以免继续浪费媒体的营销费用。(2)根据数据库提供的受众接触媒体习惯的数据,选择效果最优的广告形式。研究表明,受众的文化程度和接触媒体的习惯将会影响到广告形式的选择以及广告的效果。如对于那些文化程度较高的受众来说,广播、电视、海报等广告形式对其的影响力就不如书评大;对于文化层次较低的人群而言,就应考虑运用较容易被接受的电视媒体来宣传促销;而对于专业读者来说,则应该考虑选择相应的专业期刊作为营销媒体。因此,媒体可以根据受众数据库中受众的文化程度、接触媒体的习惯等受众特性数据来决定广告媒体的选用。(3)根据数据库中受众购买行为方面的数据划分受众类型,实行差别化策略。根据受众购买行为(通常是受众购买传媒产品的累计次数)可以将受众划分为最有价值受众、有价值受众和可争取受众等类型。所谓最有价值受众,一般指已购买过传媒产品的受众。要与他们保持持续的沟通,通过开通受众咨询热线、赠送小礼品、定期举办受众俱乐部活动、对老受众给予特殊优惠等措施,稳定其对传媒品牌的忠诚度。同时根据已有受众的消费特征,有针对性地进行交叉销售(向老受众提供新产品、新服务)和增量销售(使老受众更多地使用同一种媒体产品)。有价值受众和可争取受众,在受众研究领域都属于潜在受众。有价值受众指没有购买过某种传媒产品,但在以后有可能购买的受众。对于他们,可通过举办专家讲座或进行传媒产品推广、口碑宣传来进行引导,加深其对传媒产品的印象及了解,使传媒产品成为这些受众日后有相应需求时的首要选择。可争取受众,则是那些对传媒产品持不信任或观望态度的受众。对于他们,可通过对传媒品牌文化的宣传、诚挚的服务表现以及发放传媒产品资料、组织公关活动等方式增强其信心,促使其购买。[①] 此外,数据库建设并非一劳永逸,而是需要实时更新和维护,只有这样,才能真正发挥其作用。

---

① 李红秀:《我国传媒的数据库营销状况分析》,载《长江师范学院学报》2009年第3期,第44页。

三、多次销售与多种赢利模式将成为传媒产业经营的常态

众所周知,媒体的赢利来源主要是发行收入和广告收入,也就是说,媒体拥有两个市场:发行市场和广告市场。与此对应,媒体赢利的过程是两次销售的过程:第一次是向受众出售报纸、杂志以及节目的内容,第二次是将受众出售给广告商。这两次销售的过程,是传统媒体时代传媒产业经营的主要内容。而在媒介融合时代,在二次销售的基础上,多次销售则成为传媒产业经营的常态。

以前述宁波日报报业集团为例,该集团不是简单地将传统报业的产品进行数字化再造,而是从体制和机制上为数字化生产、传播、营销、投资和管理搭建统一平台和战略架构,实现媒介产品的多次销售,拉长产品价值链,提升经营效益。内容生产平台统一负责内容生产,同一内容则通过发布平台,同时发布给集团的纸媒、手机报、网站、户外大屏幕、电子阅读器等接收终端,实现新闻信息发布时间的多重设置和新闻内容的多重价值增值,扩大了受众规模,提升了媒介的影响力。

在销售模式从二次销售到多次销售的升级过程中,通过充分挖掘内容信息资源和受众资源,传媒企业的赢利模式也从传统的"二八法则"向"长尾"方向发展。[①]

长尾理论认为,由于成本和效率的原因,人们只能关注重要的人或重要的事。如果用正态分布曲线来描绘这些人或事,人们只能关注曲线的"头部",而将处于曲线"尾部"、需要更多的精力和成本才能关注到的大多数人或事忽略。

可以看出,长尾理论的成立是有条件的,其中之一就是要有足够的覆盖。在媒介融合环境下,传媒产品的销售和经营已接近长尾理论所描述的环境,媒介融合的"Anytime、Anywhere、Anyway"的理想,无不契合了长尾理论的要求。因此,赢利模式的升级和转型是自然而然发生的。建立全覆盖的信息传播和多元服务平台,满足用户的良好体验,本身就是媒介融合时代媒体转型的目标。

但是,赢利模式的转型并非完全抛弃以前行之有效的赢利模式,而是增加了新的模式,使赢利模式变得更加多元。在直接面对用户的终端融合趋势下,传媒产业经营面临诸多新课题和挑战。比如,iPad 是对"融合媒体"概念最鲜活的诠释。iPad 一方面可以完美复制印刷品并以更精美的质量与更丰富的方式,将文字、图片、音响、影像和动漫等形式融为一体,给用户带来全新的阅读体验;同时还可以用来上网,听音乐,看电影,发邮件,写文章,玩游戏。在这样一个自媒体

---

① 肖叶飞:《媒介融合引领传媒产业变革》,载《中州学刊》2010 年第 6 期,第 250 页。

时代,每一台终端都是一个集成媒体和发布平台。"绝对权威"的崩解,使"内容为王"的一家独大,变成了内容、渠道、服务三足鼎立的局面,不仅服务超细分,信息也多层次化,使得传媒经营的赢利方式、收费方式都变得多样化。① 因此,伴随着媒介融合的发展,对传媒产业经营模式的探索也不会停止。

本章讨论

假设你是一位媒介机构老总,你会如何应对目前的传媒竞争环境?

对话与思考

1. 媒介融合是如何扩充传媒产业边界的?
2. 如何理解"大传媒产业"?
3. 在媒介融合环境下,传媒产业的市场竞争格局发生了哪些变化?
4. 举例说明,传媒产业经营如何以用户为中心展开?
5. 传媒产业经营的赢利模式将会发生哪些变化?

---

① 刘长乐:《全媒体核心是争取用户》,http://news.sina.com.cn/m/2011-05-16/113122472504.shtml。

第四章
媒介融合时代的传统媒介转型

对传统媒介机构来说,看清趋势固然重要,但更重要的则是加以应对。我们的问题是:传统媒体该如何实现在媒介融合时代的转型?具体而言,报纸、广播、电视这三大传统媒体,应如何应对媒介融合的冲击?它们该如何在媒介融合这一大的时代背景中重新找到自己的位置?当前,已有一些媒介机构通过多种方式或多或少介入了这一不可逆转的进程。本章将针对三大传统媒体的转型分别展开讨论,以期为传统媒体的转型提供可资借鉴的规律性认识。

> **本章要点**
>
> 传统媒体的转型能否成功,取决于一些关键因素。在凤凰新媒体等媒介融合样本的发展壮大过程中,可以寻找到这些要素。首先,不能为网站而网站,需要在此基础上不断革新业务模式,以适应媒介融合时代的内容和服务要求;其次,需要有明确的转型意识,及时应变,不断基于自身已有优势结合最新的网络技术和社会条件顺应媒介融合的基本发展趋势;再次,要努力实现资本和产业融合,通过资本运作的方式实现快速布局,全方位整合内容资源、技术平台和传播渠道。当然,在具体的转型中,根据各自的形态、地位、性质的差别又应各有侧重。

对媒介融合的学理讨论已经相当充分,媒介融合在一定程度上也已成为部分具有前瞻眼光的业界高层的主流话语。可以说,目前的关键已经不是传统媒介是否需要媒介融合的问题,而是如何实现向媒介融合转型的问题。但是,这样的讨论具有相当大的难度。原因有几个:(1) 媒介融合的内涵太过丰富,覆盖了从国家政策到新闻生产的各个层面,难以一言穷尽,也很难有针对性;(2) 媒介机构的具体情况千差万别,国内和国外、中央和地方、电视台和报社等都存在巨大的区别,很难找到一个放之四海而皆准的模式;(3) 目前国内外传统媒介的媒介融合探索都远未尘埃落定,其成败得失还有待历史检验;(4)媒介融合自身的发展方向还存在多种可能性,过早地指出"应该怎么办"很可能被证明是一种误导,事实上,在所有的产业领域,做预测的风险都极大,所以咨询师们当被问及"未来"时,最常用的手法是故意表述暧昧和大而化之。但是,对此进行认真讨论又是极具实际价值的,因此,这里不惮对国内的媒介融合实践进行了介绍和分析,对象则是媒介融合的中间层次——组织机构层,对已被广为介绍的海外媒介机构案例则一带而过。

第一节　传统电视的转型

自20世纪90年代中期,中央电视台开设央视国际网,拉开了我国电视媒体开办网站的序幕,国内电视台向新媒体的扩张历程已走过十多年。在这不算短的一段时期内,通过电视台的扶持和网站自身的努力,电视台网站的发展水平在量与质的层面上都较创始之初得到了较大的提升。

这可以分为三个阶段。在第一阶段,电视台网站全力依附母体机构,可以说仅仅是电视台的纯网络版,网站内容几乎全部照搬自电视台,既没有开发原创内容的理念,也缺乏与网友互动的意识。在经历了第一阶段的艰难起步后,电视台网站开始逐步迈向发展的第二阶段。在这一阶段中,电视台网站开始走向独立定位,开发原创内容,开始提供多种服务,注重台网互动,注重媒体与受众互动,在电视节目中也常出现主持人提醒观众登录其网站的场景,网站开辟了网络留言板和论坛等互动空间,供网友在线交流和发布个人观点。处于第二阶段的电视台网站显然比第一阶段更具活力,但是也有部分电视台网站仍未就此满足,朝更有挑战性的第三阶段发展。在这一阶段中,电视台网站将自身作为一个整合平台,与电视、手机、报纸等多种媒体合作互动,涵盖了文字、图像、声音、视频等多种内容形态,整合了游戏、无线等多种产品,即走向了媒介融合。就整体而言,电视台网站正在从第二阶段向第三阶段过渡。

一、凤凰网的融合转型故事

网站是电视台媒介融合转型的主要平台,而发展的成败与否很可能将决定其未来的命运。凤凰网作为一个媒介融合转型的先行者,也走过了这样的三个阶段,就目前来看成就斐然,也有众多可供借鉴之处。以下就是凤凰网的转型过程。

北京时间2011年3月11日13时46分,日本发生9.0级地震。仅过了两分钟,凤凰卫视驻东京记者李淼率先在微博上发布消息称,"东京又地震了!! 不是狼来了"。——这一次似乎再次应验了"每逢大事看凤凰"的规律,凤凰新媒体随后全国领跑日本大地震的消息:有网友统计,凤凰发布消息后半小时,央视播发了该消息,随后国内互联网门户网站相继发布。值得关注的是,在新闻的反应速度上,凤凰新媒体与国内各微博平台热议几乎同步,不少博友以凤凰网的相关资讯为瞻。

毋庸置疑,每当重大新闻事件发生时,在传播的第一线总能看到凤凰的身影。除了面对新闻竞争的强者气质,凤凰在自身的新媒体转型上亦坚持不懈——凤凰卫视董事局主席、行政总裁刘长乐先生曾经对于凤凰新媒体给予过这样的描述:"我们把凤凰网的建设看成凤凰生存发展的一件大事。传统媒体在近期、中期的权威性和影响力新媒体取代不了。但新媒体的发展速度会大大超越传统媒体。未来传统媒体和新媒体会在一个价值链上相互融合,形成最佳互动。"

如今,凤凰新媒体已成为凤凰卫视传媒集团全资拥有的跨平台网络传媒,融合互联网、无线网和网络电视(IPTV)三大网络平台。凤凰新媒体以凤凰网为旗舰,以各类图文资讯、音视频流媒体以及多种无线产品组成多媒体门户平台,以博客、辩论、社区等 Web 2.0 互动板块为用户提供互动与共动交流空间,以图文及音视频搜索、RSS、凤凰新媒体 Tag、个性化定制等新一代互联网及无线技术满足用户的个性化需求,并为凤凰卫视中文台、资讯台、欧洲台、美洲台、电影台以及《凤凰周刊》开设专栏介绍,成为国内传统媒体向新媒体转型最成功的代表。

凤凰网从 1998 年成立至今,经历了三个主要发展阶段:

第一个阶段,1998 年成立到 2005 年 11 月,主要作为凤凰卫视的官网存在。

第二个阶段,2005 年 11 月—2007 年 11 月,明确了新闻门户的独立发展之路,并确定了资讯、无线和视频三大业务。期间,2006 年 10 月,凤凰网改版,凤凰新媒体正式上线。

第三个阶段,2007 年 11 月凤凰网更换 ifeng.com 域名至今,从打造新闻门户阶段逐步调整到为 1 亿主流华语人群提供网络服务的综合门户阶段。其中,2008 年,凤凰网流量排名在新闻门户网站中上升到首位;2010 年,凤凰网成为高端网民首选门户。

第一个阶段　1998 年—2005 年 11 月

刘长乐:"21 世纪的头十年对我们在座的各位和我们的所有电视观众

来说都是非常重要的十年,这十年应该说见证了对21世纪开始的第一个单位、第一个单元非常重要的开场大戏。"

1998年6月,凤凰网以企业网站的形式诞生,网站域名为 www.phoenixtv.com。

成立之初的凤凰网内容很少,主要是提供凤凰卫视中文台(那时候只有中文台)节目单和捎带给几个主持人做宣传。成立之初的凤凰网,每周访问人数不满200,页面浏览量不到2000。

凤凰网到底可以用来做什么、发展方向在哪里,当时是个悬而未决的难题。据现任凤凰网资深顾问乔海燕回忆,1999年春节左右,凤凰卫视在北京召开年度广告工作会。会议之前,刘长乐到凤凰网视察,对工作人员说:"你得上新闻,做新闻你才能活。"

"中国驻南使馆被炸"报道

刘长乐话音刚落,1999年5月,以美国为首的北约轰炸了中国驻南联盟大使馆,引发国内抗议浪潮。凤凰网第一次与凤凰卫视联动报道,通过及时、准确、深入的报道,赢得广泛肯定与赞誉,就此奠定了凤凰网作为网络媒体在重大事件报道中的翘楚地位。这是一次真正的突发事件,对凤凰网的组织报道能力和网络硬件都是考验和锻炼。

经过这次锻炼之后,凤凰网多次出色地完成了大事报道。如,出色地完成了2000年3月"台湾地区领导人选举"、2001年4月中美南海"撞机事件"报道等。在当时中国网络媒体才刚刚启动的时刻,凤凰网的表现可圈可点。

"9·11恐怖袭击"报道

2001年9月11日,震惊世界的"9·11"恐怖袭击事件发生。凤凰卫视在华语媒体中第一个直播了飞机撞击世贸双塔后的惨烈场景,凤凰网也成为最早报道此次事件的中文网络媒体。当晚,网站即因为流量猛增导致服务器宕机数次。

在"9·11"事件中,凤凰网向海内外用户提供了分量很重的报道和评论。在此后的几年间,在中国申奥、阿富汗战争、第二次海湾战争、抗击"非典"、中国载人航天等重大事件中,凤凰网采用文图+视频的组合传播模式,及时、全面地向全球华人传播着新闻资讯。

2004年,在《互联网周刊》的年度评选中,凤凰网荣获"最具影响力五佳网站"称号,同期入选的还有新华网、新浪、搜狐和网易。

凤凰网大规模开始向新闻门户发展是在2005年以后,但是在成立初期,"做新闻"的发展思路已渗透其中。

第二个阶段　2005年11月—2007年11月

刘长乐:"在2000年开始的时候,比尔·盖茨先生曾经说我们已经正式迈入了数字时代,我们已经看到在数字革命中的一种非常重要的技术——互联网技术,也就是新媒体技术。新媒体技术改变了我们的生活方式,数字革命甚至改变了我们的生活本身。"

凤凰网虽然成立时间早,但错过了中国互联网第一次快速发展的机会——2000年中国互联网迎来了第一次发展高潮。三大门户网站向海外冲刺上市,相继登陆纳斯达克,但短短一年时间不到,纳斯达克市场上的三大门户股票由几十美元跌到了几十美分。凤凰网对于定位于凤凰卫视官网还是新闻网站摇摆不定,采取了收缩的过冬策略,在避免烧钱损失的同时,仍然保持了稳定,但是,也错过了快速发展的大好时机。

2005年,中国互联网迎来了再次发展的高潮,中国互联网产业进入了黄金时期。

2005年11月,凤凰卫视集团最年轻的副总裁、时任刘长乐特别助理的刘爽被任命为凤凰网CEO。这位具有美国杜克大学法学博士、华尔街律师事务所任职背景的年轻CEO到任后,即开始主导新管理团队的组建、新公司战略的制定及公司业务运营的全面转型。

差异化的新闻垂直门户

如何能继承和发挥凤凰的优势,又避免与传统网络门户直接"火拼"?答案就是集中有限资源,走"有凤凰特色"的新闻垂直门户的发展之路。

2006年凤凰网制定了发力资讯门户、移动和视频三条业务主线的发展战略,试图通过整合这些业务为公司的发展带来新的强劲增长点。凤凰网的资讯、网络广告和无线业务开始迅速发展,而凤凰网对于凤凰卫视集团的战略意义也开始真正凸显。

在确定新闻垂直门户发展战略之后的2008年4月,凤凰网流量排名在所有新闻门户网站中上升到第一位。

凤凰无线业务启动

2006年6月,中国移动从星空传媒收购其所持有的凤凰卫视19.9%的股权。交易完成后,星空传媒将持有凤凰卫视17.6%的股权。

根据战略联盟协议,中国移动和凤凰卫视将共同开发与无线媒体内容相关的产品和服务。凤凰卫视可以"以较优惠的条件直接接入中国移动的网络以享受中国移动的用户资源"。这不仅让凤凰卫视成为中国移动的内容提供商,也将使凤凰成为中国移动的全网服务提供商之一。作为当时正苦受渠道制约的凤凰网来说,与中国移动的战略联盟无疑为凤凰卫视进入无线新媒体业务奠定了极好的基础,具有里程碑的意义。

2006年10月18日,凤凰新媒体推出全新改版的网站 ifeng.com,正式在广大互联网、手机及网络电视用户面前闪亮登场。凤凰网无线业务被列为公司三大战略业务之一。2007年7月,手机凤凰网上线。

搜索或门户的艰难选择

2005年,互联网发展的第二次热潮兴起。8月5日,百度IPO当天股价暴涨353%,有人说"门户的时代已经过去,搜索的时代来临了"。

同年,阿里巴巴将总部搬到杭州,那时阿里旗下的淘宝网已经全面超越了竞争对手易趣。

在互联网新商业模式四处开花的同时,发生了另一个深刻的变化,那就是草根网民的力量开始崛起。2005年最热门的事件莫过于"博客"和"Web 2.0"的兴起,网民以个人姿态,深度参与到互联网中。美国《时代周刊》将网民评为2006年年度人物,宣称个人正在成为"新数字时代民主社会"的公民。网络作为新兴媒体的影响力越来越大。

正是在这样一个互联网竞争激烈的格局开始清晰的大环境下,凤凰网该往何处去的问题又一次被摆上台面。

2005年年底2006年年初,凤凰网确定了"新闻垂直门户"发展战略。当时,一些行业人士非常不看好凤凰网的这一战略定位。他们认为,门户时代已经过去,现在是搜索时代。但凤凰管理层的判断是,门户网站格局还未确定,"新闻垂直门户"一定还有机会,原因有三:第一,多数情况下,网民上网并没有非常明确的信息需求。和读者看报纸的习惯一样,首先是浏览。浏览依然是上网的主要目的。第二,网民上网如果没有门户网站信息的刺激,可能都不知道要搜什么。搜什么肯定是受外界的刺激,如果没有门户,刺激会减弱,搜索需求就会减弱。第三,如果没有门户网站随时提供充足的信息,搜索引擎将没有搜索源头。当前是搜索的时代,也仍然是门户的时代。

在凤凰网确定"新闻垂直门户"战略后,有不少人认为,即使当前是"搜索的时代,也是门户的时代",但凤凰网已经没有机会了,因为门户战已经结束,胜出者为新浪、搜狐、网易、腾讯四大门户。

但是,凤凰的管理层并不这样认为。他们认为,首先,中国和美国不一样,无论是整体国家体系还是媒体环境都不一样。在美国,真正的媒体是

CNN,而雅虎仅仅是一个信息聚合的平台,不是一个真正的媒体。在中国正好相反,中央电视台、《人民日报》等党办的媒体,并没有完全按照市场和新闻的规律运作,而依靠资本市场获得发展的门户网站,却正是按照市场和新闻的规律在运作,呈现了新闻媒体本来的面目,中国真正的媒体是门户网站。尤其是主流人群对高质量的媒体内容有需求,但还没有很好的门户网站能提供这些内容,这就是凤凰网发展的巨大机会。

由此,凤凰网选择了"新闻垂直门户"发展战略。

2005—2007年,在"新闻垂直门户"的发展道路上,凤凰网页面浏览量增长了600%,独立用户增加了300%。在获得网民认可的同时,凤凰网还赢得了业界、合作伙伴以及政府部门的认可。在新媒体领域,凤凰成为一个值得尊敬且令人敬畏的对手。

第三个阶段　2007年11月凤凰网更换ifeng.com域名至今

刘长乐:"我们过去的十年是资讯传媒迅速发展的十年,在未来十年中我们相信中国资讯传媒会越来越开放和开明。我们未来的十年将是一个全媒体的时代,所谓全媒体的时代就是传统媒体向新媒体的过渡,所谓全媒体的时代就是传统媒体和新媒体的融合,我们盼望着这个时代离我们越来越近。"

2007年11月29日,凤凰网在钓鱼台国宾馆举行了新域名启动仪式,正式更改域名为ifeng.com。更换域名不仅是凤凰网的LOGO和页面发生了变化,更意味着凤凰网在独立发展新媒体的战略方向上迈出了关键的一步,从垂直新闻门户向差异化综合门户跨越。

综合门户网站的新机遇

凤凰网在探索新闻门户的过程中,走到了新闻门户网站的第一位。在这个过程中,也发现了一个新的机会:中国的主流人群、中产阶级正在形成,而这个阶层的人群对高端媒体、对稀缺资讯的渴求非常强烈。但是,原来的几大综合门户网站没有很好地解决这个供给。几大综合门户网站都在追求海量访问量,这给凤凰网进入综合门户提供了发展机会。

凤凰网管理层认为,在综合门户网站的现有格局下,机会在于差异化。当然,对商业网站来说,流量很重要,但凤凰网应该更在乎口碑,更在乎核心用户。凤凰网要锁定主流人群,为其提供含文图音视频的全方位综合新闻资讯、深度访谈、观点评论、财经产品、互动应用、分享社区等服务,满足主流人群多元化与个性化的诉求。

这就是凤凰网新的战略决策——打造差异化主流高端综合门户。

当时综合门户网站的格局似乎已经是铜墙铁壁,无法撼动:2007年,腾讯、新浪、搜狐、网易四者占中国综合门户营收额比例达到76%;从网络广告方面看,2008年,腾讯、新浪、搜狐、网易四大门户广告收入占据了整个门户网站广告市场96.2%的份额。

而在新闻门户的队列里,新华网、人民网、中国新闻网、央视网、北青网、环球网等等,几乎都具有坚实的新闻行业背景,并积累了多年的忠实用户。更为重要的是,这些网站随时都可能颠覆现有新闻门户网站的格局。如果凤凰网在这个时候分散自己的资源和精力,主攻综合门户,极有可能被其他对手乘机抢走新闻门户领域的头把交椅。

凤凰网管理层认为,凤凰要走的是差异化综合门户之路,要做主流高端综合门户,一定有机会。　　　　(以上文字由本书作者根据公开资料整理)

这似乎仅仅是一篇报道,看不到多少关于媒介融合的描述,更谈不上对电视台转型路径的分析,然而在事实的记录背后其实隐藏着丰富的内涵。

结合凤凰网的背景和实践,我们可以归纳出凤凰网成功的三大要素:(1)以网站为起点,不断革新业务模式,适应媒介融合时代的内容和服务要求;(2)准确定位,及时应变,第一次变革是大胆地将凤凰网从依附性的官网定位中解放出来,发展为独立的新闻垂直门户,第二次变革是再将凤凰网向综合性媒介融合门户发展,不断调整自身,顺应媒介融合的基本趋势;(3)实现资本和产业融合,全方位整合内容资源、技术平台和传播渠道,积极拓展赢利渠道,创造多方共赢的市场新格局。这三点也同样是电视台媒介融合转型的关键。

二、关键之一:适应新的内容和服务要求

媒介融合是未来的发展趋势,传统电视台的危机感由此而生,不得不寻找自己的媒介融合机遇。但是,这一切都需要一个起点。这个起点是什么?电视台网站。这是目前电视媒体融合的最佳起点。

2007年年初,比尔·盖茨在瑞士达沃斯世界经济论坛年会上断言:"随着在线视频产品的日益发展,互联网将在五年内颠覆电视的传统地位。"这是比尔大叔作为领军人物的豪言壮语,我们也难以否认其中的前瞻性,但是比尔没有强调另一点,即电视台拥有大量的内容资源、长期积累的固定收视群体、优秀的主持人和记者团队,这些是一般网络视频服务提供者短期内难以企及的。他更不会想到的是在中国这样的国家,由于政策和体制原因,几乎不存在电视台以外的大规模的视频内容生产者。因此,电视台如果本身转型为网络视频提供者,在弥补了缺乏交互性等传统弱势之后,就可能充分发挥其独特优势,开辟出新的市场空

间。当然,比尔也不需要强调这些。

遗憾的是,国内大量电视台都建立了自己的网站,但是并没有实现在新媒介领域的突破,其网站的影响力寥寥,更谈不上向媒介融合转型。凤凰网的成功之处就在于此,它没有停留在起点,而是以此为轴心,不断革新业务模式,使自己在内容和服务上符合媒介融合的要求。

当然,首先要承认凤凰网目前的成功有它先天的独特优势。凤凰网的母体凤凰卫视是一个强大的资源平台。作为香港唯一全部用普通话24小时播出的电视台,自1996年开播,它就充分利用了自己的独特优势,用董事局主席刘长乐的话来说,那就是"不像大陆的,又不像香港、台湾的;不像西方的,又不像东方的"①。它充分利用了香港的自由环境,直接借鉴国外的一些优秀新闻节目、娱乐化技巧和市场开发方法。多年来,它推出的《时事直通车》《凤凰早班车》《相聚凤凰台》《锵锵三人行》《时事开讲》等栏目以及不同品种的剧集,都成为观众喜爱的名牌节目,一批主持人同时脱颖而出。它不需要承担内地电视台所必须承担的宣传和舆论引导功能,又不像香港本地节目那样低级媚俗,而是专注于新闻专业主义,尺度大,形式活泼,在诸如"香港回归""戴安娜葬礼""克林顿访华""伊拉克战争"等重大事件的报道上表现出了远超内地同行的能力,反应迅速,评论深入专业,让观众能对事件形成整体、深刻的了解。同时,它又能站在比较公正的、符合中国国家利益的立场,在政治上左右逢源。这一切,使它受到了大量内地精英阶层和海外华人的追捧,"大事看凤凰"的说法就是一个明证。在业界影响力不断提升的同时,凤凰卫视也取得了丰厚的市场回报和隐形资产,而这些,都是凤凰网发展的可靠依托。

由于某些政策原因,凤凰卫视未能在整个中国内地落地,凤凰卫视要打开内地市场,就不能不依托网络平台。因此,可以说,凤凰卫视比一般的国内电视台具有强烈得多的"媒介融合冲动",更愿意向网站投入大量资源。强大的人才和财力保障,承接母体良好的社会声誉和用户群以及"敢做、敢说"的体制环境,这一切构成了凤凰网迅速成长的土壤。

但是,这些还不是凤凰网取得今天的成功的充分条件。事实上,央视、新华社等国家媒体,以及"电视湘军"等地方诸侯,大多有其各自的优势领域。大部分电视台的媒介融合转型落后于凤凰集团,实力差距并非核心因素,在几个关键问题上的差距才是致命的。第一个关键问题是,网站是否真正"媒介融合化",提供了适应媒介融合要求的内容和服务?

---

① 罗绮萍:《刘长乐:四不像正是我们的优势》,载《21世纪经济报道》2007年5月24日。

在媒介融合时代，内容的重要性达到前所未有的高度。是否提供了恰当的内容，是否提供了恰当的内容形式，是否以恰当的方式生产和发布内容，是横亘在所有电视台网站面前的问题。

恰当的内容应该包括媒介成员生产的正式内容、非正式内容以及由用户生产的内容三个方面。

在传统媒介的内容生产模式里，媒介只要按部就班地提供内容就行了，然而，这根本无法满足媒介融合时代用户的要求。用户需要与传媒人员全方位互动，需要更多更详尽的背景信息。那些未播出的节目显而易见也是网站内容的一部分，而传媒工作者在微博、博客、论坛等中进行的一切活动也应被认为是内容生产的环节加以组织。用户通过这些非正式内容能够直接与媒介交流，了解传媒工作者和电视台在新闻采编和渠道传播方面所做的努力，用户黏度由此得以增强。

媒介融合时代同时是一个人人都是电视台、人人都是记者编辑的时代。在今天的视频网站里，大量的节目资源都是由普通用户自己提交的。以 YouTube 为例，它是美国最有名的视频共享网站之一，它已实现了与 CNN 和 NBC 等传统电视媒体平起平坐的梦想。其网站宣传语即是"Broadcast Yourself"（传播自己），公众可以把自拍内容上传到网站，与他人分享。每个成员都可以无限制上传，并拥有自己的视频主页，观众可以自主选择上传、观看和下载的时间和内容，而不受传统媒体的限制，因此，在内容上更可以大胆地选取传统媒体忽视或者不愿报道的细节。这种公民自制节目形成了与博客类似的影响力，给电视媒体带来了一种更直接的"公民新闻"的影响。

在用户使用博客、微博、论坛等的过程中，同样有大量宝贵的内容资源，或可以直接使用，或可以成为媒介正式内容生产的引子和补充。这些内容，也是一个媒介融合中心不可缺少的。如何组织用户生产的内容，充分发挥它们的价值并实现用户不断参与—不断生产—进一步参与的良性循环，相当考验从业者的功力。

从这些角度来说，传媒工作者的压力远超以往。他们既要坚持生产高质量的新闻和信息，提供以事实为主的报道和有理有据的分析，同时可能要扮演论坛发起人或讨论会组织者的角色。他们需要认真观察和仔细聆听用户的关注、反馈和期望，因为这可以进一步刺激正式的内容生产，形成良好的互动循环。此外，由于海量信息带来的复杂性和用户观点的多元化，传媒工作者还需要引导用户思考和讨论对他们来说具有重要意义的问题，并在他们寻找答案的过程中起到穿针引线和前后贯通的作用。

媒介融合时代的内容需要恰当的表现形式。即使在今天,将电视台自己的节目原封不动地搬上网站仍然是一个常见做法,由此也产生了判断一个电视台的媒介融合水准如何的简单标准——是否有专门的网络节目。当然,恰当的内容形式远没有这么简单,它应该具备网络中所有吸引用户的信息的那些特征:良好的可检索性,文字、图像、语音、视频的结合,丰富的扩展链接,由简到繁可供选择的多个版本,良好的互动性……这样才能满足用户在检索、搜寻、社交和其他方面的需要。事实上,正是因为网络具有这些技术特点,今天的用户在接收和处理信息方面的经历比以往要丰富得多,也变得挑剔得多。

在此基础上,更进一步的要求则是突破网络的限制,通过制作多样化的内容符合电脑、电视、手机等各种平台的要求:电子书下载版、彩信版、网页版、手机网页版、电视版、纸媒版……每一种平台都有自己独特的优势和缺陷,用户群体不同,用户需求千差万别,这些都需要媒体工作者有清楚的认识,并有针对性地开展工作。

对媒体工作者的考验还不止于此,他们还需要以恰当的方式来提供内容。网络的优点之一是能够提供高度个性化的服务,用户不仅在选择和使用网站作为新闻和信息来源方面具有相当的自主权,而且往往会把自己喜爱的网站当作表现自我的工具。例如,在决定使用哪一个网站时,用户会关注该网站是否提供设立个人网页、博客等个性化的服务。其次,用户会关注网站是否给予他们对新闻报道的质量发表意见、评价和表达期望等权利。如果说在没有因特网的年代里,媒体的公信度在很大程度上是由媒体的规模大小、成立时间长短以及对所在地区的影响力所决定的话,那么,今天用户对传媒业的信任或喜爱程度还有可能取决于媒体如何展现内容、如何尊重用户的需求以及如何提供个性化服务等因素。因此,除了利用网络技术将内容(包括音频、视频、图像、图表、动画等等)数据化之外,媒介融合环境里的传媒业应该高度注重网络的服务性,利用网络在互动性方面的优势和潜力,提供个性化的贴心服务。

除了高度个性化和重视服务,以恰当的方式提供内容还存在另一个方面,那就是网站及其背后的媒介集团应该以媒介融合时代的要求安排内容生产。

在实际操作中,要努力建立媒介资源共享平台。在传统媒介时代,记者采访得到的新闻大多是"一次性使用",信息价值往往得不到再度开发和利用。而在媒介融合时代,大的传媒集团可通过整合采编资源实现"信息共享",即在集团内部组建统一的新闻信息平台,建立有效调配集团信息资源的相关机制,打破原来以电视台、电台、报刊、网站为单一单位的相对独立格局,共同运用集团所拥有的采编团队、信息发布平台、新闻线索等生产要素进行新闻生产,对重大新闻事件进行多角度、多层次的利用和挖掘,充分发挥媒体整合效应。

目前已经有不少新闻线索、新闻采访等方面的共享尝试。有一些媒介集团与电信等部门合作,以集团名义对外推出了统一热线和短信平台,既便于记忆使用,又有利于树立统一的品牌形象,同时实现了新闻线索共享。我国台湾地区的"台湾东森新闻"建立了较为成熟的采访共享机制:一旦有新闻事件发生,新闻采访部门立即派出电视摄像、文字记者到达现场,随后电视新闻第一时间播报,然后电视新闻文字、图像上网,接着再补充采访,最后机构内的系列报纸再对所有内容进行差异化加工,分别采用。对大陆同行来说,这也并不算新鲜,在对一些大型活动或赛事进行"战役性报道"时,他们早已有了丰富的采访共享实践。最突出的例子是 2008 年奥运会。对于这一由中国"做东"的百年盛会,各地媒体厉兵秣马欲派兵前往,以获取属于自己的、个性化的"奥运新闻"。然而,因受名额限制或考虑到成本因素,各地派出的人数有限,于是一些报业集团或广电集团便将为数不多的记者组成一个小组,让他们尽量互相配合,同时为集团内多种媒体供稿。事实上,只要有不同的用户群,就不会形成兄弟单位间无谓的恶性竞争,因为用户群不同,处理的方式和频道、版面的设置也会有所不同。

海外有一些更成熟的案例,如美国的 CNN。CNN 在制度上打破了部门的分割,每个部门没有自己专门的记者,记者是公用的,一篇报道可以被几个部门(频道)分别使用。CNN 同时为此提供了一定的技术支撑,采用了一套被称为 AVSTAR 的网络化信息搜集、管理系统。它功能齐全,界面友好,便于操作,所有采编人员都既是用户又是数据节点。系统中不仅包含了纵向的记者提交新闻、制作人编排版面功能,还有大量横向的互通信息等资源共享功能,强调了一种全通道的模式。在联网的"资料库"里,可以查到 CNN 任何记者在任何时段采写的新闻作品,也可以在网上同步观看正在制作的新闻。

可以肯定,媒介资源的共享不仅能够节省技术设备的使用,而且在增强新闻时效、降低节目制作和运行成本方面都有明显优点。建立媒介资源共享平台既是媒介集团效益最大化的要求,也是技术进步带来的媒介融合的要求。

总的来看,在媒介融合时代,媒介机构需要以资源共享等融合方式进行内容生产,然后制作符合各种终端平台要求的内容,再向各种平台发布。这可以归纳为"先合后分"——各种媒介产品都汇流到网络中进行传输,而后又分散到各种不同的接收终端中,这样仍然可以保持媒介产品的多样化,并适应人们不同的信息接收习惯。[1] 值得注意的是,要实现"先合后分",需要产业结构、内部组织

---

[1] 彭兰:《媒介融合时代的"和"与"分"》,载《新闻与写作》2006 年第 9 期。

第四章 媒介融合时代的传统媒介转型

方式、业务流程、人才储备、管理模式等多方面的变革,并非改变一个操作流程就能实现。

在提供适应媒介融合要求的内容和服务方面,凤凰网毫无疑问是做得比较好的一个,虽然未必完全达到理想境界。它自制的一档深度访谈节目《凤凰非常道》就是一个比较好的例子。

该节目在网页上有这么一句话——"中国门户网站第一档倾力打造的优质深度访谈节目",这可以被视作凤凰网对它的期待。节目每周邀请一位嘉宾,选择一个至三个热点话题进行探讨。嘉宾普遍具有较高的知名度,比如徐静蕾、顾长卫等影视界名人,陈丹青、韩寒等文化界名人,以及李银河、闾丘露薇等社会热点人物。主持人风格老辣直率,谈话方式"麻辣""刁钻",往往深刻地直击嘉宾内心最真实的一面,给大众呈现出的不仅仅是人物的经历、事件的表象,更多的是在摒弃"娱乐性效果"的环境下,对人物的真实思想、事理的深刻剖析,带给受众更多思想上的启发和价值观上的引导。[①]

该节目与当今电视访谈类节目相比另类而独特。节目没有创意十足的开场,没有各类道具的应用以及设置悬念、营造各种气氛的"老套路",访谈过程中不设开场白和结束语,不限时长,简洁而无过多修饰,真诚自然,对话可能在主持人与嘉宾的闲聊中随时开始,呈现最原生态的一面。节目也没有大型演播室,只有主持人和嘉宾,给嘉宾营造了一个比较放松、更愿意呈现内心世界的环境,自由度比较大。

可以说,这首先是一档精彩的电视访谈节目。媒介融合并不意味着降低产品品质,视频不应比电视节目逊色,文字应能与长篇报道媲美。而《凤凰非常道》在这方面就超越了当下流水线式作业的一般网络访谈节目,综合了电视化的制作方式与网络的传播手段,强调节目的品质与策划性,从而提供了"恰当的内容"。

节目的播出方式分为三个层面:预热、直播和重播。凤凰建立了"非常道"频道及专题互动专区,一般于访谈前一周发布宣传预告,并同步张贴在凤凰论坛和相关博客上;同时,也利用这些空间征集网友意见,让网友推荐合适的嘉宾和话题。网友可在频道及专题互动专区内留言,与主持人和栏目组在线交流。主持人的博客维护、更新皆佳,也成为另一个有效的互动渠道。在标准节目时间,除了通过凤凰宽频直播频道现场直播外,在PPS等各类视频平台也有节目直播

[①] 孙佳祺:《试析网络访谈类节目的成功之道——以凤凰网〈凤凰非常道〉为例》,载《东岳论丛》2010年第5期,第144—145页。

视频,观众可以任意点击播放。在节目直播中,网友可边看边聊,与嘉宾及主持人在线互动。完整视频于直播次日在凤凰宽频直播频道上线,进行 24 小时 P2P 轮播;同时网友也可以在"凤凰非常道"频道内收看节目精彩片段及文字实录;视频片段同时在六间房、56、Mofile 等各大视频分享网站上线。

凤凰网在网页设计和内容安排上也充分考虑了网络用户的习惯和需求。在每次节目的页面上,提供了完整访谈实录(文字)、完全视频集、现场图集、个人专题等内容。在个人专题中,提供了嘉宾的成长历程等附加资料和链接、主持人对嘉宾的评价,从而使节目内容更丰满,满足了网友深入了解嘉宾、与嘉宾互动的要求。在制作节目精彩片段和相应文字实录时,根据内容制作了精练的小标题,如:

成长·没听过表扬,靠唱歌获得自信
交流·与父母交流少,经常被人误解
执着·我纠结于细节,但坚持大方向
……

网友点击后即可进入浏览。

什么是"恰当的内容形式"?如上所述,在《凤凰非常道》中,节目内容包括文字、视频、图像等多种形态;既提供了完整版本,又提供了精彩片段,精练的标题则可以被认为是最简方案;节目还提供了丰富的资料和相关链接以及网友、嘉宾、主持人的多重交流方式,全程都有频繁的互动。这样,就能比较理想地满足网友的多种要求。

在媒介融合时代"恰当的生产和发布方式"方面,《凤凰非常道》也有可圈可点之处。节目播出前预告并征求意见、节目播出后获取反馈:建立官方网站,集成在线直播、节目点播、嘉宾博客、论坛、短信平台等方式,并由凤凰宽频、PP-STREAM、PPLIVE、QQLIVE、新浪宽频、悠视、光芒国际等各类平台联合发布;精彩的节目片段输入凤凰卫视的各栏目作为素材,实现网络和传统电视的联合利用。

可以与之比较的是另一个网络视频栏目《××访谈》,该节目是不逊色于凤凰卫视的另一电视巨头的网站的自办节目。每一期节目的主页面下方都包含文字实录、高清图集、视频回顾这几个链接,视频回顾为一段完整视频,文字实录是视频回顾的文字版。但是,主页的文字介绍一般少于两千字,介绍一个简单的故事都不足,互动环节也只有最常见的"发表评论"。内容还处于母台的主导下,缺乏相对的独立性和灵活性,而且并未对人物与事件展开深度挖掘,流于形式;

内容主要延伸自母台节目，完全独立于母台的内容少之又少；推出的访谈数量基本上取决于母台的节目热度，母台播什么"访谈"就做什么，母台播多少"访谈"就相应涉及多少；没有固定的播出时段，根据嘉宾的行程来调整制作时间。但不管怎么说，这家网站勇于自创节目，迈出了第一步。事实上，它在媒介融合方面也仍然属于比较成功的几家之一。

在提供适应媒介融合要求的内容和服务方面，美国电视台也进行了不少有益的探索，值得我们借鉴。以 CBS 的电视新闻网站为例，2005 年，它率先允许观众在网上建立自己的新闻播客，并将自己所有的新闻节目上传到网上。它还建立了富有特色的博客——"公众眼睛"（Public Eye），让观众看到了晚间新闻编辑工作的过程，让自己的工作变得公开透明。为了让受众更方便地浏览自己的网页，CBSNews.com 与诸如医药、百科全书等多种网站签订协议，以丰富网站内容，方便读者在阅读新闻时，获得更多的背景知识的链接。

到了 2006 年，几乎所有美国有线电视新闻部门都可以通过手机平台发布电视节目；MSNBC 还建立了一个可供手机订户下载视频的网站，CNN 和 FOX 也开发了新的手机视频、音频下载业务。在网站建设上，CNN 投入重金，让每个浏览网站的受众都能根据自己的喜好选择相应的新闻，建立一个属于自己的个性化主页。它在 2006 年 8 月推出的"我报道"（I Report），特别引人注目。它鼓励受众上载各类视频报道，这些内容经过编辑的选择后在网站上进行发布。

三、关键之二：及时变革观念、自我调整

在凤凰卫视的媒介融合进程中，有两次大的调整。第一次是大胆地将凤凰网从依附性的官网定位中解放出来，发展为独立的新闻垂直门户；第二次是让凤凰网向综合性媒介融合门户发展。可以说，凤凰卫视不断进行观念变革，及时调整自身，顺应了媒介融合的基本趋势。而能否做到这一点，首先取决于是否真正有长远的媒介融合发展目标和赢利雄心，能否持之以恒地推进。如果网站仅仅是一个附庸，或者仅仅满足于大规模的人力物力投入，那么，这家电视台的媒介融合转型也不可能真正深入下去。遗憾的是，这种短视症导致的问题在目前并不少见。

症状一，目前国内电视台网站有一部分已经将网站作为一个独立实体，下设编辑部、市场部、技术部和财务部等部门，但还有相当多的网站停留在挂靠电视台某个部门，如技术部门、网络中心、总编室甚至广告部的阶段。这种部门化的管理和挂靠方式导致上级管理部门职权划分不明、网站归属不明，使电视台网站难以适应市场化的生存法则。

症状二，网站投入人力少，人员配置不合理。"全国电视台互联网站发展研讨会作的一项内部统计显示：全国省市电视台网站成立的平均年限为 3.6 年，三分之二的网站员工规模在 10 人以下。与兵强马壮的母媒体相比，网站的七八个人、三五条枪显得那么寒碜。"① 进一步来说，在人员配置上也同样存在不合理因素。有些网站人员总量不少，但核心部门只有寥寥几人，如果注意这些网站，经常可以看到文字、摄影、摄像、编辑等一把抓的全能工作人员。《凤凰非常道》和《×××访谈》在人力投入和人员配置上就存在明显差异。

症状三，缺乏掌握新技术的人才。熟悉不同类型媒体的属性和操作技术是走向多媒体融合的前提，这就对电视台网站在高技术人才的储备上提出了要求——"电视媒体网站不仅需要传统的新闻采编制作人员，还需要了解新媒体技术的专业人员和熟悉新媒体市场运作的管理人员，更需要了解电视媒体与新媒体融合关系的高端人才"②。然而，有的电视台网站对这些建议置若罔闻，采用的多是电视台的"原班人马"，运营管理都是对母体的简单复制，从本质上忽略了电视与网络两大媒介的传播差异性，为网站的发展增添了不利因素。

症状四，网站定位模糊、管理分散。不仅对网站的内容缺乏公认的考核体系，甚至在员工的奖惩、待遇等方面都还未建立起相对科学的评定标准。当然，这些问题也存在于商业网站中。这本来是新生企业成长过程中无法回避的一大难题，而新媒体企业自由、活跃、开放的特征更加重了这一症状。可以想象，一家可以选择在家或去单位上班、工作环境和娱乐环境合二为一的企业（如谷歌），要制定科学的考核体系并进行严格管理有多大难度。

由于国内相当多的电视台网站存在这些缺陷，阻碍了网站的进一步发展，也导致它们在与商业网站的角逐中败下阵来。这有部分是体制原因，即网站本身处于竞争高度激烈的因特网领域，但又不能不受到母体——电视机构的事业管理体制制约。一条腿走路必然带来困扰，但这不足以解释依然有一些电视台网站脱颖而出的事实。

问题只能归因于缺乏长远雄心，不能坚持不懈地推进，具体表现就是：不能或不愿像商业网站那样在运营上采用更为合理的市场配置资源模式，不愿大量投资于看似虚无缥缈的媒介融合远景，不愿大力引进媒介融合技术人才，不愿按照应有规律独立进行运作。于是不少网站就慢慢落后，半死不活，形成"皇帝的女儿更愁嫁"的局面。

---

① 石克刚：《电视台网站的初期建设思路》，http://blog.mediachina.net/article.php?tid_2137.html。
② 谢耘耕等：《新媒体时代电视媒体的选择》，载《新闻界》2007 年第 3 期，第 17 页。

事实上,媒介融合的进程,对绝大部分旧媒体来说,都是走一步看一步,并不存在高瞻远瞩或先天预见,相当程度上是顺势而为、看菜吃饭,毕竟媒介融合概念的流行还是最近几年的事。最终的高下之分,也就在于从办网站开始能将其看得多重,准备走得多远,能用多大意志执行下去。凤凰卫视最初也将凤凰网定位为依附性的部门,但是网站及时摆脱了这样的局限,目标长远、勇于变革,又不脱离自己的根基,步步为营。

然而,仅具备雄心和意志并不能带来自我变革的成功,还需要具备其他一些条件,那就是对时机和方向的准确把握。

"提前一步是先进,提前两步是先烈"是一句有趣的俗语,然而却往往符合事实。在媒介融合的过程中,常常会出现所谓"新技术的失败"。技术上的进步,如果脱离了市场需求的实际,那么就可能带来惨败。上文曾提到要提供多种形式的内容满足各种终端平台的需求,但这其实也有隐藏的前提条件,那就是业已产生了没有得到足够挖掘的需求,或者是这种需求虽然目前不大但有迅速扩大的前景,否则也只能徒然消耗资源。

如果凤凰网在20世纪开办之初就提出了"综合性媒介融合门户"的目标,估计同行们的反应首先是震惊,然后会觉得它"疯了"。随便提一个问题就能消灭所有的幻想:当时的实际网速只有2011年的百分之一,打开一张稍大的图片都非常吃力,何谈语音和视频应用?因此,网站的定位是自然而符合现实的结果。

我们可以看到,凤凰网两次变革的核心理念一脉相承——发挥、保持、创造自己的独特优势。每一步都是对已有资源的继承,同时又是在此基础上的发展,从而形成了良性循环。

寻找、发挥、保持自己的独特优势,对所有媒介融合选手来说,都是胜出的关键。对电视台网站来说,其主要对手是YouTube、土豆等视频网站。那么,它们各自的独特优势在哪里?

对于电视台网站来说,其先天优势是政策合法性。2007年12月底,原信息产业部和国家广播电视总局联合发布《互联网视听节目服务管理规定》,对网络视频的发布采取准入制,要求提供互联网视听节目服务的企业,必须获得广电部门颁发的许可证,获得许可证的要求之一是"具备法人资格,为国有独资或国有控股单位"。而再红火的民营视频网站,也都没有新闻的自主采编权,必须与拥有牌照的单位合作才具有发布新闻视频内容的资格。

借助母体的专业化、权威性、资源多和合法性优势,电视台网站在原创节目上本身就有巨大优势,它们也可以鼓励网友上传视频内容,建设视频分享和互动平台,冲击优酷、土豆等靠视频分享内容起家的网站的立身之本。

2009年8月,央视、上海文广、凤凰等几大巨头,在北京共同发起网络视频版权保护联盟,而包括优酷、土豆在内的多家商业视频网站则是它们指责的对象。版权问题可以说是后者的原罪,但值得玩味的是,某商业视频网站的CEO认为,电视台的介入会不会给民营视频网站造成影响,主要看它们能不能提供免费或者低成本获得版权又能够吸引用户的内容。版权问题可能成为电视台网站的武器和优势,但是也可能构成某种桎梏。

商业视频网站也有自己的优势。网络视频市场由土豆、优酷等网站首先发掘。"春江水暖鸭先知",它们对于市场机会的感知比"正规军"来得要敏锐得多,在运营和管理上,也更显其机制的灵活性。目前,优酷、土豆、迅雷已经占据优势地位,酷六、激动等二线网站紧追不舍,具有相当的先发优势。

虽然它们没有独立的新闻采编权,新闻类视频必须与现有媒体合作才能发布,但可以采取差异化的策略,侧重于娱乐、生活类内容,不与"正规军"争夺新闻类内容的主导权,从而实现共存共赢。从现状来看,它们也确实是这样做的。在此情形下,"正规军"依靠政策上的扶持、资源上的倾斜,仍然有机会后来居上,但要抢过行业主导权,绝非一件轻松的事。

更需要注意的是,这里谈的竞争只是存在于电视台网站和商业视频网站间的竞争,但这只是媒介融合的早期现象。随着媒介融合的发展,必然会出现的局面是:报社、广播台、综合门户网站,乃至更多意想不到的竞争者会浮现出来。它们都是类似的媒介融合信息中心,从不同的起点走到相似的形态,殊途同归,打破了所有的藩篱和界限。所以,未来的竞争格局,将是不论出身的全方位诸侯混战,这也恰恰是媒介融合的魅力所在。

无论竞争格局如何变化,可以肯定如下两点不会改变:是否高度重视媒介融合趋势,有远大目标和雄心,能大力投入资源持续推进,决定了有没有勇气变革、有没有能力变革;而能否寻找并发扬自己的独特优势,给自身准确定位,把握时机,则决定了变革的成败。对于所有尝试在媒介融合时代有所作为的媒介机构来说,这些都是严峻考验。媒介融合导致了太多变化,能否及时调整自身,适应这些变化,是所有自愿或非自愿的媒介融合参与者共同面对的挑战。

四、关键之三:资本和产业融合

凤凰新媒体2011年在美国上市,其公开招股书中显示的股权结构相当复杂:凤凰卫视控股有限公司成为最大股东,持股64.84%,晨兴创投持股12.64%,英特尔投资持股10.54%,另外,贝塔斯曼也持有其3.16%的股份,高管持股 6.68%。而在香港上市公司凤凰卫视控股有限公司的股权结构中,董事局主席刘长乐、中国移动、新闻集团、中银国际分别是前四大股东,合计占 80% 以上的股份。

这种普通人几乎难以搞清的复杂股权结构,是长期让人眼花缭乱的资本运作的结果,但也是媒介融合进程中的必然现象。固然如第一章中所谈到的,即使没有媒介融合观念的出现,在媒介产业自身的发展过程中也会产生这个进程,第二次世界大战后兴起的跨地域、跨媒介、跨行业的超级媒介集团就充分证明了这一点。但是,媒介融合的发展却是强力催化剂,对业界提出了更高的资本和产业融合要求,而资本和产业融合又能不断促进媒介融合。

凤凰卫视在资本和产业融合方面显然是一个积极的参与者。2006 年 6 月 8 日,中国移动(香港)集团有限公司入股凤凰卫视。中国最大的无线通信业务提供商与凤凰卫视结成战略联盟,共同开发、推广和分销移动内容、产品、服务和新媒体应用。这给凤凰新媒体带来了巨大的渠道与市场优势,大力推动了图文音视频的内容向广大手机终端用户的传播。2009 年 11 月,凤凰新媒体又引入晨兴创投、英特尔投资和贝塔斯曼这几家战略合作伙伴,获得 2500 万美元融资。凤凰新媒体 CFO 李亚称,引入资金本身不是重要的,更重要的是这几家公司在技术、战略和合作关系等各种产业链中的优势。至此,凤凰新媒体成为凤凰卫视、IT 巨头、世界出版巨头、顶级金融投资机构、无线通信运营商、世界超级媒介集团联合抚养下的混血儿。

对于任何努力在媒介融合时代胜出的媒介机构来说,对内容生产、运营管理模式等内部要素进行变革仅仅是基本要求。到达一定基础后,像凤凰卫视这样进行产业和资本的融合则是必经之路。

从根本上而言,这是媒介融合自身的要求。媒介融合在一般常识意义上指报刊、广播、电视、互联网、手机等的融合。这首先包括多种媒介形态的互相合作,它们在信息采集、制作、传播过程中进行全方位合作,以发挥不同媒介的优势,从而实现内容相互推销和资源共享;其次包括产业链上下游的合作,如微软等软件提供商、计算机和手机等硬件提供商、有线无线电信服务商、内容生产商、广电网等网络提供商的互相渗透;再次包括纵向和横向的扩张,如从垄断某一城市的小电视台走向世界的规模经济扩张。在此过程中,不同媒介形态的边界日趋模糊,最终所有媒介形态的划分,内容、渠道、网络、硬件等各类提供商的角色区分都将失去实际意义。而这一切都既会激发资本和产业融合的要求,也会带来资本和产业融合的结果。

对中国媒介机构来说,资本和产业融合在两个方面的价值需要特别注意:一是适应赢家通吃的环境;二是突破积累速度瓶颈,快速发展。这两个方面也是互相联系的。

新媒体领域有一个很有趣的特征,就是赢家通吃。在新媒体概念出现前,这已经作为一个规律出现,在市场竞争中往往最后有一个胜利者获得所有的或绝大部分的市场份额,而失败者则被淘汰。例如,微软在操作系统领域、波音公司在民用航空领域,都取得了傲视群雄的地位,后发制人在实践中是罕见的。而在因特网经济出现之后,由于网络本身打破了时间和空间的限制,赢家通吃表现得更加明显,如分众传媒在高端广告市场中占了95%的市场份额,腾讯在即时通信市场占到80%的份额,可以与之比较的是中央电视台在电视行业中的位置,差不多占30%的份额。脸谱网站的创始人扎克伯格曾这样说过,在脸谱成功之后,对所有同类社交网站的投资都没有必要了。很多人认为这体现了扎氏的狂妄自大,但客观地说,这一说法很可能是准确的。

在电视业的媒介融合领域,显然还没有成长出通吃者。但是,某些竞争者一出现就已经显现出这样的雄心,并且具有这样的能力。这可能不是因为它有特殊的市场竞争力,或者开辟了某种新的市场需求,而是因为它拥有中国特殊的市场环境下最核心的能力——既是运动员,又是裁判员。

2009年12月27日,由央视斥资2亿元建设的中国网络电视台正式上线。这是央视突破了央视网的局限进行媒介融合转型的关键一步,也意味着网络视频领域中的"中央军"正式浮出水面。诸多举措充分显示了央视一统天下的野心:(1)台网捆绑。中央电视台的节目全部实现实时网络直播,并加入点播、搜索、下载及互动评论等功能,由此国家网络电视台可提供日均750小时的海量节目。除此之外,央视常年积累的40万小时的历史库存节目也构成一个"网上影像博物馆"。(2)平台开放。在内容供应上,中国网络电视台通过组建全国网络视频联盟的方式,吸收各地电视台及其他媒体机构的节目源,同时鼓励网民特别是青少年积极上传自己制作的网络视频,网站同时为网民制作专属电视节目。(3)全球化、多语种、多终端。面向世界各地观众,播出多个语种和少数民族语言节目,支持电脑、手机、IPTV、户外屏、楼宇电视,以及飞机、火车等交通工具上的移动屏幕。

对于优酷、土豆等视频网站来说,狼真的来了。事实上,它们的难兄难弟很多,中国网络电视台对所有中国网络视频业的进入者来说都是一个巨大的挑战。

央视具有众多资源优势,抛开资金、人才等不谈,如果它利用在行政体系中的地位,明确树立一些网络视频业标准,就可以让其他所有竞争者的日子不好过;如果能获得某种政策许可,它很可能集纳所有地方电视台的节目资源,从而使自己成为网络视频内容的垄断者,组建网络视频联盟的构想本身表明它已经有这个意图,剩下的问题是这个联盟究竟对省台、市台有多少强制力。目前,国内网络视频领域"北央视、南凤凰、东上文广、西湘广电"的版图已然成型,但客观地说,即使优秀者如沪军、湘军,前途也并不乐观。关键原因是,央视在体制中的地位不可动摇,虽然网络是个市场化充分的领域,但电视台网站不可能完全脱离母体的影响。

而同样面对众多重量级对手,凤凰新传媒是如何胜出的呢?能否尽快整合资源并和一批同样强大的合作伙伴形成牢固联盟,就成为关键。新闻集团、贝塔斯曼都属于今日世界顶尖的媒介垄断集团,中国移动拥有中国最多最好的无线通信客户,中银国际、英特尔在各自的领域也都是佼佼者。它们不是凤凰卫视的直接竞争对手,但又存在着合作的需求和可能性。于是它们坐到一起,通过资本运作实现了某种程度的融合,形成联盟。当然,中国网络电视台也可以用自己的方式来实现与相关巨头的合作。此时,谁能够成为大赢家,就不仅仅取决于自身实力,还取决于对各种资源进行整合的能力。但不管怎么说,都出现了更多的变数。对于在实际上处于相对弱势地位的凤凰新媒体来说,变数就是机会。

就目前情况来看,在赢家通吃的前景下,媒介融合浪潮中最可怜的不是商业视频网站,不是各省级诸侯,而是城市电视台。国内这种以行政方式划分媒介机构级别的体制,使级别越低的媒介机构在媒介融合中处于越不利的地位,要想以市场竞争的方式突破级别造成的先天不足,几乎不可能。而近四百家城市台的媒介融合转型又是不得不重视的一个问题。

这些年,大量优势资源向央视和强势省台集中,"马太效应"日益凸显,城市台在过去"四级办台"体制下显现的困境更为突出,收视份额普遍萎缩,收入增速减缓,甚至陷入负增长的窘境。主要原因有以下几个:

第一,覆盖问题。除了深圳、厦门等城市因特殊政策拥有卫视频道,其他城市台在上星问题上还未得到政策的支持。由于对城市电视台跨区域覆盖与传播的行政限制,使得城市电视台的市场空间仅限于一城一域,地面频道覆盖的人口只有省台的几十分之一到几分之一,进而在投资回报上也就相差几倍,甚至几十倍。

第二,节目之困。电视台之间的竞争已从收视市场上的竞争前移到上游对资源的垄断竞争,竞争门槛被推向新的高度。由于多年来城市台进行节目创新和制作普遍只瞄准本地受众的需求,满足于各自平台的"一次性播出",因此节目创新和生产与市场的需求处于半脱节状态,既缺乏市场针对性,也缺乏市场实战经验。

第三,收支矛盾。广告依然是各城市台主要的经济来源,随着央视、省台实行从全国到地方寸土不让的经营策略,城市台的广告份额被进一步稀释,创收能力经受严峻挑战。另一方面,为了应对竞争的压力,经营成本不断上升,收支难以平衡,进军"蓝海"更是缺乏资金支持。①

由于行政级别、规模限制等起点上的弱势,城市台的媒介融合进程基本上处于高度被动的局面,大多还停留在办官网的阶段。应该说,城市台的困境值得同情,相当一部分城市台经营得有声有色,用有限的资源实现了超越省台的表现,仅仅由于行政力量导致的各种限制而无法得到正常成长的空间。对它们来说,该如何进行媒介融合转型?

对它们来说,在进行媒介融合转型的过程中,首先需要做好的是准确定位,寻找自己的独特优势。覆盖限制几乎是城市台面临的最大限制,但也因此其提供的内容和服务大多具有地域化和精益化的优势,在做好本地细分市场方面大有可为。事实上,即使在电视商业竞争高度发达的美国,地方电视台到了今天仍然保留了四分之一左右的电视广告市场份额。城市台的媒介融合转型,最容易突破的方向就是将自身打造为专注本地细分市场的媒介融合中心,从而尽可能增加赢利,提升自己的市场价值。

而资本和产业的融合对于这些不甚强大的个体来说,是向媒介融合转型的必经之路:通过与本地的其他媒介机构实现融合,可以获取或增强多媒体信息生产和发布能力;通过与本地网络社区等新媒介的融合,可以获得新媒介的经验、人才等各种资源;通过与本地其他产业的融合可以获取资本和更多的发展资金,实现自身从单纯的信息提供者向综合服务提供者的转型。

当然,从最终角度而言,大多数城市台及其媒介融合变体都可能根据自己的市场价值加入某一媒介融合赢家的阵营,使自身得以存续。但不管怎么说,只有自身不被媒介融合的大潮抛下,在媒介融合中获得某些细分市场的优势地位,能够获取较多利润,才能以有利地位进一步与赢家融合。

同样的情形也发生在商业视频网站领域。目前的格局留给国内商业视频网站的出路其实不多,除了排名前两位的优酷网和土豆网还在坚持独立发展外,其他视频网站都在寻找出路,或者设法投靠盛大、百度等产业巨鳄,或者以被收购、兼并的方式参与"正规军"巨头的阵营,以资本和产业融合的方式实现自己的延续。

---

① 陈炜:《全媒体格局下城市广电媒体的战略转型研究》,载《南京社会科学》2009年第8期,第47—50页。

在媒介融合时代,另一个明显的规律是:一旦发现市场空隙,就必须在最短时间内扩展业务加以填补,否则,后续的追随者将在极短的时间内占领一切市场空间。所谓百年积累、慢慢崛起在这个时代已经成为笑话。这是由新媒介兴起带来的相对时间大幅缩短、相对空间大幅缩小、社会变迁速度大幅提升导致的结果。

发现市场,进入市场,获取投资,迅速扩大企业规模,再获取投资,再扩大企业规模,这几乎已成为必然路径。传统的因特网企业普遍走过了这条路,中国的几大门户网站如新浪、搜狐、网易都是这样发展起来的,而脸谱、推特等新兴网站也走过了同样的道路。

在这种整体态势下,所有的媒介融合参与者都不应忘记资本市场。通过谨慎的操作,资本和产业融合可以让它们获取迅速扩张的资本,在短时期内占领市场,成为赢家,然后进一步在资本市场获取更高的回报。

第二节 报纸与广播的转型

一、报纸的媒介融合转型

在传统的三大媒介中,日子最不好过的算是报纸。原因很简单,电视本来就是三者中的王者,声画合一,能够给受众以视听上的巨大享受,在技术复杂性上远远超过报纸、广播。能够对电视构成威胁的网络视频是近年来网络基础设施水平大幅度提升的产物:高速宽带、大容量存储、影像设备普及。即便如此,计算机等媒介融合终端还受到可视面积、语音播放质量等多种限制。广播因其一心多用的伴随性和低成本也握有一定的筹码。而报纸在媒介融合浪潮中的地位最为尴尬。它几乎是最早也是最直接地受到网络冲击的传统媒介,网络的海量信息、自由共享、超链接、交互性等优势直接对它构成威胁。这些年来,报纸在到达率、广告额、受众质量等各方面都呈现不断下降的趋势,并且迄今还看不到尽头。

在我国,以2005年为"拐点",传统报纸进入一个抛物线般的下滑轨道。广告增长率从持续了二十年的高位跌落成个位数,与之伴随的是年轻读者的流失和发行市场的萎缩。日到达率从2001年的71.2%下降到2009年的64.9%;更糟的是受众结构的变化,2005年至2009年,15—24岁读者的日到达率从61%下降到48%,25—34岁读者的日到达率从70.7%下降到64.7%,高学历读者所占比例从78.6%下降到71.5%。国外同样如此。2009年,美、英、日三国的报业收入分别比2004年下跌34%、22%和18%。2008年,美国普通工作日的报纸发行量下降了3.6%,周末报纸的发行量下降了4.6%。

　　就现状而言,报纸最痛苦的地方在于,随着自身赢利能力的下降,能够应对媒介融合趋势的筹码越来越少,电视业则从容得多。此外,技术问题也增加了报业参与媒介融合的难度,技术水平相对较高的电视向文字、语音内容和服务的扩展相对容易,而报纸则受困于一定的技术升级障碍。那么,报纸的媒介融合转型之路应该怎么走?

　　报业和电视业的媒介融合转型在整体上是一致的,表现为:(1)在确立一个媒介融合起点的基础上,不断调整自己的业务模式,提供适应媒介融合时代要求的内容和服务;(2)寻找到自身在媒介融合中的独特优势、精准定位,并持之以恒地推进;(3)通过资本和产业融合,整合内容、技术、渠道和市场。这些关键环节对于所有传统媒介机构的媒介融合转型来说并无不同,区别在于各自的操作细节和侧重点。

　　报纸的媒介融合转型更需要强调在资本和产业上的融合。这有几个原因。首先,报纸在视频、音频内容上进行业务扩展的难度较大,存在一定的技术门槛。其次,报业组织的赢利能力相对不足,转型中的筹码有限。再次,由于报纸被赋予了较多的宣传功能,在天然的娱乐属性上又明显弱于电视,条块分割状况远比广播电视媒体严重,政策限制更多。因此,借力打力、合纵连横就更有必要。

　　《成都商报》在这方面提供了一个比较成功的例子。早在1997年,成都商报社投资组建了成都博瑞投资有限责任公司。1999年,该公司成功收购了上市公司——四川电器,成为后者第一大股东,并在后来将其更名为博瑞传播,从而实现了借壳上市。这一举措为《成都商报》进行资本和产业融合开辟了广阔的道路。

　　2006年12月初,在成都市委支持下,成都广电和成都报业合并,成立成都传媒集团,跨越广播、电视、报纸的界限形成了一个跨媒介集团,旗下包括成都电视二套(CDTV-2)、FM 96.5调频广播、本土时尚生活类杂志《明日快一周》杂志、《汽车时尚报》、出租车视频(流媒体)以及成都全搜索网站、全国性的财经类日报《每日经济新闻》等媒体,从而形成了以《成都商报》为中心的"媒介融合试验体"。

　　融合体内各媒体以资本为主要纽带展开战略合作。它们彼此相互参股:《成都商报》、CDTV-2和成都传媒集团旗下的上市公司博瑞传播共同投资组建成都蓝海传媒股份有限公司,以完全市场化的公司管理模式进行电视节目制作和销售,探索制播分离的发展模式;《成都商报》和博瑞投资、博瑞传播共同投资组建《每日经济新闻》报社有限公司;成都传媒集团和《成都商报》共同投资组建成都全搜索股份有限公司……这样的运作模式既保证了国有控股、确保了新闻媒体的体制合法性,又增强了融合体内各媒体发展的活力。同时,相互参股使融合体内各媒体的发展休戚相关,彼此间自觉形成了相互支撑、相互扶持的发展格局,为深度融合奠定了基础。

在资源融合方面,建立融媒新闻指挥中心,实现信源共享。新闻线索同时提供给报纸、电台、电视台,报纸和电台、电视台联合策划开展推广活动。在人力资源方面,《成都商报》派记者到合作的电台、电视台,传递商报的新闻理念,电台、电视台的新人到商报接受培训,智力资源得到共享,管理层实现跨平台流动,网络、电视、报纸各自的操作模式可互相启发。

在资金方面,各方充分合作、互为支持。广告资源也得到有效整合,可以为客户打包制作立体广告投放方案,整合资源,确保广告份额。

在2009年,成都传媒集团进一步在不同形态的媒体中建立联动机制,将集团内不同形态的12家媒体根据定位,按一张报纸、一个电台频率、一个电视频道加一个网站的基本架构,结成三个"联动对子":第一组,《成都日报》、电视台新闻综合频道、电台新闻频率、成都电视台网站;第二组,《成都商报》、电视台经济资讯服务频道、电台经济频率、全搜索网站;第三组,《成都晚报》、电视台公共频道、电台交通频率、电台网站。每组搭配四种不同形态的媒体。这样设计出发点有两个:结对试行,有利于稳步推进,取得经验,也可以规避内部"大折腾",降低改革的成本;不选择在同一形态媒体间联动,则规避了同形态媒体内容"同质化"的问题。

同时,《成都商报》努力在全国范围内进行扩张,走向天津、云南、华中、江西……以合作办报的方式实现跨地区融合,打造资源共享与品牌互补的高端互动合作平台。1998年,创办了《云南信息报》(昆明),与《甘肃日报》联合创办了《西部商报》(兰州);2003年12月,与全国35家主流媒体联合组建"中国主流媒体房地产宣传联盟";2004年11月,与19家全国主流媒体共同发起并组建"全国主流媒体汽车联盟";2007年4月,与全国17家主流媒体发起成立了"中国城市第一媒体联盟"……但是,由于种种原因,这些跨地区融合成效并不十分理想。因此,集团的主要精力还是投入于在区域内实现媒介融合。

经过多年努力,《成都商报》发展为西部第一大报,它投资组建的成都博瑞投资有限责任公司也发展成为一个总资产几十个亿的涉足传媒、地产、酒店经营、药店连锁经营等多个产业领域的大型企业集团。[①]

---

① 以上内容根据《成都商报》发布的各类公开资料整理。

《成都商报》的发展进程,就是媒介融合的进程,同时是资本和产业融合的进程。通过资本和产业融合,《成都商报》突破了自身的资金和技术实力限制,在"赢家通吃"时代获取了先发制人的时间,也突破了各类媒体、行业的限制,实现了自身品牌和资源的价值最大化。虽然在打造跨区域集团方面没有能尽如人意,但这主要是由于国情的限制,并不能否认资本和产业融合在其中的必要性。

当然,资本和产业融合并不都是指以自身为核心的融合,对于大多数国内报社来说,将自身化为媒介融合集团的一部分可能是大多数情况下的选择。在这种情况下,能否以尽可能大的资本市场价值参与融合,就将是问题的关键,而能否实现价值提升又依赖于能否适应媒介融合时代的要求,这构成了一种有趣而又现实的悖论。

寻找和发挥报纸的独特优势,是报纸媒介融合转型需要强调的另一个方面。电视的转型往往以视频网站为突破口,这显然是报纸不能模仿的。报纸的优势和缺陷在哪里?

我们可能不得不对报纸的前景作大胆的预测。那就是,报纸目前的传统纸张形态可能难以避免消亡的命运,但这不等同于报纸将消失,而只是表明它将在一个更高级的形态上涅槃再生。报刊的无纸化将成为一种趋势,这是纸质载体的缺陷导致的:印刷、发行成本占据了报纸成本的大部分,这些都浪费了大量社会资源;纸质载体本身会带来新闻信息更新周期的限制,无法满足随时发布、随时阅读的需求;纸张的多媒体表现能力十分有限,无法提供高质量的感官享受;无法成为交互性、个性化的平台……在各类电子信息终端高度普及的情况下,纸质报纸的消亡是难以避免的。

但是,内容原创能力和资源集成能力一直是传统报纸的优势,无论哪个时代的用户都需要精炼、权威、深入的报道,在这个角度上可以说报业工作者在媒介融合时代依然有足够的发展空间,而手机报、下载型电子杂志等新平台则成为传统报刊在媒介融合时代的延续。

在目前看来,手机报可能是报纸最理想的突破点。手机在物理上具有与报纸同样的便携特性,手机视频虽然已经发展起来,但难以摆脱手机屏幕太小的限制,因此这是报纸较为理想的媒介融合舞台,可以回避其多媒体表现力差的弱点,避免了与各类新闻门户站点、各类音视频网站的正面冲突。

手机报发展的主要障碍有两个:一个是内容的高度同质化,另一个是三家分账问题。

大量传统媒体对手机报趋之若鹜,但是对文本内容却缺乏有效的统筹规划,再加上手机报本身没有独立的新闻采编权,因此当前的绝大多数手机报都只是

第四章 媒介融合时代的传统媒介转型

传统媒体的翻版或者综合浓缩版,内容缺乏原创性和同质化倾向成为市场繁荣表象下最大的病灶。全国手机报的定位都大致相同,除了少数提供财经证券信息的之外,几乎都是综合新闻,传统报业中的同质化问题被变本加厉地植入到手机报运营过程中来,如此雷同的信息自然无法满足读者的个性化需求。① 媒介融合时代是分众化的时代,但分众化需要以庞大的用户群作为基础,如果整体用户群也不过寥寥数万人,分割后的受众群体人数将会更少。这样一来,手机报的成本增加,收益减少,吸引广告、推销增值服务的目的也难以达到,长期运营必然受到遏制。同时,分众化对手机报采编人员提出了更高的要求,必然需要更专业的编辑人员,这就需要大笔的经费投入。因此,手机报领域很可能最终也将呈现出某种赢家通吃的市场格局,这是媒介融合时代共有的残酷性。

在目前手机报的运营模式中,手机报产业链价值必须通过内容提供商、电信运营商与技术服务商三方机构的合作来实现。传统报纸负责新闻内容的采编工作,技术服务商则负责信息的数字化处理,最后处理好的信息成品由电信运营商通过无线通信技术平台发送给终端手机用户。这也是一种媒介融合时代采编和发行脱节的新运营方式,其中电信运营商在整个过程中占有绝对主导地位,它和技术服务商分得大部分的收益,而报纸所能得到的收益很少。这是传统媒体渠道控制权消解、成为单纯的内容提供商后的必然结果,网络视频发展到一定程度,电视台也将步此后尘。就目前的发展形势而言,报纸的内容资源只能成为网络运营商的附属物,这很可能会产生恶性循环:首先,三家分利造成手机报价格居高不下,几元的包月费用或流量费相对于几毛钱一份的报纸和免费浏览的新闻网站而言,并无价格优势,手机报的数量扩张无疑会导致更惨烈的竞争;其次,在利益瓜分过程中,承担着手机报内容生产重任的媒体却处于绝对弱势地位,低收益分配比例无法激起采编方提高新闻内容品质、拓展个性化服务的热情,从而难以办出特色。②

因此,手机报不好办,但不办手机报更不好办。也可以换个表达方式,媒介融合转型难,但不转型更难。

报业的无纸化还只是远景,走得太快、脱离市场从来都没有好结果,前瞻性和脚踏实地都不可或缺。在当下仍然以纸张作为报纸载体的时期,也有一些基本的变革原则。

首先需要强调内部改造以提供适应媒介融合时代要求的内容和服务。当

---

① 蔡骐:《手机报的盈利模式与发展瓶颈》,载《传媒观察》2010 年第 10 期,第 14 页。
② 同上注,第 15 页。

下，报业要加快利用媒介融合技术改造传统的报业生产流程、经营管理模式以及传播手段，建设集新闻采编、组版、报纸发行、广告销售、企业管理以及公众信息服务于一体的工作及信息服务平台，建构数字化、网络化、一体化的新型报纸出版形态和运营环境。

新闻生产可以向现场发稿，转变滚动发稿的方式，打破原有的出版周期限制，改变以往记者采访后几小时才发稿的做法，在第一时间向受众提供准确信息。现在很多报纸都通过网站、手机报对当日新闻进行追踪报道，或发布次日报纸新闻的提要，使读者及时获得最新信息。一些报纸还推出了"短信评报系统"，或在网上开设"博客"，收集读者的反馈或报料等。这些都增强了报纸内容产品的时效性、互动性，顺应了媒介融合的要求。

与在电视业出现的情形一样，报纸与受众的关系需要重新定义，读者变成了"用户"。过去报社是按照自己的编辑方针来决定报纸内容，而读者只能被动接受。在媒介融合时代，用户在接收信息时的主动性、参与性、互动性以及个性变得越来越强。报业工作者需要从"传者本位"向"用户本位"转变，需要提供定位更加精确、细分的内容以满足用户的个性化需求，需要努力获取反馈，对正式和非正式内容生产投入同样的热情，组织和引导用户的消费过程。

传统的职业和技能分工格局也将被打破，新闻工作者们需要形成一个个全能团队，每个团队都应具备文字、摄影、摄像等各种技能，可以打破线性的、单一的新闻传播模式，针对各种终端平台制作、发布内容。

报业机构应努力让原来仅适合于报纸版面的内容衍生为多种传播形态，使其通过报纸、网站、手机、户外媒体、PDA（个人数字助理）等多种介质发布，让单一产品向多媒体产品延伸，以不同的终端对各个细分市场进行更加细密的覆盖，实现信息的反复增值，并在这一过程中慢慢实现工作重心从纸质载体向多种载体的转移。

二、广播的媒介融合转型

人们不太容易直观地感受到广播电台在媒介融合浪潮中变革的必要性。这首先是因为广播具有独特的物理优势——伴随性和移动性，这使人们在听广播时可以一心二用，如一边开车一边听广播。其次，它更能适应细分化市场的需要，广播台的建设和维护成本低廉，小规模的听众数量就可以维持一个广播台的运转。这些特点使广播在传统媒介中具有某种特殊的天然壁垒，广播依靠这一特性逃过了电视的冲击，在媒介融合时代也占有一定的优势。

市场数据也证明了这一点。赛立信公司2010年6月发布的《中央人民广播电台、华夏之声珠三角及港澳地区广播收听市场研究报告》显示,传统广播依然是听众收听广播的主要终端,占49.8%,而MP3、手机等也是听众收听广播的重要终端,合计达60%,通过电脑网络收听广播的不足10%。央视索福瑞媒介研究机构对2010年全国100多个城市收听市场的研究同样显示:收音机仍然是最普遍的选择终端,达到45%左右;一线城市的车载收听比例将近三分之一,使用手机收听的比例,一线城市和四线城市均超过了10%;使用互联网收听广播的情况处于较低水平,选择比例不足1%。在以上所述收听终端中,收音机毫无疑问是传统的广播收听终端,而车载广播、MP3、手机等移动终端也都具有接收调频广播的功能,目前基本上都在非网络环境下使用,无疑也都应归类为传统的广播收听终端。显然,传统广播的收听方式仍为广大受众所青睐。

可以说,广播是不能暴富却能维持小康的典型。但是,这不等于广播就能高枕无忧。在媒介融合浪潮中,广播业的生态变化也是明显的。这包括以下几个方面。

首先,渠道垄断消解。如同传统电视台在终端限制和渠道垄断消失后回归应有的本质——视频内容提供者,广播台也不得不面对同样的现实,接受自身作为普通的音频内容提供者的地位。过去,虽然建立广播台成本比较低,但仍然需要一定的资金、人才、技术设备和官方许可,但在今天,几乎任何网民都能在网上提供自己的音频服务,既可以是类似广播台按时间序列线性播出的节目,也可以是各种音频的下载、播放服务,更不用说商业站点。虽然今天的广播收听者主要仍然依靠传统的广播收听终端,但是那些"一边上网一边收听"的用户的流失却难以避免。真正的危机会在不太遥远的将来到来,无线3G使用成本下降到一定地步、速率持续提升后,通过移动网络终端直接上网获取音频资源就成为大多数用户的必然选择,所有的网络音频服务提供者,包括那些音乐下载站等,都会成为广播台的强劲对手。

其次,听众转化为音频用户。目前,广播事实上已变为多种音频媒体中的一种,无论是手机、MP3、听网络音频时的电脑,还是卫星广播和其他广播形态,它们都是通过音频传播信息的不同终端,并且种类越来越多,相互之间的界限也渐渐模糊,这些都导致相当一部分传统广播用户的分化和转移。年轻人通过电脑、手机、MP3等收听各类音频,却很少去听广播,而这其实是潜在用户的流失。幸运的是,与其他传统媒介相比广播是最容易数字化的,因为成本非常低,同时声音和音乐本来就是同质化的,搞广播就是靠声音、音乐,所以广播台的节目可以非常便捷地在不同的新终端之间相互移动,既可以在AM和FM里面听,也可以在手机、互联网上听,下载到MP3、MP4上听,或者依靠其他的音频终端收听。

再次,音频内容高度多样化、个性化和交互化。传统广播本身已经高度细分了,但在媒介融合时代则更进一步。以提供在线和下载收听服务的博客广播为例,稍微关注一下就能发现下载的内容中音乐只有一小部分,几乎没有新闻,各种各样个人化的、定制式的内容占据大多数。同时,对于今天的用户来说,无论是音频、视频,还是文字,都倾向于随时获得自己想要的内容,拒绝线性播放、你播我听的模式。因此,对于广播台来说,努力创作各类优秀的音频节目,打破传统线性播放方式的限制,满足新时代音频用户的需求,都是必须强调的方向。

那么,广播台的媒介融合转型应当注意哪些方面呢?

与报社、电视台相比,网站并非广播媒介融合转型中最重要的内容。事实上,目前广播台主办的网站一般用户都不多,访问量很少,这与传统广播仍能在竞争激烈的媒介战场占有一席之地相对应,是必然的结果。即使有人喜欢一边上网一边听广播,基本上也是使用能够集成各类广播流媒体地址的软件终端,不会去专门访问某个网站。

强化内容建设永远是广播发展的第一要务,应将音频内容作为主打项目来经营。广播的融合绝不是淡化与削弱广播的物理特性,而是让更多的听众,尤其是那些追求时尚、对新媒体有着浓厚兴趣的青少年听众能从更多的渠道、用更多的方式收听广播。在目前以及今后相当长的一段时间里,中国广播将会以传统广播为主,网络广播、手机广播为辅的多元并举的发展格局向前推进。流动听众和老年听众是传统广播的两大主流受众群,媒介融合对这两个群体影响不大。针对他们的特定需求和收听特点,加强专业频率的内容建设和信息服务,是传统广播继续努力的方向。

近年来私家车保有量大幅攀升,城市交通拥堵状况日益加剧,广播具有的移动性和伴随性的物理特性使得驾驶和乘坐机动车的"流动听众"群不断壮大,他们收听广播的频率更密、时间更长、忠诚度更高。"流动听众"对路况信息、新闻资讯有较多需求,打造特色节目显得尤为重要。我国社会老龄化趋势日益明显,老年群体受到越来越多的关注,而他们也是广播的最大受众群体。受文化水平、接受能力、经济条件、作息习惯等因素限制,网络、手机等新媒体对老年受众分化力不强。针对老年听众群体的生理心理特点,传统广播的生活服务、养生保健、休闲娱乐、心灵慰藉类节目应得到重视。

广播台网站的访问量有限不等于不需要发展网络广播,随着移动网络终端或者说移动媒介融合终端的发展,网络广播的地位将不断提升。网络广播节目可在网上长久留存,便于听众选择收听和重复收听,弥补了传统广播线性传播、转瞬即逝的缺陷。网络广播的用户以年轻群体为主,他们不习惯同步被动式的"接收",而喜欢异步主动式的"选择",要求有"在线收听"或"下载收听"等多种选项。因此,网络广播的内容设置必须契合年轻群体的生活特点和心理需求,以新闻资讯、生活服务、时尚前沿、休闲娱乐类节目为主,这样才能满足用户更加多样的信息需求和日益细分的个性需求。

手机作为未来主流移动融合终端的地位已经清晰可见,它也将会是大多数人唯一的"全天候终端"。当前,手机广播主要是通过手机中内置的 FM 广播调谐器直接收听电台广播节目。未来通过 3G 网络,用上网手机实时收听或点播网络广播节目将取代目前的收音机收听模式,成为主流的广播收听方式。

这些都是广播转型过程中进行业务模式革新,提供符合媒介融合时代要求的内容、服务所要做的工作。在资本和产业融合方面,由于广播台大多已经融入了广电集团,专门讨论广播转型的必要性有所削弱,但依然有问题,那就是需要设法在业务流程和组织机构方面进行变革,真正实现"融合"。

大多数广电集团的广播台依然是一个独立的分支,这是传统业务流程和组织结构的延续。传统上习惯于按内容类型和媒介类型来划分组织结构,如电台设有新闻中心、文艺中心、社教中心等,有了手机就办一个手机中心,有了互联网就办一个互联网中心。这种做法无法真正协调资源,恰当的做法是按业务流程和流程当中的某些要素重新架构。对大多数媒介机构来说,可能应按照制作、播出、流通这三个主流业务流程重新架构自己内部的组织机构:制作中心负责内容生产,可以再按照情况划分新闻和非新闻分支,然后由渠道中心来负责内容的编排、设计、选择和分发,最后是整合营销中心。以 BBC 为例,曾经有广播、电视、网络三个新闻部,现在将三个部门的功能重组为两个部门:一个是多媒体新闻部,负责新闻类节目;一个是多媒体节目部,负责专稿类新闻节目,如新闻调查等。这样的整合形成了新的编辑结构,提高了工作效率,节约了资源,并且为内容产品延伸提供了更好的条件。

不仅对于广播台,对于所有传统媒介来说,进行业务流程再造和组织机构重构,都是媒介融合转型中的必要环节。

本章讨论

面对媒介融合浪潮中的传统媒介转型,未来哪些工作职位将被淘汰,哪些职位将会兴起,我们应如何应对?

 对话与思考

1. 为什么讨论传统媒介机构的媒介融合转型既困难又必需?
2. 传统媒介机构的内容和服务如何适应媒介融合时代的需求?
3. 传统媒介机构为什么要不断变革观念、自我调整?
4. 资本和产业对转型有什么重要意义?
5. 报纸和广播在媒介融合转型中的侧重点分别是什么?

第五章
媒介融合时代的信息生产

无论媒介产业的格局如何变化,媒介永远是信息的载体,在媒介融合时代也不会例外。但是,信息的生产却因媒介融合而发生了巨大的变化。这些变化体现在以下具体问题中:在媒介融合时代,信息生产的主体是谁?信息生产的特点是什么?传统媒体在向媒介融合转型过程中信息生产流程发生了哪些改变?媒介融合时代信息生产的流程为何?这里要解决的是媒介融合时代"谁生产信息"、信息生产活动的特点以及新的信息生产机制和流程等问题。这正是本章的主题。

> **本章要点**
>
> 在媒介融合时代,信息生产主体发生了转变,信息生产走向多元化,传播者的职能也走向多元化。面对这一转变,传统媒体的工作者应提升各项能力来应对。信息生产方式的转变集中体现为传媒报业数字化、电视行业网络化以及新闻编辑流程的转变。每一种转变都有其独特的背景和发展现状,并渗透到内容生产流程等各方面。如新闻编辑流程的转变,就可分为前期编辑、中期编辑、后期编辑三个层次。同时我们也可以引入内容产业这一概念来分析这个问题,将新闻内容生产划分出多个细分市场,如内容提供市场、内容集成市场、内容传输市场、内容服务和管理市场、内容接受市场等。在这些环节中,相关企业和组织既相互竞争又相互合作,共同构成了新的信息生产图景。

第一节 媒介融合时代信息生产的主体

媒介融合时代的信息生产相比传统媒体时代的信息生产的一个显见的不同,就是信息生产主体的转变。这种转变可以用两个"多元化"来概括:一是信息生产主体多元化,即无论是专业机构还是业余用户都能够成为信息的生产主体;二是传播者职能多元化,即传播者不仅仅是把关人、信息的制作者,同时还要成为主持人、推销员。媒介融合时代传播者职能的多元化又使得信息生产主体的工作方式、职业特征、思维特性都要相应地发生变化,以适应这一时代的需要。

一、生产主体多元化:专业机构和业余用户都能成为信息的生产主体

在传统的大众媒介垄断新闻传播的时代,为新闻媒介提供信息的主要是政府机构、社会团体和企业组织,承担采集与发布新闻信息这一任务的主要是专业传播机构的工作人员,包括记者、编辑等职业新闻工作者及作为"准新闻工作者"的新闻通讯员。媒体的产品生产是单边的,也就是说,它仅仅依赖于媒体这一边的力量。但在媒介融合时代,新闻信源结构与新闻传播主体发生变化,信息的生产者更加多元化。手机媒体、网络媒体等新媒体的出现,使普通公民获得了从未有过的参与新闻传播的能力,他们借助手机、博客、播客、BBS等,发布新闻、表达观点,无论是专业传播机构的工作人员还是"业余"的用户(包括网民、机民等)都能够在融合媒介上发布信息或展现自己制作的内容,开创了媒体产品生产的"双边"时代。

在全世界范围内,受众在重大突发事件现场发布的新闻一次次产生了全球性的轰动效应,从东南亚海啸到英国伦敦地铁爆炸事件,第一时间发出的现场新闻报道都出自普通民众而非职业记者。虽然专业媒介机构在新闻传播中依然占据主导地位,但不能否认的是,只有把用户那一端的力量激发出来,双边共同生产,两者之间有效互动,才能够更好地实现媒体产品的多样性及个性化。开拓网络、手机等新媒体,更重要的意义在于调动受众的积极性,为他们参与媒体的产品生产提供途径。在媒介融合时代,媒体面对的不再是传统意义上的仅仅具有选择或不选择权利的受众,而是全新的、具有强烈参与感和积极发言权的"用户",受众逐步演化成为传播的主体之一。与此同时,专业传播机构的信息生产者在职能方面也与传统媒体时代有了很大的不同。

媒介融合,尤其是网络媒体的冲击,令"传—受"关系变为"传—传"关系。受众潜藏的传播能力,被自由、共享、无边界的互联网最大限度地激发出来。传播对象从被动的"受众"转变为积极的"用户"、信息发布者。

受众成为信息生产的主体主要有以下表现:

1. 通过即时反馈,与传播者、其他受众互动,反馈信息与原信息一起形成新的信息

中国互联网络信息中心2013年7月发布的《第32次中国互联网络发展状

况统计报告》显示:截至2013年6月底,我国网民规模达5.91亿,互联网普及率为44.1%,而在2013年上半年的新增网民中70.0%使用手机上网。① 新的媒介技术使传播者和受众的身份不再固定或明确,传播和接收信息几乎可以同时完成,每个人都是传者,每个人也都是受众。

同时,在媒介融合背景下,受众所享有的媒介权力之一就是对信息的评论,他们通过评论表达对信息的不同理解。在传统媒介领域,受众对媒介所发布的信息无论是赞同还是反对大多是不可见的,即使有反馈也要经过一定的时滞才能反映出来,处于明显的弱势地位。而在互联网上,我们时常可以看到对媒体信息的质疑、否定乃至抨击。如2012年发生在湖南永州的"上访妈妈"被劳教事件,在媒体及相关机构发布信息之后,网友们的评论不仅表达了自己的意见,也引发了其他接受信息者的新的思考,同时促进了媒体及相关机构对事件的态度转变。也就是说,受众不再只是纯粹意义上的信息接收者,他们能动地接收信息,同时传播自己的意见。传播技术使受众接触的信息面大大扩充,他们接收信息时,开始有选择,有目的,以更好地满足自身的需要。这种互动性赋予人们在传播过程中进行角色转换的自由。受众不再是被动地接收信息,而是主动地掌握和控制信息,参与信息的传播。在新的传播时代,人们接收信息是能动的,比如通过搜索引擎获取信息。如丹尼斯·麦奎尔的"咨询模式"所描绘的,在这一模式中,接收者决定他们所需要的信息内容和信息接收时机,并且从媒介所提供的范围广泛的信息和文化内容中去寻找和选择。②

2. 通过"自媒体"发布信息

当今,媒体的传播正进入一个"自媒体"时代。中国互联网络信息中心截止到2013年6月底的调查表明,我国博客和个人空间网民数量为4.01亿,网民中博客和个人空间的使用率为68.0%。③ 博客只是"自媒体"中运用或认知度比较高的一种,除了博客之外,任何草根平民都可以通过个人空间、BBS、微博、播客、网络相册等平台书写日志,上传照片、DV,记录生活中的所见所闻所感。甚至在IPTV中,只要掌握了相关的基本操作技术,任何一个用户都可以让自己的接收终端成为一个小型的IPTV发送装置,向他人传播自己的节目。如果觉得有必要,用户可以把那些属于自己的个人化信息集中起来,编辑属于自己的个人电视频道。从这个意义上讲,"受众"这一特定概念已经失去了其本来意义。

---

① 中国互联网络信息中心:《第32次中国互联网络发展状况统计报告》,2013年7月,第5页。
② 〔英〕丹尼斯·麦奎尔:《受众分析》,刘燕南等译,中国人民大学出版社2006年版,第157页。
③ 中国互联网络信息中心:《第32次中国互联网络发展状况统计报告》,2013年7月,第35页。

手机、互联网、互动电视等新的融合媒介不仅为公众提供了自主选择所需信息的数字化平台，更提供了一个让受众参与信息传播的公共平台。传播新技术极大地丰富了社会传播的路径，为普通公众提供了可以接近的信息传播渠道。在以新的传播技术为核心的媒体中，媒体不再是垄断的产物，而是人人都触手可及的手段。这些新的传播手段的即时性、互动性、连通性等特征，不仅可以使一则信息瞬间便实现全球发布，也可以使某种民意瞬间广为人知。过去，电视是电视台的专用媒介，现在DV成为把用影像表达自己的权力从少数垄断者手中归还给大众的一把利器。这也印证了梅罗维茨提出的"传播媒介越是倾向于融合信息世界，媒介就越会鼓励平等的交往形式"①。

　　3. 通过主动提供意见影响内容的制作者，或主动设置议题发表对公共事务的意见

　　受众可以向制作者提供意见，让制作者按自己的意见进行内容制作。受众的意见即使在传统媒体时代也是受到极大重视的，但从没有像今天这样可以那么直接、那么效果显著。如在IPTV的传播中，IPTV不仅能够让用户在观看节目时有更多自主的权利，而且能让用户决定节目的内容。"比如在一个电视剧中，用户看了前面的节目，对剧情的发展、人物的命运有自己的预期，那么，他们便可以将自己的观点告诉节目的制作者，制作者可以根据用户的意见调节后期节目的制作。制作者也可以推出多种情节，让用户自己选择剧情，甚至让用户对节目进行二次编辑加工。"②

　　受众也可以主动设置议题，发表对公共事务的意见。大众传播中的"沉默的螺旋理论"说明，传媒揭示或强调的即使是少数人所持有的或不公正的意见，也会被人们当作"多数意见"来认知，其结果是形成"沉默的螺旋"。新媒体则打破了这一传播定律，在网络上建立起公共交流平台，使各种各样的意见有了表达机会和场所。信息的全球化传播，使网民参与各种议题的空间大大拓展，网民除了可以参与对议题的讨论还可以主动设置议题，发表对公共事务的意见。除了公共议题之外，网民还讨论具有贴近性、反常性或趣味性的议题，丰富和扩大了议题的范围。公众通过发布有价值的见解或独特话题，很容易获得关注，获得多方反馈，并由此形成多元化的舆论氛围。这样必定会吸引更多的受众发表看法，而受众的声音最终会形成一股强大的社会舆论，直接影响政府的决策，影响媒体

---

　　① ［美］约书亚·梅罗维茨：《消失的地域：电子媒介对社会行为的影响》，肖志军译，清华大学出版社2002年版，第61页。
　　② 田智辉：《新媒体传播——基于用户制作内容的研究》，中国传媒大学出版社2008年版，第106页。

的发展方向乃至生存。

随着我国互联网的发展,网络在促进网民关注和参与社会活动方面发挥着越来越重要的作用。尤其是近年来微博用户爆发式增长,网民对社交网站青睐有加,越来越多的应用性工具帮助网民发挥了日益增强的能动作用。"微博从满足人们弱关系的社交需求上逐步演变成为大众化的舆论平台。"[①]随着公众对于主流媒介的依赖性减弱,过去因大量公众汇聚所产生的主流媒介的社会联系、协调、动员功能也在衰减,博客、播客、微博等新的媒介形式都为不同意见和声音的传达与交流提供了机会。在媒体融合时代,新媒体的双向互动、平等参与的特点,以及博客、微博等的发展,在一定程度上体现了对业余用户成为传播主体的肯定与尊重。

二、传播者职能多元化:从把关人、信息制作者到服务者、社区主持人、推销员

传统媒体在进入新媒体产业后,赫然发现原本封闭的内容生产、发行链条中多了新的合作者——内容集成商、网络运营商、增值服务提供商等,新媒体时代可以扮演传播者角色的机构和组织大大多于传统媒体时代。媒体的相互融合带来资源配置与内容的重整。当传统媒体实现数字化,变为多媒体集团中的一分子,并且这一集团又是以媒介互动与融合为运行规则的时候,传播者显然不再只是过去人们熟悉的"把关人"了。新的传播平台一方面在调整甚至削减他们固有的权力,另一方面又在赋予他们新的职责和能量。在数字化时代,客观上要求传播者做好三个转变[②]。

1. 从单纯的"新闻编制者"转向全方位的"服务提供者"

在媒介融合的背景下,传媒产业已经进入以终端为掌控、以数字化为平台、以提供个性化服务为目标的阶段。在这里需要注意的是,要实现以"提供个性化服务"为目标,就必须建设媒体自己的客户数据库。这个客户数据库不是邮寄地址,而是对客户的描绘,如身份、爱好、消费习惯等。传统媒体很少能够拿出自己的客户数据库,但对于网络、手机、互动电视等新媒体来说,客户数据库的建设已经比较成熟了。比如,一个网站可以拿出某一注册用户检索信息的数据,软件可以分析出该用户经常搜索哪一类关键词、经常关注哪一类信息、对哪一类行业甚至是哪一类产品感兴趣。有了对客户需求的深度分析,就可以有针对性地提供服务,这是媒介融合时代媒体从业人员面临的一大转变。

---

① 中国互联网络信息中心:《第32次中国互联网络发展状况统计报告》,2013年7月,第36页。
② 周兆华:《数字化时代新闻编辑的角色定位》,载《现代视听》2007年第10期,第31页。

不仅是手机、网络、互动电视等新媒体在由"提供信息"向"提供信息和服务"转变,传统的纸媒也在努力实现这样的转型。如天津报业提出以客户为中心,就是想把读者真正变成客户,变成数字化的客户。从这一思路出发,他们借助数字化的力量,为客户提供服务。"集团自办发行,自己控制发行公司,有近90万长期订户。这种用户优势跟现金流优势一样,是媒体的重要资源。集团在有了这个优势之后,开始对其进行数字化概念改造。比如,某个人的爱好、身体状况、家庭状况等相关情况都在掌握之中,可提前为客户做好软件。客户只要每年给集团一定金额,便可以消费任何报纸和任何其他增值服务,甚至可以透支,集团还可以返给客户利息。通过这样的手段,集团不断掌握终端,细分读者。这是集团从数字终端改造进入数字报业的建设的重要举措。"①

媒介的融合发展使得以数字与网络技术为基础的传播渠道与信息载体剧增,所有传媒组织都能够实现程度不同的资源共享和协同动作,共同打造产品链以实现内容增值,并延伸媒介产品的生命周期,实现效益最大化。在这样一个时代背景下,媒体人不能只满足于制作信息的角色,还要根据客户数据库提供的客户信息,对新闻信息资源进行深度开发;通过对新闻与信息的整合,提升内容产品的品质和价值,使新闻与信息传播进一步延伸到知识与服务领域。

2. 从"新闻把关人"转向"新闻解析者"

在媒介融合时代,新闻编辑需要更多地承担对新闻进行解释和评析的任务,而不是简单地决定报什么不报什么。技术发展促使新闻传播方式正在从传统媒介主导的单向式变为专业媒介机构与普通公民共同参与的分享式、互动式,大众传播与人际传播更加紧密地结合与汇流。这种新格局一方面造成新闻信息供给过剩,另一方面也促成人们对专业媒体组织整合、诠释信息的更多依赖。新闻编辑的任务就是要根据受众千差万别的需要,提供内容产品和信息服务。编辑要知道受众需要什么,并且知道如何从多媒体数据库中提取原始新闻素材和资料,把它们加工成"适销对路"的新闻产品,并通过最恰当的渠道发布到受众那里。在这个新闻生产过程中,记者只是原始新闻素材的采集者,编辑要负责对最终产品进行设计、加工和制作。从这个意义上说,编辑工作的重点已经从对新闻能不能发和怎样发的"把关"转向了对新闻、信息和知识等多层面内容进行嫁接和整合的"解析"。

3. 从"信息制作者"转向"社区主持人""推销员"

以数字化为基础的媒体融合拓展了内容传输的渠道,使媒介的内容传输能

---

① 霍静:《报业:怎样在数字化趋势下寻求突破》,载《中国记者》2008年第2期,第75页。

力空前膨胀,因而对内容的海量需求成为融合媒体时代的重要特征之一;市场细分加剧,新节目形态被不断开发,以满足各细分市场的多元需求。媒体融合领域又平添了网络、手机以及个人数字助理等新的平台。从家庭到办公场所,甚至移动状态,媒介渗透于人们生活中的所有时间和空间,受众从来没有面对过如此之多的媒介选择。对受众而言,面对数量惊人、令人眼花缭乱的媒介,要想做出自己的选择也着实需要费一番精力。同时,对于信息制作者来讲,每个新的内容都面临着被淹没在浩如烟海的信息中的危险。在这个背景下,吸引核心受众、进行内容营销的重要性空前凸显。

由于传播的发展和互动的需要,受众逐步从被动走向主动,越来越多的受众通过反馈和参与建立了紧密的联系,并通过互动形成了一定的文化认同,受众的"同质化"特征逐步显现,最终形成了一个以媒介为中心的具有相同兴趣和爱好的"精神共同体——媒介社区"。① 如杭州日报报业集团旗下的19楼(www.19lou.com)是中国最大的城市生活社区网站。经过多年发展,19楼已成长为中国三大论坛之一,中国十大媒体网站之一。截至2013年6月,19楼拥有3576万注册用户。2013年6月,19楼被评为2012年度现代服务先进企业。②

在新媒介不断出现之后,新闻信源也随之发生了结构性的变化,来自普通民众的新闻和言论在新闻传播中占据越来越大的比重。在这场变革中,专业新闻媒体如果不能把自己改造成公众交流的平台,就将失去受众、失去市场。因此,新闻从业者必须从幕后走到前台,成为社会公众的对话者和新闻论坛的主持人,并将公众意见纳入新闻传播内容的范畴。

以"19楼空间"为例。首先,从论坛的互动情况来看,在19楼(19个区域论坛)中,位列前五位的楼层主要内容涉及家庭投资、教育和休闲。19楼的论坛框架是由媒体搭建的,但论坛中的议题及其讨论进程甚至版规、版主都是由用户决定的。互动频率的高低可以反映用户对议题的关注程度,在动态的互动过程中,用户之间实现了情感交流和意义建构。其次,从论坛策划的活动来看,"19楼空间"利用网络这个平台策划了一系列活动,也就是"线上交流线下活动"。这样一种以共同兴趣或共同目的以及活动的形式为基础的互动方式,更深层地建构了社区,使得虚拟社区回归现实(包括语言的和非语言的)。同时,作为活动平

---

① 罗自文:《新型"村落"的崛起:媒介社区的内涵与本质》,载《国际新闻界》2011年第10期,第34页。

② 《杭州十九楼网络股份有限公司简介》,http://support.19lou.com/forum-4-thread-191401335409939594-1-1.html。

台的提供者,"19楼空间"在聚集了人气的同时,也获得了赢利的可能性。①

现在已经有越来越多的传统媒体在网络媒体上开设了互动专栏,从中获取信息和线索,主持有关各类新闻议题的讨论,这也正是媒体人在媒介融合时代新的职责所在。与此同时,在传播机构中,内容营销正在发挥决定性的作用,"正是这些促销和市场营销领域的专业人员在创造着受众,而这些受众则推动着全球化这台机器的正常运转。不管是自我促销(On-Air-Promotion)、在线促销(Online Promotion)、广告(Advertising)、捆绑广告(Commercial Tie-in),还是竞赛与游戏(Contesting and Games)、商品促销(Merchandising)和公共关系(Public Relations)等手段,如今的商家必须找到一种能够吸引人的全新方式把受众拉回到屏幕前——不管这个屏幕是数字或模拟的电视设备,还是个人电脑或者个人数字助理"②。这也意味着传播者必须越来越多地担负起"推销员"的职责。

三、记者、编辑的工作方式实现转变

传媒技术的发展所带来的变革,使记者、编辑的工作方式等也发生相应转变,以适应媒介融合时代的要求。

1. 媒介融合时代的信息采集与发布要求全天候与全媒体

第一,媒体要处于全天候的进行时态。传统报纸以发行周期为信息采集的时间单元,如超过截稿时间,再重要的信息通常也只能等到第二天发稿。而在融合时代,新闻成为一种一天24个小时不停运转的业务,以滚动式和即时性为主要特点,可以在网络及手机报等没有严格时间限制的多信息平台上不间断地报道新闻事件的发生与进展。我们来看看芝加哥论坛的网站。从每天上午6点开始,网站的内容既包括该网站前一天晚上的内容,也包括打上时间戳和更新标志及时推出的内容。该网站的编辑 Ben Estse 说,他们想要读者看到的网页是新鲜的,内容也随着一天内时间的不同而不同。他说,"人们上午9点看到的新闻与当天下午3点看到的有很大的不同"③。

第二,要实现全媒体化的采集与发布,即注重多媒体内容(但清晰的写作仍然是记者的基本任务)。传统纸质媒体以文字和图片这两种信息传播形式为

---

① 吕玥:《从"19楼空间"谈媒介融合的新模式——通过社会互动理论的视角》,载《东南传播》2009年第5期,第43页。
② 〔美〕苏珊·伊斯曼:《媒介COO——广播·电视·网络运营实务》,华夏出版社2004年版,第2页。
③ 〔澳〕Stephen Quinn、〔美〕Vincent F. Filak:《媒介融合——跨媒体的写作与制作》,任锦鸾译,人民邮电出版社2009年版,第183页。

主,而媒介融合时代的新媒体传播要求集文字、图片、音频、视频于一体,记者不仅可以写作、拍摄,还要能够熟练地运用相关的软件整合不同的信息形式并发布到不同的平台。

全天候、全媒体化的内容生产使得媒体融合时代对媒体人的要求也与传统媒体时代有了很大的不同。在媒介融合的情况下,传统媒介从业人员与新兴媒介从业人员的界限将会被突破,编辑或者记者的身份将会被淡化,因为融媒从业人员将同时具备多项技能、扮演多种角色。例如,从事报纸文字报道的编辑也可以编辑为电视新闻播音员提供的稿件;从事网页制作的人员也可以为报纸编辑提供三维图像;从事网站视频工作的人员也可以为电视台提供视频报道等。而工作方式的大融合,离不开对信息化技术、网络平台、多媒体转换等现代化技术的应用和依赖,为此要求媒体人必须具有与此相关的各种能力。这些能力包括:"信息检索能力,即能熟练地利用各种搜索引擎查找到策划及编辑加工所需的资料;计算机操作能力,即能利用计算机处理素材,并加工成媒介传播所需的成品;多媒介转换能力,即能将一种媒介的成品熟练地转换成另一种媒介所需的文件格式,为另一种媒介的产品生产创造条件。"[1]

美国密苏里大学新闻学院副院长布莱恩·布鲁克斯教授说,"关于未来的新闻工作,我们有一种大胆的设想——媒体将大规模合并与联合。记者必须跨平台承担不同媒体交给的工作。98%的工作将和今天要做的极大不同。媒体将穿越不同的形式,打破藩篱,创造出媒体融合的新平台"。他曾举例说:"我去了堪萨斯一家重要报纸,他们说希望能招聘到能够报道SUPER BOWL体育盛会和美式足球的记者,给报纸写个故事,再给网络写个不同的故事,还能为网络做一些视频、音频节目。我们从没有训练过这样的学生,因为我们总是培养报纸记者、杂志记者,现在需要培养跨媒体的记者了。我们要开设一个将各种媒体融合在一起的新方向来培养这样的人才。"[2]

如今,新闻或传媒学院将训练学生从适应单一媒体向适应平面、广播、电视、网络等一切领域转变。这不仅仅是美国媒体的新需求,也是全世界的媒体在融合形势下对传媒人才的新需求。

但是,并不是说全能记者哪一样都要精通,只要对一样多媒体报道精通,其他的基本了解就可以。美国密苏里大学新闻学院未来传播技术中心负责人麦金

---

[1] 刘玉清:《媒介融合中的编辑流程再造与编辑能力要求》,载《中国编辑》2009年第4期,第23页。

[2] 摘自美国密苏里大学新闻学院副院长布莱恩·布鲁克斯2006年6月在中国人民大学新闻学院的讲座录音。参见高钢、陈绚:《关于媒体融合的几点思索》,载《国际新闻界》2006年第9期,第51页。

表示,该学院媒介融合专业的学生在前三年接触的都是跨媒体技能和经验的培训,他们学习理论知识,在不同的媒体平台获得经验,在第四年的时候,会决定自己发展的方向。"我们的学生也不可能是多媒体报道的天才,必然有自己精通的一个平台,剩下的就是要学会合作,这在多媒体报道中是最关键的一环。"①

2. 媒介融合时代的编辑要增强报道策划能力和素材控制能力②

(1) 增强报道策划能力。

随着媒介之间的融合和编辑流程的变革,媒介对编辑人员的报道策划能力提出了更高的要求。编辑接受一项任务以后,需要对传播内容进行筹划、组织报道,寻求多媒介传播效果的最大化。在媒介融合的环境中,编辑不仅要针对某一报道制定"报道策划书",还需要分解任务制作"子任务书"。因此,编辑需要具备非同一般的多媒体策划理念和能力,这样才能使成品的社会效益和经济效益远远超出单一媒介的成品。编辑设计"报道策划书"时,首先必须考虑报道在多媒体上运作的可能性,要具有综合策划的能力。如策划图书的选题时,要考虑将其转化成光盘等封装电子出版物以及 E-BOOK 等数字化网络出版物,还可以考虑制作成 MP4,以及利用电讯系统发布、通过手机接收阅览的手机出版物。编辑人员要熟悉各类媒介的成品及其运作要求,具有策划和设计"一次内容生产,多种媒介发布"的能力。

(2) 增强素材控制能力。

数字时代的素材采集与加工难度加大了。由于素材资源的分布面更广,素材数量大为增多且传播价值参差不齐,加上多种媒介的产品对素材资源有着各自不同的要求,因此要求编辑必须有很强的素材资源控制能力。在融媒工作平台上,编辑面对的素材可能有媒介记者采集的稿件、作者为投稿发来的电子邮件、网民发来的信息、受众通过短信平台发来的短信以及公众打来的电话等等。编辑处于这种多渠道信源的环境中,就必须具备超凡的素材资源控制能力。这种能力包括:素材资源开发能力,即善于从海量的素材资源中选取有价值的资源进行有效开发,将其转化成受消费者欢迎的媒介产品;素材资源质量把关能力,即能对素材质量进行准确鉴别,以确保拟开发成品的质量;素材资源有效转化能力,即能组织有关人员将素材资源按照各类媒介的要求加工成适宜的作品。

---

① 王丽萍:《媒介融合:传媒与受众的全新对话平台》,载《中国传媒科技》2009 年第 8 期,第 42 页。
② 刘玉清:《媒介融合中的编辑流程再造与编辑能力要求》,载《中国编辑》2009 年第 4 期,第 23 页。

第二节　媒介融合时代信息生产的特点

新闻在本质上是一种信息。提供信息是新闻媒介的首要功能,在媒体融合时代,情况依然如此。媒介的首要功能仍然是为受众提供信息,消除受众的不确定性。只不过在媒介融合时代,以互联网为代表的数字化技术领域的技术均等原则正不断削弱着电视、报刊、广播等传统媒体原有的技术、资金等优势,新兴的融合媒介崛起,其主要表现就是信息的呈现方式呈"全媒体化"。但是,"在媒体融合的过程中,除了要关注'全媒体化'这一方向外,还必须关注另一个方向,那就是传媒业与用户关系的改写,以及由此带来的产品内涵与生产机制的变化"[①]。

除了信息的呈现方式全媒体化之外,信息产品的开拓还需要同时考虑以下几个问题:

一是在新技术条件下,"内容"不再是单一的追求目标,媒体的信息产品需要把"内容"和"服务"有机地结合起来。要做到这一点,各媒介机构需要构建自己的用户数据库,根据客户需求提供内容和服务。

二是要更加重视用户制作的内容,并为其提供发布的渠道。只有把用户的力量激发出来,才能够更好地实现媒体产品的多样性及个性化。网络、手机等新媒体的出现也为用户参与媒体的产品生产提供了途径。

三是媒介机构需要增强信息产品的可重组性和再分发性。如运用于网络媒体的 RSS、WIDGET 等技术可以帮助用户实现在一个页面中融合来源不同的信息内容。如在美国,iPhone 手机用户可以在 iTune 商店里寻找各个不同的服务提供者提供的内容,在手机中组织起一个"个人门户"或者说"我的媒体"。在新技术条件的支持下,产品的个性往往是由用户的选择来实现的。这不仅要求媒体自身是一个强大的平台,也需要媒体开发出适合不同平台的产品。

基于以上考虑,与传统媒体的信息生产相比,媒体融合时代新闻媒介的信息生产呈现出以下六大特点。

一、内容传播的交互性

从传播的本质这一角度来说,所有的传播形式都应该是互动的。如果没有

[①] 彭兰:《如何从全媒体化走向媒介融合——对全媒体化业务四个关键问题的思考》,载《新闻与写作》2009 年第 7 期,第 18 页。

反馈，就不能完全实现传播的功能。但传统媒介提供给受众的互动机会和可以互动的通道是非常有限的。在传统媒介时代，传播者与受众的角色泾渭分明。传播者通常是指媒体的编辑、记者、评论员、播音员、主持人等从业人员，传播什么信息，什么时间传播，以何种方式传播，都由他们决定。而受众只是信息的接收者，处于传播活动的末端。在媒介融合时代，受众不仅是信息资源的消费者，也是信息资源的生产者和提供者。互动性成为融合媒介最重要的特征之一。这种互动，一方面表现为人与机器的互动，电脑以日益人性化的界面和交流方式实现了与使用者的互动；另一方面表现为人与人的互动，用户可以与其他用户进行实时交流。如任何一台连接上网的电脑、手机都既是接收工具又是传播工具，受众既是接收者也是传播者。新媒体信息的传受两端都是媒介人，或者说新媒体的受众不应该再被称为"受众"，而应改称"用户"。

"用户"与受众的最大区别在于前者不再只是参与消费信息产品，还能够参与生产与传播信息。新媒体最重要的特点就是以用户为中心，充分激发用户的主动性，发挥用户的原创能力，改变了用户旁观者的地位，并真正形成网上网下的互动。这种互动可以分为以下几种类型。第一类是受众与信息的制作者互动，如节目剧情在播放中受到互动的影响，用户可以决定剧情的发展。第二类是受众之间进行互动，如通过受众对剧情或对信息内容的讨论，形成新的信息。第三类是受众向媒体机构或其他受众传播自己制作的信息，如之前举过的 IPTV 的例子。

互动还形成了交互性的内容。"交互性内容包括以下两大类：一类是有限交互，一类是完全交互"①。

有限交互又包括两类：一类是内容生产商提供一定的逻辑结构，由用户完成逻辑表达，最典型的代表就是网络游戏；另一类是用户按照自己的需求逻辑提出要求，内容生产商按照这种需求提供相应的逻辑结构进行满足，这又包括两类，一类是定制，一类是点播。定制又分为两类：一类是用户不参与生产的定制，即由内容生产商按用户需求完成逻辑编排；另一类是用户参与到生产中来的定制，即用户可以提交自己的设计概念，与内容生产商共同完成内容产品的生产。这种方式也是目前全球营销模式中的一股新锐力量，例如 iPod 的设计就采用过这样的理念。而点播和定制不一样，点播只是一种交互性的使用，是对现成的内容的应用，并不参与完成逻辑结构的交互。

完全交互指用户个体即为一个独立的内容生产者，在连通的网络中将各自

---

① 王菲：《媒介大融合》，南方日报出版社 2007 年版，第 69 页。

创造的信息内容通过网络传播出去,形成相互间的信息共享。典型的代表有博客、播客、维基百科等。比如维基百科国际新闻的编辑过程是这样的:进入维基百科主页后,会看到一个十分类似常规词典的页面,其中每一条都链接着许多相关条目。蓝色的条目表示已经被编辑过,但可以修改;红色的则表示该条目无记录,有待编辑。如果用户想对某一新闻的动态信息或背景知识进行增删或修订,只需进一步单击该条目下的"编辑"链接,就可以在一个专用的文本框中进行编辑和修订。可以说,完全交互是对传统内容生产的颠覆性变革,深刻地改变了长期以来的"点到面"的传播形态,生成了一种"点到点"的新型传播形态。

二、形式的全媒体性

传统纸质媒体经历了以文为主、图文并重直至读图时代的变化,但仍然未突破文字和图片这两种信息传播形式。传统的报纸是一种以文字、图像承载信息的平面印刷媒介;传统的广播和电视是以时间为轴线、以无线电波传送声音或/和图像的线性电子媒介;而以网络媒体、手机媒体、互动电视为代表的融合媒体几乎是一种"全媒体"。这种全媒体性主要表现为两点:一是整合了文字、图片、视频、音频等多媒体信息,要求集文字、图片、音频、视频于一体,即同一则信息用全媒体的方式表达;二是不受时空限制,以超链接、内容聚合等手段整合了信息交互传播的功能,以 Web 2.0 的应用为例,用户生成内容、微内容聚合、个性化订制等都体现了这一点。这意味着信息生产的总量大大增加,信息使用的效率大大提高,信息消费的需求大大扩张。

仅以媒介融合时代的报业内容生产为例,基于互联网应用的传播手段、传播方式、传播形态而实现的数字化变革已经改变了传媒产品。从目前报业的选择来看,其产品策略主要体现为以下两个方面:一是媒介产品的数字化,如建设网站(包括网络版)、多媒体数字报(包括手机报、电子纸报、电子显示屏信息)、数据库等。报业的新闻生产与传播方式是数字化的,在融合了文字、图片、动画、视频、音频等多媒体信息后,可以分化出多种产品,向多种终端分发,以满足受众不断细分的需求。二是报网互动,这里的网包括互联网和手机 Wap 网。从采编层面来说,报网之间主要是内容生产上互为上下游、互相影响,如增加新闻信息采集渠道、开展社区讨论、实行媒介间议程设置等。通过报网互动产生了新的信息产品,整合了信息交互传播功能,增加了信息传播能量。

全媒体化的内容生产使得媒体融合时代对媒体记者的要求也与传统媒体时代有了很大的不同。全媒体记者并不是简单的"视频记者",还要学会全媒体新闻生产所要求的"用脑""用眼"和"用手"。用脑,即要有新闻聚合的头脑。全媒体新闻要适合传统媒体和互联网、手机以及其他载体的特点,不同载体的不同组合产生的效果大不一样。用眼,即要充分利用网络、手机等互动传播媒介的"新闻眼",挖掘来自受众的新闻资源,善于与受众互动。用手,即要会用图文、视音频等复合技术进行信息采访采集,还要能够熟练地进行电脑、手机新闻的制作发布,以实现一次采集、多渠道编辑和多媒体发布。

三、内容发布的跨平台性[①]

内容形式的全媒体性与内容发布的跨平台性是联系在一起的。目前,跨平台传播的情况主要有三种。

一种情况是,同一内容分别在不同的终端上发布。如同一电视节目(体育赛事直播、大型晚会等)可以在传统电视、网络电视、手机电视上播出。在媒介融合初期内容尚不丰富的情况下,这种现象是比较多见的。多终端的同步播出,扩大了受众的收视规模,也使受众在收视地点和收视条件上更加自由。如中央电视台的新央视国际成立四个月来,在CCTV第12届青年歌手大奖赛、我爱世界杯台网联动上探索了新的模式。央视国际总经理汪文斌称,央视国际以精选品牌栏目为基础,正在促进电视制作队伍和网络制作队伍的结合,努力进行多媒体的策划和跨终端的传播。央视国际将提供技术平台和专业服务,部分节目既要面对电视平台,也要面对网络平台,进一步推动从台网联动到台网联办机制的发展。在2006年6月9日到7月9日的世界杯报道中,央视国际与中央电视台体育节目中心联动,策划建立了我爱世界杯专题网站,集信息发布、互动、图文、视频于一体,能够发挥博客、搜索引擎、图文直播、专题报道、收视指南、论坛、在线访谈、视频点播、播客、网络广告等互联网功能,网络报道成为世界杯报道的重要组成部分。

第二种情况是,内容制作商根据不同平台的特点对内容进行一定程度的改造、包装和对象化营销,使之以不同版本在多个平台上播出。比如将传统的电视剧改造成系列剧,投放到手机平台以每个单元3—5分钟的形式播出;或将传统的较长的小说改造成情节独立的多集,以手机短信的方式发布等。新媒体的内容形态需要针对渠道特点进行改变,传统电视节目的形态并不能简单平移。以手机电视为例,因为手机的屏幕比较小,把电视节目简单地移植到手机上显然不行,这就需要对节目进行改造。一些从事手机电视内容制作的公司,对传统内容进行重新编排、转码,去掉大部分元素,只留下一个爆发点,做成专供手机播放的

---

① 刘婧一:《应对媒介融合——新环境下的电视节目营销》,中国传媒大学出版社2008年版,第69页。

短片。在视频新闻方面,新华社与中国联通合作,专门为手机量身打造电视节目——新华视讯。节目形式为30秒以内的口播新闻,以近景镜头为主,字幕的字号更大,适合在手机上播放。

第三种情况是,在内容策划和制作的过程中就充分运用多媒体联动的方法,从而实现节目的跨平台传播。内容从开始策划的那一刻起,就以多个媒体平台为载体。这些平台相互依托并彼此强化,不同媒体上的内容结合在一起构成一个完整的故事。任何一个单一平台所承载的内容虽然也可以独立成篇,但其实都只是一棵大树上的枝干而已。如美国 ABC 电视网 2006 年推出的电视剧《迷失》,除了电视之外,制作方还通过网站、杂志、报纸等多种媒体发布同剧情相关的线索,吸引大批受众的关注,全方位、跨媒体地追踪剧情的发展,并且制作了手机版的《迷失》,每集只有几分钟。手机版中的主要人物没在电视版中出现过,但又与电视版的人物有联系。

内容发布的跨平台性对受众而言意味着选择的增加,对内容提供商和集成商而言意味着渠道的增加和舞台的扩大。

四、内容生产的针对性

传统媒介时代是"大众媒介时代",媒介把相同或类似的信息,毫无区别地传达给最大范围的受众,而少部分受众的个性化需求因不能产生信息生产的规模效益而被媒介机构有意或无意地忽视。在媒体融合时代,由于两个原因,媒介机构开始更加注重特定受众的个性化需求。

一是个人需求的差异化程度不断提升,特别是对于信息内容产品的需求更是呈现出多样化。新媒介环境下受众面对的信息是海量的,不同受众的个性化需求则形成了不同的细分市场。传播者把握住了这一点,就可以对目标受众进行准确定位。值得注意的是,在新技术条件的支持下,产品的个性往往是由用户的选择来实现的。比如用户可以购买不同的运用,在手机或平板电脑上组织一个"我的媒体"。媒介组织可以挖掘、分析用户以往的选择,进而向用户推送个性化的、符合用户兴趣和需要的信息产品。

二是长尾效应使得媒介机构开发针对小众的内容产品变得有利可图。长尾效应理论认为,只要渠道足够多,非主流的、需求量小的商品的销量也能和主流的、需求量大的商品的销量相匹敌。在媒介领域,这可理解为:互联网等新媒体技术的发展为非主流的新闻信息传播提供了足够多的传播渠道,因此非主流的、关注度小的新闻信息能够与主流的、受关注度大的新闻信息相匹敌。新媒体相对丰富的传播渠道和开放的传播空间,使其新闻信息传播呈现出与传统媒体相异的"长尾效应",这使得媒介融合时代的媒体更加注重信息的有针对性的生产。

1. 基于客户数据库的针对性信息生产

回顾大众传播媒介的发展历程,"传者本位"长期居于主导地位,"传播什么、怎样传播、为什么传播"这些最基本也最根本的问题,主要由传播者来决定。受众是静止和被动的,是一个个分散的、互不联系的个体。进入媒体融合时代,伴随着新闻媒体争夺受众的竞争日趋激烈以及媒介资源的增多,受众的选择余地大大增加,"传者本位"开始让位于"受众本位"。在这一理念下,受众不再被认为是被动的接收者,而是有自主性和相对独立性的"主人"。受众不再是相互之间没有差别的整体,而会因文化传统、教育背景、经济地位、社会声望、宗教信仰等的不同而产生不同的信息需求。受众本位的理念进一步推动了受众市场的细分。在此情况下,新闻媒体必须针对客户数据库进行有针对性的信息生产,制作不同的新闻信息产品。

在载体过剩的年代,受众市场"碎片化"还意味着资源开发必须针对小众甚至个体的特殊需求。过去对于新闻信息只要求抢时效、求准确的编辑思路并不是唯一的要求了,除了新闻价值方面的专业判断之外,编辑还要考虑如何在多种载体上针对这些载体的不同受众重组、编制不同的新闻信息,包括选择不同的报道角度、采用不同的传播方式、运用不同的传播技术。

2. 基于媒体形式的针对性信息生产

媒介融合意味着各种媒体产品有了共同的平台基础,多种媒体的产品集中到一个共同的渠道有了可能,但是这并不意味着媒介融合带来的是一个单调的产品市场,丰富、多元和个性化的产品应该是媒介融合追求的目标。新闻传媒的信息生产将突破传统媒体载体间的限制,整合所有的媒介,统一规划,资源共享,建立新的新闻采编流程。其基本流程就是集中力量采集新闻素材,再根据各自受众的接受特点进行加工,制成适合不同媒体形式的新闻产品,通过不同的传播渠道传播给受众。

"媒体融合背景下,新闻媒体从选题策划阶段就开始了资源整合运作,以充分体现各媒体的报道特色与风格为目的,以各媒体拥有的'组合终端载体'为新闻发布平台。新闻报道形式上,不同终端之间要实现内容的区分、联系与整合,表现其'整体性'的特点;根据不同载体的介质差异,研究不同载体所服务人群的需求差异,以这两方面的差异为依据,确定报道选题并设计报道方案、规划报道样式,在具体的后期制作中凸显不同媒体的介质特征,体现其言语风格。"①

伴随着数字技术和通信技术的飞速发展,媒体的边界逐渐模糊,传播终端呈现出数字化特点,电信服务商和互联网服务商纷纷介入传播终端领域,与传统媒体融合在一起,推出各种数字移动终端作为新闻内容的载体,进入到人们的信息生活中。因而,在媒体融合时代,各媒介组织要借助多媒体技术,进行有针对性的生产。

五、内容的个性化

媒介融合使信息生产迎来了个性化时代。媒介融合带来了多样化的渠道,同时意味着海量内容的传播成为可能。在这样的时代,同质化就意味着被淹没,创新、个性成为信息存在的理由。多样化的平台、多样化的受众,需要多样性的内容,信息内容的创新性和个性是受众选择接受一条信息的理由。因此,在媒介融合时代,要突出新闻报道的个性化特征。

陆小华在《整合传媒》中指出,"一个媒介所赖以赢得竞争、赢得对手的主要因素,绝不只是具有原创性的独家新闻,而是独家的、具有原创性的信息加工标准、加工方式、信息处理手段及信息表现方式"②。在新媒体时代,融合新闻理念要求新闻报道具有创新意识,突出个性化特征。个性化特征是指新闻作品所具有的独特风格和独特视角。这种独特性是借鉴多种艺术表现手法、融合多种文体表达方式的结果。

在媒体融合的背景下,传统媒体新闻报道形式的创新在三个层面展开:新的传播技术和传播现象诱发传统形态的"人有我有"型创新;技术应用和流程变革导致网络形态的"人有我优"型创新;理念更新、跨媒体扩张引起联动形态的"人优我特"型创新。网络媒体的受众习惯于篇幅短小和层层链接、自主选择的阅读方式,习惯于接受文字、声音、图片、视频、音频等多媒体形式相融合的报道方式,习惯于对重大事件报道通过点开一个个链接,集中阅读。这些都给传统媒体带来一系列报道形式方面的创新。③

媒体融合时代信息生产流程的建构发生了巨大的改变:新闻媒体需要突破传统载体的樊篱,将传统新闻报道范式进行整合重构,制作适合不同对象的多媒体的新闻产品;对新闻事件不再单面呈现,而是多侧面、多角度地展示;媒体不再单纯追求独家新闻,而是更加重视原创性的信息生产加工;不再是我传你受的单

---

① 梁媛、彭祝斌:《新闻报道形式创新的途径与方法》,载《新闻战线》2009年第2期,第76页。
② 陆小华:《整合传媒:传媒竞争趋势与对策》,中信出版社2002年版,第66页。
③ 梁媛、彭祝斌:《新闻报道形式创新的途径与方法》,载《新闻战线》2009年第2期,第76页。

向灌输,而是倡导受众参与和互动。"媒体融合时代,新闻报道方式已从平面化的线性方式,转为立体化、个性化、互动化的全新方式。"①

六、内容生产的精益化

内容生产的精益化与前文中所论述的内容生产的针对性有联系,但侧重的角度有所不同。前者主要是指针对受众的不同需求和不同媒体形式进行生产,后者则涉及媒体的成本控制问题。

"相对于传统媒体,新媒体更有可能实施精益化生产,这都源于载体形态的不同所带来的生产方式的变革。最核心的差别是,对于生产普适性产品从而追求规模的传统媒体来说,即使有革新性技术产生,它们想得更多的也是如何让技术支持系统适应于现有的组织运行和人员结构,而要把这种粗放式的生产模式放到个性化产品生产上,那拖也把新媒体公司给拖垮了,所以我们是让人员结构和组织运行反过来适配技术支持系统。所以新媒体的精益生产基础是技术支持系统,根据系统结构的调整来规范人员组织、运行方式和市场供求等方面的变革,使生产过程中一切无用、多余的东西被精简,最终达到包括市场供销在内的生产的各方面最好的结果。"②

那么,新媒体精益生产方式的主要特征是什么呢?有学者认为主要包括以下几个方面:(1)标准化模块——寻找内容的最小颗粒,组建不同的模块单元;(2)个性化——小批量、多品种;(3)规范——串联各个专品单元的规则,从而保证平均品质;(4)流程化——缩短产品周期,为生产个性化产品而大力削弱生产过程的个性化;(5)效率——做资讯聚合,在关键点上原创而非全程原创;(6)柔性——同一模块的不同产品应用;(7)提升——定期反馈总结,持续改进改善。③

媒介融合时代信息生产的特点,从总趋势上看,是从以传者为中心到以受众为中心,从线性传播到立体传播,从资源的单向开发到多元开发。

第三节 传统媒体的信息生产方式在媒融时代的转变

传统媒体的传播模式中存在的最大桎梏在于线性传播与时间的冲突、静态

---

① 刘寒娥:《融合新闻理念对新闻报道方式的影响》,载《新闻实践》2007年第10期,第19页。
② 夏鸿:《手机彩信杂志的"精益生产"》,载《中国传媒科技》2009年第3期,第18页。
③ 同上注。

接收与空间的冲突,信息的接收由此受到时空的限制。而媒介融合的生命力就在于让消费者能够在任何时间、任何地点得到自己想要的内容。所以在内容融合的过程中,一个基本的生产和应用原则就是让内容适用于任何需要的时间和空间,即内容的生产、集成、应用都要考虑如何交互,以便立体化地满足用户的需求。

传统的媒介产业可以分为两大类:一类是印刷媒介产业,包括报纸、杂志、图书等;一类是电子媒介产业,包括广播、电视等。无论是印刷媒介产业还是电子媒介产业,其信息生产流程都是:采写—编辑—发布。

内容的制作和发布往往在同一个媒介机构中进行,受众的反馈也会返回到这个媒介机构。在这种传统的大众传播模式中,一个信息处理终端(媒介机构),集中地收集、处理、发布和传递信息,所有的媒介工作者都使用同一个信息平台生产同样的信息产品。

当前,传统媒体组织向融合媒体组织的转变主要表现为两种趋势:一是报业数字化,二是电视网络化。无论哪种趋势,都使媒介的信息生产呈现出与传统时代的信息生产不同的流程。

下面,我们分别通过对报业、电视行业以及编辑工作的介绍,向大家呈现传统媒体信息生产流程的转变。

一、报业数字化

1. 背景

在当前蓬勃发展的网络化时代,报业遭遇了新媒体的巨大冲击。在以互联网为代表的新兴媒体的冲击下,传统媒体的生态环境和基本格局发生了重大变化。报业的利润日见微薄,报纸为生存而进行的竞争更加激烈,整合和转型势在必行。在新形势下,报业的生态版图面临重塑。一部分基础薄弱,又无特色的报纸会被边缘化,甚至淘汰出局;部分报社,特别是报业集团将实施"数字报业"战略,加快向数字内容提供商转型。

2006年,国家新闻出版总署发布了《全国报纸出版业"十一五"发展纲要》,重推内容生产信息化和数字化报业战略。其中第十章指出:要推进内容生产信息化;积极探索新型内容生产方式,形成对多种媒介形态内容产品开发、生产的支持能力,对各种数字内容显示终端的内容供应能力,促进受众参与和双向传播;创新报纸网站建设思路和运营模式,增强互动传播,加快发展新型内容产品及增值业务,改变报纸网站单一的报纸网络版形态和功能。在同一章还指出,要重点建设读者和客户资源数据库、内容资源管理系统等信息系统,提高各类信息管理系统的集成度和利用效率。

《纲要》第八章指出:要大力发展数字报业,确立数字报业发展战略,积极应对传播技术变革的挑战;积极探索适应数字报业发展需要的新型内容显示技术和传播技术,实现传统纸介质出版向数字网络出版的平滑过渡;广泛利用各种数字内容显示终端和传播技术,发展"网络报""手机报""电子报纸"等多种数字网络出版形式。

在这种形势下,搭建全媒体的内容采编平台,自动实现新闻信息资源在多种载体上的一次生成、多次发布,充分利用报社新闻采访的内容资源,将极大提升数字报业的竞争力。

2. 数字化报业的内容生产流程

在数字化报业领域,随着传播者职责范围的扩大,内容生产流程也更加复杂了。其主要流程还是分为采集、加工、发布三个步骤,但每个步骤的工作内容更加多样。北大方正电子有限公司推出的"报业全媒体复合出版解决方案"是新一代的报业内容生产管理解决方案,可以帮助报业实现内容资源整合,并提供面向媒体融合的全媒体内容生产管理平台,能实现全媒体内容资源多渠道采集、专业化加工,及统一存储和管理,同时可以对内实现全媒体内容的生产服务,对外实现内容增值服务。在这个解决方案中,我们可以看到数字报业的内容生产的大体流程(见图5-1)。

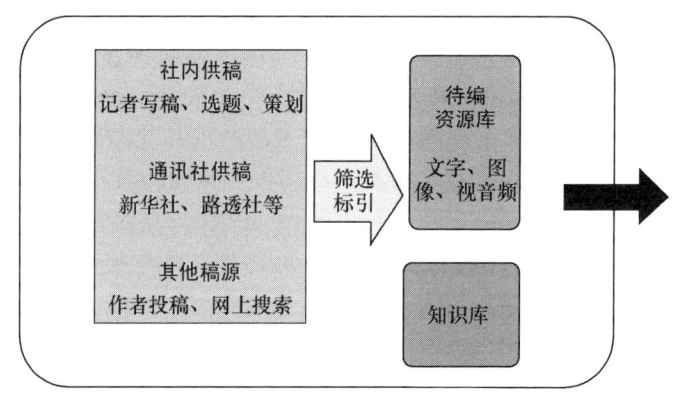

图 5-1 内容采集

(1) 内容采集。

如图5-1所示,内容采集环节涉及我们常见的社内供稿(记者写稿、选题、策划)、通讯社(新华社、路透社及其他通讯社)供稿和其他稿源(作者投稿、网上信息抓取)等。这些内容(包括文字、图像、视音频)通过筛选、标引,被存入报社的待编资源库和知识库这两个数据库,等待下一步的编辑加工。

(2)编辑加工。

在编辑加工环节中使用的多媒体编辑器,适用于报纸、网站和数字媒体的编辑加工。这些编辑加工后生成的内容被存入一个成品资源库,其中的资源的格式适合报纸、网站、手机等一些新的载体的需要。成品资源库当中的内容同时进入报社的资料库,资料库保存了各种新闻产品,用于实现其增值效应(见图5-2)。

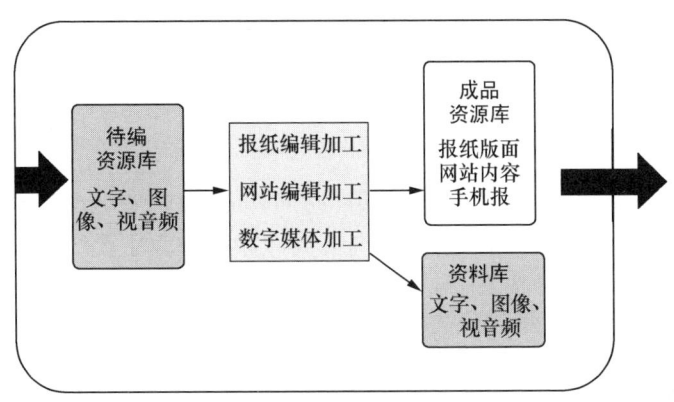

图5-2　编辑加工

(3)信息发布。

如图5-3所示,在信息发布环节,成品资源库当中的数字内容可以生成纸质的报纸的版面,但更能体现融合特点的是这些数字内容能与客户数据库中的客户数据结合,发布到相应的终端形成网页、手机报、数字报等相对个性化的发行内容。

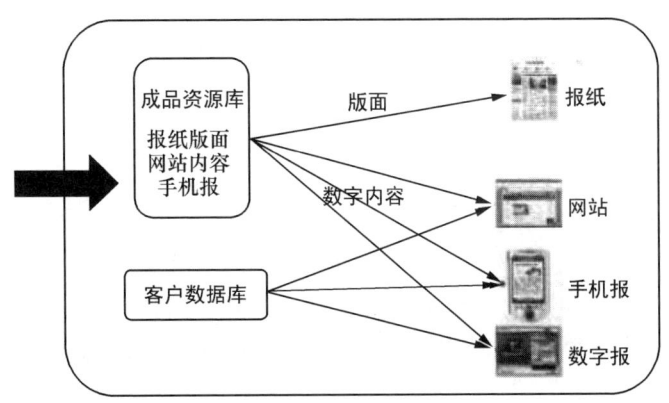

图5-3　信息发布

在这个编辑平台上可以进行跨媒体的编辑,为多个媒体同时进行生产;也可以形成媒体 24 小时不间断模式,实现滚动出版;还能实现一次生产多次发布,并且整个工作流程可以在一个统一的界面上完成。①

二、电视网络化

1. 背景

互联网日新月异的发展,使得电视与电脑之间的界限慢慢模糊了。有专家预测,电视将成为具有通信、互联网、电视功能的综合数字化家庭终端。电信网、计算机网、广电网的三网融合有了一些新迹象,流传在电视这种接收终端里的物质,变成了比特。今天,当广电系统紧锣密鼓地运作数字电视时,电信运营商也开始推广 IPTV。

IPTV(Internet Protocol TV or Interactive Personal TV)也叫交互式网络电视,是利用宽带网的基础设施,以家用电视机或计算机作为主要终端设备,集互联网、多媒体、通信等多种技术于一体,通过互联网络协议(IP)向家庭用户提供包括数字电视在内的多种交互式数字媒体服务的崭新技术。

2. 现状②

早在 1999 年,英国 Video Networks 公司率先在全球推出了 IPTV 业务,此后,国外许多电信运营商先后进入 IPTV 市场。2003 年上半年,全球推出 IPTV 业务的运营商有 30 多家,而到了 2004 年 9 月,增加到了 50 多家。

目前,推出 IPTV 业务的运营商主要集中在欧洲、北美及亚太部分国家和地区。

目前,我国 IPTV 的发展处于初级阶段。1999 年,微软力推"维纳斯计划",试图将中国庞大的电视机资源(3.2 亿台)与互联网接轨,最后以失败告终。2001 年,中国电信与新华社联手,成立了"上海新华电信网络电视公司",但由于政策、技术等多种原因并未产生很大影响力。IPTV 的真正起步始于 2004 年。

2004 年 6 月,中央电视台开播"央视网络电视"。

2004 年 8 月,继北京之后,央视网络电视又在上海落地。110 多万上海电信宽带用户能在试验阶段免费上网收看中央电视台的网络电视节目。

2004 年 10 月,中国电信集团互联网事业部号召组建了一个"IPTV 联盟",讨论建立一个统一的网络电视企业标准。与此同时,中国电信在广东、江苏、上

---

① 此部分内容请参见霍为兵:《畅游传媒 分享未来》,载《中国传媒科技》2009 年第 3 期,第 29 页。
② 郭娟:《中国 IPTV 现状研究》,http://media.people.com.cn/GB/40628/3678214.html,2010 年 3 月 1 日。

海三地正在准备 IPTV 的试商用。

2005年年初,长虹与中国电信签订战略合作备忘录,明确了双方在视讯、IPTV和互联星空等领域的合作意向,展开从终端到渠道的全方位合作,终端层面的合作主要涉及可视电话终端解决方案及 IPTV 终端解决方案等。

2005年4月,IPTV中国峰会召开。中国网通宣称将在全国大规模开通IPTV业务。中视网络公司则宣布2005年将发展60万IPTV用户。

2005年4月,上海文广新闻传媒集团获得国内首张信息网络视听内容集成运营牌照。

2005年5月,新华社、中央人民广播电台、中国国际广播电台、北京人民广播电台等传统新闻媒体高调进军IPTV。

2005年8月8日,央视正式开播以互动视听为特色的CCTV网络电视(tv.cctv.com)新闻频道和娱乐频道。

3. 网络电视的内容生产流程

传统电视的内容由各个专门制作电视节目的部门提供,通过卫星广播电视网进行传播,而接收装置则从模拟技术的电视机发展到数字技术的电视机。IPTV的内容主要由电视台制作,随着行业的发展,电视内容制作公司、网络游戏制作商也会成为IPTV的内容提供者。这些内容则通过互联网络发送到电脑或配备了机顶盒的电视机。传统电视用户的接收方式为实时接收,而IPTV用户既可以实时接收,又可以进行点播。点播接收具有个性化,接收的内容和时间取决于用户喜好,具有实时交互特点;实时接收与传统电视一样,用户对内容进行选择的余地只限于所提供的频道,是非交互型的。这二者的区别见图5-4。

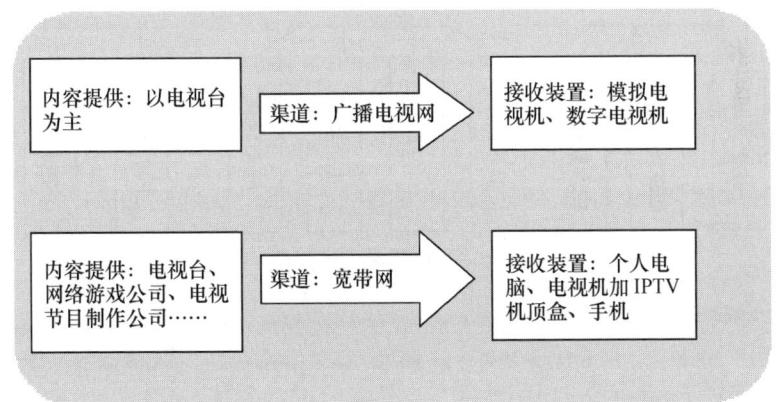

(说明:上半部分为传统电视的简化传播模式,下半部分为IPTV的简化传播模式)

图5-4 传统电视传播模式与IPTV传播模式的比较

从图 5-4 中我们可以看出,IPTV 能提供的内容远不止电视节目。目前,电信部门可以提供三类 IPTV 业务:电视类业务、通信类业务以及各种增值业务。电视类业务有广播电视、点播电视、个人视频录制等;通信类业务主要有基于 IP 的语音业务、即时通信服务、电视短信等;增值业务指电视购物、互动广告、在线游戏等。美国联邦通信委员会(FCC)的监管专员 Kathy Abernathy 评价 IPTV 时称,IPTV 不仅仅意味着"基于 IP 的语音"或"基于 IP 的电视",而是"基于 IP 的任何事物"。①

还有一点是图 5-4 没有表现出来的,那就是 IPTV 真正实现了互动。其原因在于,它的数据传输和接收完全依靠互联网络,不仅能满足受众观看节目的个性化需求,而且可以让受众参与到电视节目中来,与电视台一起完成节目。IPTV 的互动性,可以概括为三种类型:第一类为视频节目内容本身不因互动而受到影响,用户只能控制播放的时间及播放的进度;第二类为节目剧情在播放中受到互动影响,用户可以决定剧情的发展;第三类为受众不仅与节目互动,而且能够与网站及其他受众进行互动。② 也可以说,IPTV 的互动,已经不再是"点播"那么简单了,而是更多地体现在参与上。

三、新闻编辑流程的改变

在媒体融合背景下,融媒的生产流程除继续向纵向一体化发展外,还在媒介及其表现形式和表达方式、手段的选择和使用上向横向一体化发展。融媒编辑的工作流程也更加复杂了,主要包括三个阶段九个步骤(见图 5-5)。③

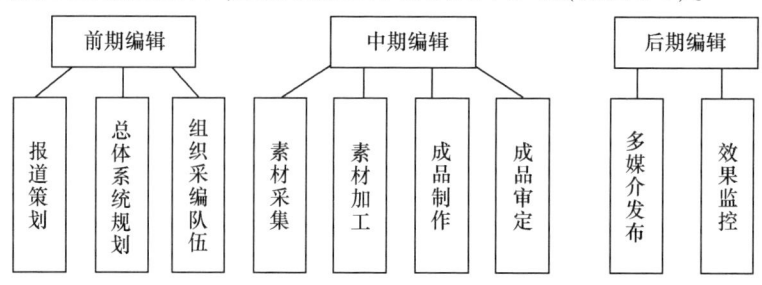

图 5-5 融媒编辑流程图

---

① 转引自郭娟:《中国 IPTV 现状研究》,http://media.people.com.cn/GB/40628/3678214.html,2010 年 3 月 1 日。
② 李哲明:《中国 IPTV 发展需过政策关、内容关、技术关》,载《传媒》2005 年第 4 期。
③ 刘玉清:《媒介融合中的编辑流程再造与编辑能力要求》,载《中国编辑》2009 年第 4 期,第 20—22 页。

1. 前期信息生产流程

（1）报道策划。

前期信息生产工作，通常是由主创型编辑完成的。在单一媒介的报道策划工作中，其工作目标是单一的。例如，图书编辑的策划是针对一本新书的策划；报纸编辑的策划要么是对阶段性报道的策划，要么是对专题性报道的策划；广播和电视编辑的策划则是针对报道任务制订最佳报道方案并付诸实施。融媒编辑的策划就复杂多了，如要考虑内容资源是否有多媒介传播的开发潜力，形式上是否适宜文、声、像等多种成品的制作。当然，并非所有的报道都值得进行这样的策划。

值得进行策划的报道通常是能够产生重大影响的报道。就新闻而言，只有重大事件、典型事实和代表某种发展趋势的事实报道才值得进行这样的策划。报道策划的最终目的是充分利用素材资源，发挥各种媒介的传播优势，实现社会效益和经济效益最大化。报道策划工作的直接表现形式是一份"报道策划书"，其主要内容与印刷媒介或电子媒介的报道策划书相似，包括基本内容与特色、受众调查与分析、制作条件与周期、预期社会效益与经济效益，此外还包括对该内容准备通过哪些媒介传播或者哪一部分内容最适合在哪种媒介上播发进行的详细策划。

（2）总体系统规划。

"报道策划书"经审查确定之后，便进入总体系统规划阶段。所谓总体系统规划，就是对报道策划的内容、结构、形式、最终产品介质、传播渠道进行整体规划。

显然，这是报道策划的技术性直接拓展，也决定了各种媒介能否顺利对接。这个工作步骤在单一媒介运作时期是可有可无的，但在媒介融合环境下是不可或缺的。做好总体系统规划工作，不仅可以减少部门间的协调成本，避免推诿、扯皮现象的发生，而且将极大地提高报道的管理效率。由于总体系统规划涉及各个部门的共同落实，因而应由总策划人与策划编辑共同牵头，召集有关媒介采编人员共同协商。总体系统规划的表现形式，应该是一份比较规范的"报道总体系统规划书"，其主要内容包括：报道的基本目标、内容结构、制作平台及各种文件格式等。

（3）组织采编队伍。

总体系统规划需要总策划人组织采编队伍落实。各个媒介的编辑应当围绕落实总体系统规划这个中心联合办公。英国《每日电讯报》就是联合办公的，其做法值得借鉴。《每日电讯报》的布局是中心式的，在一个平台上不仅办报纸，也做网站、无线下载、视频等,目的是推行"一个内容三个介质"的联合工作模式。① 当然,联合办公只是手段,其目的是更有效地落实总体系统规划。

在工作中还需要将规划中的各项具体任务加以分解,以便分别交付采编人员去完成。融媒采编人员的任务通常是以集体协作为基础的,因而在组织采编队伍时,要对采编人员的业务专长、技术水平等进行通盘考虑。组织采编队伍的结果,是按照具体任务项目编写出"子任务书",其内容包括子任务的完成者、完成时间、基本内容、成品形式等。全部子任务书完成后,再汇成一本"子任务汇编"。

2. 中期信息生产流程

(1)素材采集。

素材采集是全体采编人员依据报道总体规划和子任务书,实际采集有关素材的过程。素材采集通常是由编辑组织有关人员来完成,但在媒介融合环境中,编辑有时也需要搜集背景资料之类的相关信息。特别是在紧急情况下,没有事先策划,没有上述规划和任务书,就需要全体采编人员齐心协力,共同完成素材采集任务。如某地发生了突发性事件,编辑部门应立刻向现场派出采访小组,小组应由有经验的文字记者、摄影记者、电视录像记者或者熟悉各种技术手段的"多媒体记者"组成。他们将采集到的素材迅速传回编辑部门,然后再由精通各类媒介业务的编辑加工制作成适合不同类型媒介传播的新闻产品。

(2)素材加工。

为了适应媒介融合背景下多种媒介传播的需要,采集到的文字、图片、声像等各种信息元素,都必须经过数字化处理。具体来说,文字内容需要录入并制成所需格式的文稿文件;图片内容需要使用扫描仪或数码相机等设备转化成图片文件,然后保存为所需格式的图片文件;声像内容则需要使用数字化录音设备和视频采集设备录制成所需的声音文件和数字化视频文件。当然,上述信息数字化工作仅仅是素材加工工作的一部分。素材加工工作还包括对素材进行剪辑、排版。对于传统印刷出版物来说,编辑所能接触到的编辑元素只有文字和图形,编辑也不参加实际排版活动,编辑意图几乎完全是在文字编辑状态下通过编辑符号来表达的。偶尔有一些图片编辑工作,通常都是在版面编辑模式中留空后贴,编辑并不对图片做技术加工。但是在媒介融合环境中,编辑的素材加工工作变得更加复杂了,通常还要参加剪辑和排版活动。

---

① 王荣:《报纸记者带着摄像机采访——英美报业数字化转型战略的启示》,载《军事记者》2007年第10期,第51页。

(3) 成品制作。

融媒产品不是以往的不同媒介之间的合作和联动报道，而是根据不同媒介的需要，将同一内容的素材制成不同的媒介产品。假如采集的第一批素材是简单的文字、录音和图片，编辑就可以把其制作成用于报纸传播的简讯和图片，或者制作成用于广播的口播新闻；假如紧接着采集到的素材包含视频，编辑就可以把其制作成能够比较完整地表现事件现场的电视节目；假如最后采集到的素材是内容比较全面的文字、图片和声像，编辑就可以把其制作成能通过任何媒介传播的既有更多文字信息，又有相关背景资料介绍的深度报道；假如这则新闻事件具有流传后世的价值，则可以将有关素材资料加以整理，结集出版图书或电子音像制品。

(4) 成品审定。

对成品的内容与效果等方面进行审查，是保证融媒产品质量的关键措施之一。审定任务通常由总策划人与各个媒介的编辑共同完成，而子任务项目成品可由有关编辑来审定。与传统媒介的成品审定一样，首先应对内容是否符合规范进行审查，如是否符合政治导向、是否遵守法律与道德规范等。此外，还要对不同媒介的成品效果进行严格把关。如果成品是多媒体电子出版物，应审查图像的质量（色彩、亮度、清晰度等）、音频、视频和动画的效果；如果成品是手机报，应审查信息长度、语言风格等是否与手机报这一媒介产品的要求相契合。

3. 后期信息生产流程

(1) 多媒介发布。

数字化技术为同一内容多媒介发布提供了技术基础。在这种背景下，融媒编辑就必须承担"一次内容生产，多种媒介发布"的任务。融媒编辑应按照"子任务书"，在指定的媒介上发布经过审定的成品。在这个阶段，融媒产品的播出与发行不应当是"马路警察——各管一段"，而应实行媒介联动的发布模式，即各种媒介的编辑联合行动，共同做好发布和宣传工作。如网络编辑可以在网站上发布与本次策划内容有关的报刊摘要，甚至可以链接图书的精彩片段，以吸引更多受众的眼球；手机报编辑则可以利用手机即时性和互动性强的优势就本次策划的精彩内容进行广泛宣传。

(2) 效果监控。

媒介融合活动的出发点和归宿，是取得最佳信息传播效果。传统媒介之所以与新兴媒介融合，目的就是要改变传播效果衰减的状况。有研究者认为，传统媒介传播效果衰减的根本原因在于当代发生的技术变迁及其所引起的社会变迁。利用现代技术，可以使各种媒介的传播效果达到理想境界。我们可以根据素材特点选择传播方式,达到最佳传播效果,并利用多媒体的呈现方式增强传播效果。媒介融合以后,编辑完全可以凭借自身力量开展受众调查,利用网络和手机等新媒介随时监控并掌握传播效果,不断改进工作以实现传播效果的最大化。

即使通过传统媒介发布内容,也可以通过融媒自办的网站和短信平台针对本次策划内容的传播效果展开调查。通过传播效果调查,及时收集受众反馈信息,有助于总结本次策划过程中的经验教训,为以后的编辑工作提供借鉴。

第四节 媒介融合时代的内容生产流程

媒介融合时代的内容生产与传统媒体时代相比有了很大的不同,我们首先来看看什么是内容产业。

根据欧盟《信息社会 2000 计划》的定义,内容产业的主体是"制造、开发、包装和销售信息产品及其服务的产业"。而内容产业的内容范围包括各种媒介上所传播的印刷品内容、电子音像出版物内容、音像传播内容以及用于消费的各种软件、电子游戏等。

在数字技术蓬勃发展的背景下,有学者对内容产业作了如下定义:内容产业是依托内容产品数据库,自由利用各种数字化渠道的软件和硬件,通过多种数字化终端,向消费者提供多层次、多类型的内容产品的企业群。[①]

从以上定义可以看出,内容产业的主体和产品的范围是非常广泛的,不仅限于新闻信息产品,还包括其他文化产品。有学者认为这种内容生产的直接推力是内容的数字化和数据库的生发。

内容的数字化是指将图像、文字、影像、语音等内容,运用数字化高新技术手段和信息技术进行整合运用。内容数字化的意义在于:只需进行内容资产的一次性创建,就能够以不同的形式、在不同的环境下进行管理,内容被重复使用和再销售的机会大大增加。内容的数字化是媒介融合时代内容产业的核心。节目和资料进行数字化处理之后,就能支持各种应用,比如精确查询和查找资料。如果要搜寻有关某事件的资料,工作人员可以在图像、文字、音频的资料库中查找;在节目采集、制作、存储、查询、管理、编排等各个环节,全体工作人员能够以不同的权限进入许可访问的系统,得到相应的资源;数字化处理还可以将有价值的元数据从其他已经存在的系统中采集下来,这些原有的系统包括新闻信息系统、图

---

① 赵子忠:《内容产业论——数字新媒体的核心》,中国传媒大学出版社 2005 年版,第 15 页。

片系统、史料系统、自动播出系统等。

媒介融合时代的内容产业要求信息的大规模存储、大规模处理、大规模生产和大规模流通,随之产生了对数据库系统的需求。数据库技术是进行信息加工、处理、存储的信息技术。它是为了方便人们使用信息、通过种类逻辑关系建立的数据系统。利用数据库,人们可以进行数据的输入、编辑、修改、检索、查询和存储,大大提高了使用信息的效率。数据库的应用带来了内容采集、存储、加工、传输方式的变革,为媒介融合中的内容生产提供了基础平台。

内容的数字化和数据库系统的生发也使带有媒介融合时代特色的内容生产成为可能。在渠道融合、终端融合之外的内容融合也以内容的数字化和数据库系统的生发为技术基础。

在媒介融合时代,内容形态的发展呈现出以下几个方向:

一是数字媒体领域是媒体发展的必然方向。传统媒体首先以数字媒体作为增补的内容输出渠道,来应对受众注意力被分割的局面。在这一时期,数字媒体是作为经营活动的补充而被运用的。而后,在与数字新技术交融的内容生产中,传统媒体的内容生产也逐步数字化。伴随着网络的融合、终端的融合,传统的传播渠道和数字新媒体的传播渠道之间的藩篱被彻底打破,传统意义上生产、播出一体化的媒体组织不复存在,拥有大量内容和渠道的传统媒体组织的任务分化为两大领域:内容的拥有和终端的占有。[1] 拥有内容的是内容生产商和内容集成商,占有终端的是负责内容传输的网络运营商及他们拥有的相应的接收设备。

二是终端个体化生产会趋于规模化。数字技术意味着低成本、连通、快捷,即在传统大众媒体时代内容生产作为组织特权和组织行为这一生产方式在数字时代遭到颠覆,每一个个体终端都可以在低廉的投入下成为一个内容生产的端口,并通过网络与外部连通,即个体终端具有了规模化的生产能力。终端的规模化生产能力和终端的规模化消费需求在生产成本和支付意愿能形成均衡时就能够催生个体终端生产,而且随着终端的不断增多,要平衡不断膨胀的生产和需求,就需要更多的个体终端生产参与进来。这样,个体化终端生产会越来越多,趋于规模化,成为媒介内容生产体系中的一个重要组成部分,与组织性内容生产共同构成媒介融合形态中的内容生产源。[2]

三是内容生产与物质生产的融合会越来越充分。媒介产业学者黄升民教授指出,由于内容生产与媒体机构发生了分离,从传统的媒介产业中剥离出来成为

---

[1] 王菲:《媒介大融合》,南方日报出版社2007年版,第64页。
[2] 同上书,第77页。

内容产业,所以内容产品就具有了被多渠道、多层次运用的可能性。内容产品的共享性增强,则作为共享介质的"品牌"在这一过程中强化了其"符号威力"。增强了符号力的品牌其价值就得以增大,具有了吸引内容生产以外的产业来应用内容产品品牌的可能性,由此带来内容生产领域与物质生产领域的广泛合作、交融。①

数字技术对内容融合的意义不仅在于它是内容融合的前提条件,还在于它催生了内容产业,使内容生产和媒介载体分离开来。传统时代的内容生产是与相应的媒介形态连为一体的,一种媒介形态生产出一种媒介内容,媒介内容间没有交融性,这就使得对内容进行转换的成本高昂。而在以数字技术连通的平台上,数字技术使内容与渠道、载体分离开来,内容生产得以高度集中,并独立出来成为一个产业链的上游集群,基于数据库进行内容生产,通过各种渠道分配到不同终端,打破了传统的"生产、发行、消费"的单一的线性产业链,形成了由原创、生产、应用三个层面构成的伞式产业链(见图5-6)。

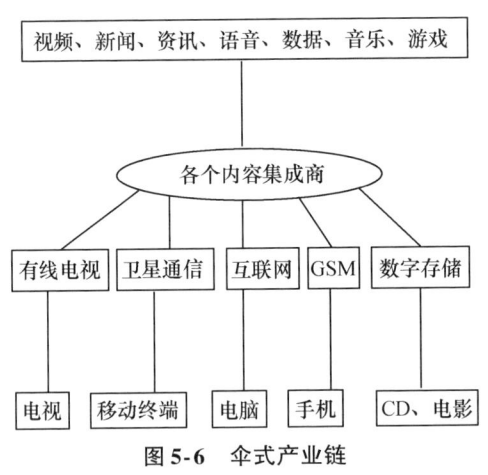

图5-6 伞式产业链

传统媒体的产业链主要包含以下四个要素:内容提供商、频道运营商、网络运营商和电视观众。媒介融合使电视节目得以在多个传播平台传输,目前主要有数字电视、个人电脑和手机三个平台。平台的增加,使整个电视产业价值链以及其中的各个环节都发生了相应的变化。新的产业链是建立在多媒体复合市场这个前提下的,因此传统媒体所形成的纵向一体化的产业链逐渐开始向横向一体化的新媒体产业链演进,包括以下五个环节:内容制作、内容集成、内容传输、

---

① 王菲:《媒介大融合》,南方日报出版社2007年版,第77页。

服务开发与管理,以及内容接收。

一、内容制作

内容制作环节的主体是内容提供商。在我国传统电视产业中,电视节目的提供主要由电视台和一些民营制作公司来完成。由于我国长期以来采用的是制播合一的体制,所以专门的电视节目制作公司并没有在节目提供中占有重要的地位。而国内的电视播出平台属于垄断资源,从根本上阻碍了节目市场上公平而又有效率的竞争的展开。因此,以电视台为主的节目生产者在无须竞争的环境下,没有展现出应有的活力和创造力。这导致节目数量匮乏,质量堪忧。媒介融合在不同产业中的渗透,带来了电视的新形态。IPTV 和手机电视的发展,不仅需要在内容的量上实现安全感,更需要在内容的质上实现新突破,故而内容提供商的地位和作用,将在整个产业链中逐渐凸显。数字付费电视、IP 电视、手机电视、数字助手等都需要大量与各自媒体特性相符的音频、视频、图文及数据内容。而针对传媒产业内容资源缺乏的现状,一个重要的战略就是将内容提升到产业的高度,通过引导或支持相关产业组织的建设并促进产业组织合理的竞争与协作,构建较完善的产业链并保证产业链通路的顺畅,从而使内容能够规模化生产,大批量集成,面向大市场销售。强大的内容提供商也可以通过丰富而有质量的内容,提高自身在整个产业链中的议价能力。与此同时,制播分离、网台分离的体制,也将为内容提供商创造广阔的发展空间。

电视台是我国电视节目的主要生产者,面对媒介融合大潮以及新媒体带来的发展机遇,它们争相确立自身在竞争中的有利地位。IPTV 和手机电视是媒介融合的典型产物。在新兴市场上,央视和上海文广集团等主要国有媒体机构因为掌握着庞大的内容资源而成为内容的主要提供者,它们通过与不同的 IPTV 提供商和电信运营商合作来推行 IPTV 和手机电视。比如上海文广集团作为一个集广播、电视、报刊、网络运营于一体的庞然大物,先后与中国电信、上海移动、江苏移动等电信运营商合作,一方面提供流媒体内容,一方面开始根据新媒体特征及不同终端量身定做电视节目。其他传统媒体也没有认为 IPTV 仅是电视的事,如中央人民广播电台和中国国际广播电台在 2005 年春节后成立了网络电视台,各传统报社创办的网站也纷纷推出了各具特色的视频节目。

近十年来,中国拥有了越来越多的独立的影视机构。尤其是最近,中国的网络游戏和移动增值业务的成功启动预示着中国将会产生新的内容提供商,它们能向大众提供一种全新的服务内容。民营企业身份的光线传媒是国内最大的娱乐节目制作和发行商,但受制于电视频道和牌照垄断等因素,其节目在和电视台争取播出时间以及收入分成等方面一直受到挤压,这也是中国所有的民营电视内容提供商面临的共同困境。面对媒介融合的新环境,光线传媒将自己的发展目标定位于"中国最大的多媒体视频内容提供商和发行商",有关节目内容也会放到 IPTV、宽频电视乃至手机电视终端上。凤凰卫视同样对新媒体虎视眈眈。它目前着力于围绕资讯门户网站"凤凰网"打造凤凰新媒体这一囊括了无线增值业务、流媒体等内容的新平台。凤凰新媒体的定位是旨在提供新媒体所需要的与传统电视节目高度差异化的内容。此外,北广传媒旗下的北京中北电视艺术中心有限公司作为我国主要的电视剧制作公司之一,也已开始试水新媒体,其与上海文广合资成立的新媒体内容制作公司 EMF 已经启动,根据新媒体互动性强的特点制作相应的节目。[①]

内容生产商不仅包括传统领域的节目制作者,还包括新兴的交互内容生产者,如盛大,从游戏、家庭终端娱乐进入内容生产领域。盛大集团的发展定位是"互动娱乐媒体企业集团",发展愿景是"世界领先的数字出版商"。盛大网络通过盛大游戏、盛大文学、盛大在线等主体和其他业务向广大用户提供多元化的互动娱乐内容和服务。[②]

二、内容集成

由于内容生产成为独立的规模化生产体系,从原来的传媒产业链条中剥离出来,产业分工更为精细,这时内容生产环节就只从事内容资源的生产和搜集,而原来作为统一整体的内容分配环节也相应地剥离出来,专门从事内容的分配,而在分配之前,还需要向庞大的内容供应空间进行带有目标性的采集,这样集采集和分配两大功能为一体的内容集成平台就必然产生了。内容集成平台除了汇聚内容从而成为庞大的版权拥有组织外,还有一个重要功能就是聚合功能。依靠规模化的资源,一方面可以多层次地进行内容的整合应用,实现增值;另一方面,由于产业内容生产规模的扩大,以及终端也具有了生产内容的可能性,所以富有创意的个性化内容将会大大增加,但这些内容是分散的、琐碎的,如果能够将它们整合起来,规模会是巨大的。[③]

在新的产业链中,内容集成商的地位变得十分关键,因为内容产业中的内容集成商同时面对两大类碎片——信息内容的碎片和碎片化的媒介消费者。一方

---

① 刘婧一:《应对媒介融合——新环境下的电视节目营销》,中国传媒大学出版社 2008 年版,第 48—57 页。
② 参见 www.snda.com/cn/about/vision.html,2013 年 8 月 20 日。
③ 王菲:《媒介大融合》,南方日报出版社 2007 年版,第 68 页。

面,无序、海量、繁杂的内容素材需要内容集成商分类、编辑、压缩、存储;另一方面,内容集成商既可以把加工过的内容打包销售给不同的媒介运营商,也可以将内容数据库直接连入运营商的服务接口,通过快速的引擎及时满足碎片用户的个性化订制需求。

目前,广电系统内部的主要电视、广播运营机构皆具备成为内容集成商的先发优势:首先,这些机构有着丰富的内容运作经验,并且长期充当把关人的角色,能够较好地控制内容的导向及质量;其次,这些机构建立了较庞大的音、视频内容库。上海文广集团在其发展战略中已有清晰的思路——不再单纯地做一个内容提供商,而是希望成为搭建平台的内容集成商和服务商。在内容提供方面,上海文广集团对 PC、电视、手机三种新媒体的终端布局很清晰,例如上海文广旗下的"东方宽频"经营网上视听,"上海文广互动"经营数字电视与高清电视,"百视通"经营 IPTV,"东方龙"经营手机电视。但上海文广集团更远大的目标是通过与电信的合作,利用运营商的网络,搭建内容服务平台,直达用户;同时可以把更多的内容商集纳过来,通过帮助内容提供商计费、管理用户、管理节目编排等服务来获得自己的收益。上海文广集团副总裁张大钟说,"如果我们成为平台提供商、内容集成商和服务提供商,各个内容提供商、运营商、设备商都可以通过我们的平台融合在这个互动电视产业链中,从而向全国市场推广"。上海"东方龙"移动信息有限公司总经理王耀国认为,"手机电视的集成运营平台获得成功的标志就是,SMG 在其中所占的内容份额逐渐减少,而来自 SMG 的合作伙伴,即各地的广播电视机构和节目内容提供商的节目内容占有率逐渐升高并最终占据绝大部分。节目的内容和来源极大丰富,才能满足手机电视用户的需求,真正体现出手机电视的个性化特色,推动手机电视业务的大规模普及,从而拉动整个手机电视内容产品产业链的发展,实现良性循环和规模运营,这样用户才能从这样的全国集成运营模式中得到真正的实惠"。[①]

内容集成的战略意义和发展前景,也被广电以外的产业看好。2006 年 9 月,中国移动副总裁鲁向东在互联网大会上介绍了中国移动未来的战略目标:"我们要从简单的语音信道的传送,过渡到以丰富的数字内容分发为主的渠道,也可以称为数字内容的分发商。"除了 MP3、彩铃、音乐、游戏下载等业务,中国移动以后的战略目标是"传递内容以外,还要集成内容、销售内容、管理内容"。

今天,在视频产业链里,内容集成的方式正在发生改变,一个负责视频分发

[①] 王耀国:《手机电视怎么做——上海"东方龙"的运营实践》,载《中国记者》2006 年第 4 期,第 69 页。

的渠道商,在未来也可以成为一个新媒体内容的集成商或代理商。这种角色的出现才会带来改良的内容,也才会带来更有商业价值的流量。集成商的存在将所有卖方集中在一起共同面对买方,可以大大提高节目销售的效率,内容提供商则可以将精力放在受众调查和制作品质精良的节目上,而不必单独上门推销节目,也不必四处拉广告。这也使节目销售收益的最大化成为可能:借助集成商的分销网络或者播出平台,同一个节目可以在不同区域的不同播出平台反复播出;内容集成商的存在,还有助于打破强势播出平台的垄断地位,实现卖方平等,不管是民营制作机构还是有电视台背景的机构,节目的生产和交易完全由市场来调节,这也将有利于新的产业价值链的健康发展。

三、内容传输

内容传输环节主要是由提供基础设施的企业——如使用有线网络的电话和电视企业,以及提供天线和卫星进行非有线方式传输的运营商来完成。它们提供必要的基础设施,并为目标消费者管理信号传输。媒介融合的实质是实现终端的"无所不能",而这是基于各种传输网络来实现的。"无所不能"要求未来的广电网和电信网绝不止提供一种服务,无论是广电的地面微波传输网、卫星传输网、有线网,还是电信的移动蜂窝网、双绞线固话网、卫星通信网及计算机互联网,都可被改造或升级,以支持消费者随时随地利用任何网络享受各项数字内容服务。在中国,三网融合之所以多年难以获得实质性推进,就缘于运营商不愿意开放自己的网络,而想进入对方的领域。现在,三网融合已经正式启动,但可以预计的是,运营企业之间的争斗不会停止。

总之,在内容传输这一环节,不同的网络运营商都在抢夺资源,并企图使自己成为一个真正的"Triple-Player",即一个集语音、数据、视频于一体的网络运营商。大融合趋势下业务领域的交叠使以提高用户忠诚度为目标的竞争在不同运营商之间展开。

四、服务开发与管理

媒介融合在使内容多媒体化的同时,也使增值服务成为与创新内容相伴随的一个重要部分。过去为电脑所提供的网络拉入、通信服务和互动服务等,如今也可以在以电视或者手机为终端的平台上使用,并与电视节目相结合,形成新型的增值服务,如娱乐、信息、电视商务、电子节目单、互动服务和消费者服务等。服务和应用开发商在这个环节中起着重要的作用。随着媒介融合进程的加快,这一环节将产业价值链中日益成熟的部分——服务、应用——与多媒体内容共同构成融合产业用户的综合价值,这也是新兴产业价值链区别于传统电视产业价值链的重要特征。

五、内容接收

在新的产业链的末端是终端接收设备,是把内容传递给消费者的直接载体。对于传统电视产业而言,只有一种终端设备,就是电视机。但媒介融合使终端设备多样化成为可能,同时使每个终端的功能变得多样化。模拟电视、电脑以及手机是目前最主要的三种终端,但随着新业务和新内容的需求的变化,新的终端设备成为产业链中最后的关键环节。

IPTV 跨终端传输的融合容纳功能为视频节目通过跨终端复用增值提供了商用的可能。因此,数据库智能管理下的节目库,成为 IPTV 跨媒体节目利用增值的信源。以 PC 终端为播控节点,通过机顶盒在 PC 与电视机之间建立通信,以电视机作为浏览器,这样用户既可以享受到即点即看海量视频节目的网络电视体验,还可以保留传统的电视消费习惯;同样,以 PC 终端为播控节点,将同类视频节目编辑加工为小码流视频文件,可以通过手机或其他个人移动终端播放。当技术成为内容的一部分,再融合新的编辑思想,便可以通过播放终端的差异化使同质的节目显现出异质的特征,尽管这种异质的特征还仅仅处于平移的过渡阶段。

媒介融合在使广电、电信和互联网各自发挥自身优势的同时,也要求并推进了各自多元功能的实现。广电网的优势在于节目内容的编制传输及广电信号的传输,而技术水平日新月异的电视机是非常好的广电、互联网终端接收设备;电信网的优势在于覆盖面广,且有长期积累的大型网络设计和管理经验,拥有相对完美的宽带网络和比较成熟的宽带增值业务,终端设备(如手机)同样已经可以用于接收广电、互联网内容;互联网的特点在于其技术不断创新发展、大容量资讯的传输和存储、互动沟通模式的更新,其终端设备(个人电脑)已经完全具备接收广电节目、即时语音通信的条件,并逐渐被广泛使用。

在这个新的产业价值链中,每一个环节都有相应的变化,也都承担着独特而重要的使命。各要素之间基于共同的利益需求进行着横向或者纵向的联合与合作。每个环节都企图提高自身在整个产业链条中的地位,但任何企业都无法单独满足消费者复杂而多样的需求。不过,有一点可以达成共识,就是内容提供商和集成商将在产业链中处于优势地位。基于这样的新情况和新认识,许多竞争者都纷纷试水内容业务,比如电信对内容生产领域的介入。因为从媒体领域寻找内容远远不能满足电信运营商的扩张需要,这样只有自己直接掌握内容生产的来源,才能够在融合形态中具有稳固的竞争位置,所以,电信运营商对内容生产的介入就催生了两个内容增产空间:一是自己直接参与内容生产,与内容生产商融合来生产内容;二是行业里出现了大量的新的内容生产商来满足电信运营商的这种需求。对于那些要试水内容业务的竞争者而言,要占领未来的媒介市场,优质的内容及适当的整合加工将是取得成功的两个关键因素。

本章讨论

未来的传媒领域的核心能力是什么?新闻传播类专业应怎样发展学生的这些能力?

对话与思考

1. 媒介融合时代内容生产的主体与传统媒体时代相比有哪些不同?
2. 媒介融合时代内容生产的特点主要有哪些?
3. 数据库在媒介融合时代的内容生产中有何重要作用?
4. 在媒介融合时代,哪些类型的企业有成为内容集成商的意向?它们分别具有什么优势?
5. 就你的了解,在媒介融合时代的产业链中,增值服务有哪些?请选择其中的一项作具体阐述。

第六章
媒介融合时代的用户

在探讨了媒介融合时代的信息生产后,让我们回到信息的接收者或者使用者。

如果是在传统的传播语境中来谈论这一群体,我们称之为受众。特别是在大众传播时代,受众是构成完整传播链条的重要一环,是信息的接收者和有限的反馈者,是传播的目的和归宿。但是,在媒介融合的时代,传统意义上的受众将不复存在,人们在信息传受过程中获得了前所未有的主动性,成为融合用户。这不仅仅是称呼的改变,还意味着在传播流程中,大众,已经不再是被动的信息接收者,而是整个信息传播活动的主动使用者、参与者,甚至其本身也构成了媒介的一部分。这就是媒介融合时代的用户。

> **本章要点**
>
> 在用户结构特征方面,互联网目前已经基本覆盖了中国主流人群,未来的增长空间有限,而网络性格也从浮躁、冲动逐步转向成熟、稳健和富有建设性;在用户的行为特征方面,传受融合是最基本的特点,用户的自我实现、情感交流和宣泄等各种动机都促进了这一融合过程;在用户的社会文化特征方面,既体现生活中社会文化环境的影响和要素转移,也具有明显的观展和表演色彩。在了解了这些用户特征的基础上,内容和服务提供商需要开发新的用户测量体系,重视和加强用户测量,因为这既是数字技术的内生要求,也具有市场评估等多方面的意义,同时在理念上要掌握二八法则和长尾理论的本质,寻找到最有前景的市场空间,当然,也要防止出现各种弊端。

在以往的大众传播活动中,对于信息的消费者,常用的称呼是 audience,即我们所说的"受众"。虽然无论是业界还是学界都始终从各自的角度强调受众在传播活动中的重要性,但是这个词本身其实隐含着对媒介消费者地位的认定——被动的、消极的、处于弱势的。而中国台湾地区使用了另一个译法——"阅听人"。这明显好一些,用"收听收看的人"而非"接受信息的一群人",在一定程度上避免了对媒介信息产品消费者主动性的忽视。

但在媒介融合的时代,无论是"受众"还是"阅听人",都已经不再是准确的概念,严格说来,媒介融合的进程,就是传统意义上的 media 和 audience 的概念消解的过程,哪怕是"信息消费者"这个更具普遍性的概念,也无法概括正在发生的一系列深刻的变化。因此,这里使用一个可能更精准的概念——用户,来代替传统意义上必不可少的"受众"。

在媒介融合时代,媒介自身的功能和角色日益多元化,同步发生的是传统意义上的"受众"角色的多元化。在传播活动中,传者和受者、信息服务和其他服务,在普遍而广泛的媒介融合浪潮中,边界日趋模糊或者说渐趋融合。而对于传统意义上的"受众"的功能和角色的转变,我们也就有了重新认识的必要。

第一节 从受众到用户的时代转向

一、传统意义上的受众

受众,英语单词为 audience,其词根 audie 所代表的意思最初是倾听。由此,美国学者布茨的《美国受众成长记》一书,在为美国受众写史时,便是从戏剧院开始着笔的。古希腊的亚里士多德最先指出,听和看是两种不同的状态:看时,你可以通过把目光转向另一个方向从而看不见该事物;但听则不同,无论你是否愿意,你总得听见。由此,"受众"一词自诞生起,就被打上了"被"的烙印。人们认为,受众总是处于被动的地位,被动地接受信息,你登我看、你播我听。

在媒介发展的早期,人们普遍认为受众是高度被动的。典型的理论观点是所谓"子弹论"或者"皮下注射论"。这种观点认为,传媒的影响立竿见影,一旦它们向受众提供了信息,不管这里的"受众"是读者、听众还是观众,立即就会像被子弹击中,或者像病人被注射了药剂,立刻就服从于媒介的意志。而一些事实似乎能佐证这种观点。例如第二次世界大战前的德国,希特勒及其党徒创造性地进行了大规模的宣传,如向女导演雷芬斯塔尔提供了几乎无限的资金拍摄了纪录片《意志的胜利》。空前而无所不在的宣传,引发了空前的国民狂热,帮助纳粹获得了独裁权力。同样,苏联十月革命的胜利在西方人看来,也是宣传的胜利,是媒介对高度被动、完全缺乏抵抗力的受众的胜利。

幸运的是,这些观念基本上都是一些政治家和评论员基于表象得出的认识,

第六章 媒介融合时代的用户

学者们对于这种做法向来敬谢不敏,他们很快从各自的立场出发提出了更贴近实际的观点。哥伦比亚大学的拉扎斯菲尔德及其学生通过调查统计发现,受众会选择性地注意自己喜欢的媒介、选择性地理解媒介上的内容并选择性地记忆,媒介在大部分情况下不能改变受众的观点,而只能强化人们已有的观点。文化研究者的结论有异曲同工之妙。伯明翰学派的霍尔提出了"编码—解码"理论,他认为意义不是传播者传播的,是受众"生产"的。由此,他提出三种解码的假说:第一,霸权码。受众完全按照媒介的意图来解读媒介的信息,受众"被"支配。第二,协商码。这是大多数受众的解码方式,他们在整体上服从于媒介的意图,但在涉及自身实际利益的局部又强调自身的特殊性。第三,对抗码。受众根据自己的立场、阅历,乃至信仰,对传播者的编码反向接受,或解读出背后隐藏的信息。

这些研究发现,基本上否定了受众完全受制于媒介的想象,但仍然只能说是一种修正。因为不管怎么说,他们也只是强调了受众具有高度的自主性,不会轻易被传播者支配,却没有提及受众可能也会反过来支配媒介,甚至受众自己也是媒介。后面的那些可能性,在那个时代还是太不可思议了。当然,受众还是会对媒介产生反应,这被称为反馈,但反馈与媒介的影响相比,一般来说是微不足道的。在人们使用传统媒介的时候,绝大部分时间都处于被动地看和听的状态,可以说是寂静无声的大多数。被动性是受众最明显、最核心的特征,其他特征都以此为基础展开。

受众使用传统媒介时受到时间和空间的限制。报纸每天或每周销售一次,错过了销售时间,它们的忠实受众就得等下一期;广播、电视都按照一定的时间序列播出,从而形成线性播放的节目表,在美国美剧每周一集,在中国很多人每天晚上7点准时收看《新闻联播》……客观上说,这种模式有其优点:媒介机构每天给出定量的食物,受众的精神领域无暴饮暴食之虞;受众被迫按照媒介的时间形成规律的生活方式;每天晨练的人大体上有同样的聊天话题,上班族、学生族同样如此,于是出现了各种各样的媒介流行物,包括某种着装风格、某种口头禅、某首歌曲、某个口号等,它们一夜之间可以彻底占领一个城市或更大范围的地区。

受众习惯于被媒介安排,一旦固定的时间序列被打破,就会出现混乱。极端案例是传播研究史上大名鼎鼎的"火星人入侵"事件。1938年,美国哥伦比亚广播公司有一档广播节目"水星剧场",主持人决定将英国科幻大师威尔斯的名作《世界大战》以广播形式播出。为了达到逼真的效果,他们决定以新闻直播的方式播出。10月30日晚上8点,这部广播剧开播了。通常,广播剧播出几分钟后会播放一段音乐,但当天的音乐被"突发新闻"打断了——特别公告:芝加哥詹宁斯山天文台的教授报告观测到了火星上的爆炸。紧接着,另一份新闻公报被宣布——一个巨大的、炽热的物体跌落在新泽西州格罗弗岭附近的农场。随后,记者跟进"现场",描述了"火星人"从太空船里爬出来的情景:"这是我见到的最可怕的事情……这是某种生物……他们挪动的样子就像灰蛇……他们的身体像熊那么大,眼睛如同巨蟒一般,嘴巴是 V 字形的。""那是什么?喷射的火焰扑向行进中的人群……整个农场都燃烧起来……它们在我右侧只有 20 码了!"话音刚落,广播顿时寂静无声,几分钟后,广播员严肃地宣布,"包括州警官在内的 40 人死在农场上,他们的尸体严重变形"。紧接着,广播员惊慌地说:派出的州国民警卫队 7000 人全部被火星人消灭。一个声音(有意模仿罗斯福总统)通过广播向全国发表演说,号召大家勇敢地抵抗残暴的敌人。期间,爆炸声、警察的呼号、火星人奇异的尖叫此起彼伏。广播员哽咽着继续通报:"从火星飞来的圆筒已经落在全国各地,一个在布法罗市郊,一个在芝加哥,一个在圣路易……"节目的"效果"很明显。在全美各地,几十万人叫嚷着跑上街头,成千上万的人打电话给广播站、警察局。很多美国人甚至把家里值钱的家当都装上汽车,逃离家乡。人们纷纷跑去教堂向上帝祈祷,工厂则紧急生产防毒面具。相当多的人变得歇斯底里,有些地方甚至报道说有人自杀。一些冒险家把子弹装上膛,前往格罗弗岭,他们把当地农民建的水塔当成了"火星三脚架",疯狂进行射击。[①] ……这次"火星人入侵"事件是一些人持有"子弹论"或"皮下注射论"的根据,而从细节来看,导致了巨大社会损失的直接原因是——在广播剧的时间里"插播了""新闻",打破了原有的时间序列。

受众在空间上也是被动的。在广播、电视尚未普及的年代,人们聚集在一个地方一起收听广播、收看电视是一种生活常态。1945 年 8 月的一天,日本各地的农民扶老携幼、成群结队地来到了乡政府附近,因为天皇将要向全国百姓发表御音,而一个乡一般只有这里有收音机。当天皇的声音被放大传出后,人群中的呜咽声越来越大,长期被宣传机构蒙蔽的人们才知道——日本战败了。在中国,改革开放前后,很多单位都有个地方叫电视放映室,有个职业叫电视放映员,这些都在丰富单位员工的夜生活方面发挥了独特价值,而几十、几百人聚集在某先富起来的农民家院子里看电视也是改革开放后中国农村常见的一景。在那个年代,广播、电视无形中具有了社会组织的功能,因为它们能够把人们聚集在某一个特定的时间和空间,丰富的群体交流由此产生。即使在今天,聚集在一个房间

---

① 参见《"火星人入侵"逼真广播剧引发的美群体性恐慌》,http://history.huanqiu.com/world/2009-12/667182_2.html。

里看电视也是一个家庭进行内部交流的重要方式。

受众在时间、空间上处于被动状态,在同一个地区、同一个时间段人们往往接收着类似的媒介内容,可供选择的媒介类型和节目越少,这一现象则越发明显。这进一步导致受众具有相当强的趋同性,容易受到群体压力的影响。首先是媒介内容消费方面的趋同。除了被动趋同之外,还有另外一些因素在起作用,如当大部分人都在讨论同样的媒介内容,那么那些孤立的个体仅仅为了交际的需要也不得不进行同样的媒介内容消费。生活中也有不少案例,如一些连续剧越来越热,而其竞争对手则越来越冷。其次是谈话话题和人们关注的公众议题的趋同。传播学中的"议程设置"理论就是对这一问题的描述。该理论认为,大众传播媒介往往不能决定人们对某一事件或意见的具体看法,但可以通过提供信息和安排相关的议题来有效地左右人们关注哪些事实和意见及他们谈论的话题的先后顺序,即大众传播可能无法影响人们怎么想,却可以影响人们去想什么。议程设置理论揭示的其实也是一种趋同现象。再进一步则是观点方面的趋同。这方面具有代表性的理论发现是"沉默的螺旋"理论。该理论认为,人们在争论发生时会判断自己的意见是否属于"多数意见"。当感觉到属于"多数"时,便倾向于大胆地表达;当发觉属于"少数"时,可能会为了防止"被孤立"而保持"沉默"。几经反复,不断循环,就形成了一方越来越大声疾呼,而另一方越来越沉默下去的螺旋式过程。人们通常认为大众媒介呈现的意见代表了多数人的想法,当媒介强调某些观点,就很容易形成意见气候并进而导致观点的一边倒。

当然,这里所谈的现象都不能绝对化,所谓趋同、容易受到群体压力的影响并不是指受众一定会从众,而是更具有这方面的倾向。议程设置理论承认大众媒介在影响人们怎么想方面收效甚微,而研究者们也发现沉默的螺旋的出现需要满足一系列的条件,如争论的问题并不存在明显的是非、与人们的切身利益并不相关等等。更需要强调的是,这种倾向的存在不是因为一个个具体的受众的性格相似、观念相似,也不是因为他们都处于同一个社会阶层,这是由传统媒介的技术特征和传播方式决定的。

"受众"的第二个字"众"也描绘了传统受众的一部分特征。(1)受众的规模非常巨大。人类进入媒介时代以后,能够完全脱离媒介影响的人几乎不可能存在,人人都是受众。(2)受众具有分散性和异质性,广泛分布于各个国家、各个阶层、各种社会结构之中。具有不同的文化、教育、宗教等背景,社会属性千差万别。(3)受众又是隐匿的。媒介机构虽然可以自我定位,如面向社会上流人士的所谓高级报纸、面向一般大众的大众报纸等,但事实上并没有"固定的传播对象",难以精确定位每一个受众。对媒介机构来说,所有的受众都隐藏在夜幕中。(4) 受众难以细分。由于媒介的技术条件和成本的限制,一般只能提供面向大范围的受众的一般性产品,对市场的细分往往难以达到非常精确、细微的层次,因此无法满足一部分人的特殊需求……

总的来说,受众这个词,是对人们的一种媒介使用状态的描述。在传统媒介时代,当人们消费媒介内容时,用"受众"一词来描绘是比较合适的;但在媒介融合时代,人们消费媒介内容时的状态发生了巨大变化,"受众"这个词就越来越不准确了,根源就在于人们越来越多地摆脱了媒介使用中的"被"状态,日益走向技术意义上的传播自由。

二、从受众回归到用户

网络兴起之后,受众这个词逐步失去了它的准确性和意义,被学界和业界所抛弃,原因是它完全没有能力概括网络使用者的一系列变化。网络使用者完全摆脱了曾经的被动局面,日益拥有更多的传播自主权。这种主动性体现为由浅入深三个层次:在获得信息的过程中具有更强的主动性、参与媒介生产、自身成为媒介。

获取信息是人们使用媒介最直接的目的,无论是对于传统媒介还是新媒介。网络颠覆了传统的信息接收模式——报纸需要按日或按周购买;广播和电视的播放模式是线性的,受众只能被动地等待自己喜欢的节目或其他内容。在新的时代里,理论上人们可以按照自己的意志来决定于何时何地收听收看,关键的限制因素变成是否可以找到网络终端、连入宽带,而随着网络终端的日益便携、廉价和无线网络宽带的发展,这样的限制因素也越来越不是问题。传统媒介对受众的时空限制在一定程度上带来了规律的作息时间、带来了更多的社会交流,而当网络的使用者不受时间和空间的限制,再加上社会进步、商业文明的繁荣等带来的影响,导致出现了作息时间多样的群体。如今,人们的休息时间、工作时间、外出时间,都呈非常无序的状态,最为明显的表现是移动时间增加、工作时间与生活时间大量重合。传统媒介的时段性特点,特别是电视节目的播出遭遇受众群体生活节奏的无序状态,导致出现了"媒体消费时间偏差",实现"媒体到达"或发挥"媒体影响"十分艰难,传统媒介的受众日渐减少。

传统媒介经过过去几十年的发展,也达到了非常完善的地步,人们可以随时接收到几十个广播台、几十个电视台的节目。选择的增多往往意味着主动权的转移。以广告和受众之间的博弈为例。前者是媒介机构的财富之源。为了增强广告效果,媒介工作者与广告主合谋想出了众多办法,初期常见的是反复轰炸法,如传遍大江南北的"羊、羊、羊""送礼只送脑白金"等都是经典案例。受众的应对策略是出现广告则迅速换台。随后,为了应对受众的抵制,出现了"吊床"(将广告安排在精彩的电视节目中插播以提高其实际到达率)或者"搭帐篷"(以强势节目拉抬广告收视)等现象,即当观众收看电视节目正处于情绪高涨状态时,屏幕上突然跳出广告。不过,因为电视频道数已经从当年的一两个发展到十几个、几十个,受众还是可以在广告时段迅速转台。可以看到,随着信息来源的增多,传统媒体赢利的主要来源——广告,被受众自觉过滤的现象更加明显,很难有某一强档节目能锁定受众。这对于报纸、广播等媒介也是一样的。在这样的博弈中,受众坚持不懈地抵制广告,而抵制的效果则取决于媒介与受众各自的主动权大小。在新媒体时代,人们具有几近无限的信息来源,传统媒介引以为豪的诸如"几十个频道"、覆盖全国等成果相比之下暗淡无光。超链接、超文本、搜索引擎等技术发展成果,使人们可以随时随地从无穷无尽的信息海洋中拉取自己想要的信息,跨越地理限制,跨越信息形态限制,根据自己的需要选择文字、图片、音频、视频,以及时段和终端,或者为了节省精力直接定制自己需要的服务。最终,只有人们真正感兴趣的内容,才会被接受,传统媒介再也无法利用渠道垄断强迫人们去听、去看。太多的选择让主动权易手,信息消费者成为真正的"上帝"。当然,广告和受众的博弈也在新媒介领域继续延续。与传统媒介一样,新媒介也遵循二次销售法则:形形色色的网络内容提供者努力吸引内容消费者的眼球,然后再将这些注意力出售给广告主。诸如旗帜广告、链接式纽扣广告等一度在电脑屏幕上满天飞,甚至一则广告可以"顶天立地"占领整个屏幕。但是,一般情况下,电脑前的人会迅速关掉广告,或启动广告过滤软件,在忍无可忍的情况下可能会选择抛弃这个网站。信息消费者在面对广告时具备了远超过去的主导权。这一切导致网络广告日益"人性化",例如谷歌搜索引擎根据人们搜索的内容,在搜索页面两侧空白处提供具有相关性的广告,取得了良好的效果,用一句俗语来说,就是"不碍眼"。

　　传统意义上的受众在新的时代里具有了无限多的信息来源,再也难以忠于某一个媒介、某一个频道、某一个主持人,他们的注意力分散在信息海洋中,在吸收到远超过去的信息的同时,时间也被彻底分割并破碎化。他们的媒介接触行为是冲浪式的,迅速到来也迅速退去,随着个人的兴趣变化而转移。他们的信息消费是高度个体化的,时间和空间安排都具有高度的自主性,很难再用一个笼统的"众"字来形容。他们被迅速细化、分化,从大众走向"分众"。人们接受的信息千差万别,虽然也会不断出现大家关注的热点,例如"躲猫猫""虐猫女""凤姐"等等,但仔细考察后可以发现,那些热点主要是议题彼此自然竞争的结果,政治、经济力量或利益集团刻意设置的"议程"如果不符合人们的口味,难逃淹没于信息海洋的下场。至于"沉默的螺旋"现象,在匿名环境中,在自由的、个性化的信息消费方式下,即使不会完全消失,其效力也大为削弱。

除了在信息获取过程中主动权不断增强,人们在媒介生产的参与程度上也有了空前的提高。

在传统媒介时代,受众对媒介生产的影响相当有限,即使有一些参与,也可以用数量少、形式简单来概括,并且大多数是受媒介邀请的被动参与。常见的形式有这么几种:受访,即个别受众以接受媒介采访的形式参与媒介新闻生产;报料,即当受众遇到新闻事件时,主动告知报社、电台、电视台等;发表观点,即在电视和广播节目进行时,有时会插播受众来电或短信,让受众表达观点、看法;投稿,即受众可以独立写作评论、散文等向媒介机构投稿,由媒介机构选择;嘉宾,即受众受到广播电视节目的邀请作为节目的参与者来到现场,按照主持人的意图发表看法、参与节目。很明显,在这些媒介参与中,媒介机构都处于主导地位,受众基本上属于被媒介工作者操控的对象。但是,在新的时代里,一切都转变了,人们有了更多、更积极的方式来参与媒介生产:首先,当人们欣赏完每则新闻、每个视频或其他内容,都可以点击相应的"发表观点"链接进行实时评论,表达自己的态度和观点,也可以参与投票或打分;其次,通过 SNS 社区、论坛、聊天室、新闻组、QQ 群等服务,人们可以就自己关心的话题进行积极的交流和辩论,形成观点的自由市场,最终形成网络民意;再次,新媒介提供了极其丰富和便捷的方式让人们可以直接与媒介工作者进行交流,如娱乐节目《非诚勿扰》,同时提供了官方 BBS、主持人博客、栏目电子邮箱等渠道,使传者和受者之间的沟通障碍大幅度削弱了。通过上述各种方式,内容消费者的态度、观点、故事,就能以前所未有的速度和威力到达生产者,而且也迫使生产者及时反应,对自己的内容生产活动进行调整,不然就会付出声誉下降、用户流失、输给竞争者的代价。可以说,新时代的内容生产是生产者和消费者不断互动、共同进行的生产。

对"受众"这个概念的最沉重一击来自这样一个事实:每个人都可以成为媒介。这一现象在网络兴起后不久就已经显现出来,在社会化媒体兴盛之后更已经成为不争的事实。1995 年,一个名叫马特·德拉吉的人开办了一个个人网站"德拉吉报告"(Druge Report)。最初"德拉吉报告"主要以邮件列表的方式向订户发送各种小道消息和大众观点,后来内容慢慢发生了变化,转而关注政治圈的"内部消息"。1998 年 1 月 17 日,德拉吉向世界各地的近 5 万名订户发送了一条令人窒息的信息:"在最后一分钟,星期六(1 月 17 日)晚上 6 点,《新闻周刊》杂志'枪毙'了一则重大新闻。这条新闻注定将动摇华盛顿的地基:一个白宫实习生与美国总统有染。"新闻的题头上赫然写着:"世界独家新闻"。这就是后来人所共知的美国前总统克林顿与莱温斯基的绯闻。从此,德拉吉真正出名了,成为可以与一家媒体抗衡的个人。他不属于任何人,不被任何人领导,不需要雇用记者、编辑、秘书、制作和技术人员。他每天要浏览35份电子媒体,收1000多封邮件,与"线民"们通过电子邮件和电话联系获取最新消息,这些"线民"包括记者、化妆师、电视节目主管,甚至国会助理……德拉吉说:"我从来没有做过任何广告,从不花钱做公关,也从未举办过任何宣传活动。"每一次重大的新闻事件都成了"德拉吉报告"的最佳宣传,"9·11"事件更确立了它比肩新闻巨头的影响力。2001年9月16日,"德拉吉报告"的访问量一举超过了《今日美国》和《华盛顿邮报》的网站。尽管传统媒介的从业者常常对德拉吉不屑一顾,但后者其实蕴含着挑战性的力量。① 我们可以看到,虽然那时还没有博客、维基百科、微博、脸谱等后来被统称为 Web 2.0 的服务,UGC(用户生产内容)的概念还没有广为人知,但一个普通人通过网络,仍然可以将自身变成影响力极其强大的媒介,而当时诸多的个人主页、个人电子杂志、个人网上广播台等,也都具有个人媒介发生发展的开创性意义。

这是网络开创的无限可能性的一个展示,同样我们可以想象这样一个问题:当你向一个人发送邮件,这是人际传播;当你向所有的同事或同学发送邮件,这是组织传播;当你向 100 万个地址发送邮件,你在进行大众传播,虽然是最不受欢迎的那一种,但这时你已经是大众传播媒介。因此,我们能够很容易地发现,新媒介其实本身就是融合的——人际传播、组织传播、大众传播等所有传播层次的融合,传者和受者身份的融合。在德拉吉建立了他强大的个人媒介十年后,中国人徐静蕾建立起日浏览量上千万的博客,姚晨的微博拥有两千万粉丝……这都是强大的媒介,这样的数字相当于一些国家的人口总量,相当于一家大型电视台的观众数量。她们集主编、编辑、记者于一身,她们发表的内容既是私人的,又是公共的。她们本身是个人成为媒介的时代的象征。在今天,你的微博可能有几十、几百,或者成千上万的粉丝,你很可能同时在进行人际、组织和大众传播,发挥着自己作为媒介的影响力。在视频分享网站上,在网络文学网站上,可能既有你的作品,也有我的作品,也可能我们都欣赏过对方的作品。

传播学者丹尼斯·麦奎尔指出:"所谓被动的收听者、消费者、接受者或目标对象,这些典型的受众角色将会终止,取而代之的将是下列各种角色中的任何一个:搜寻者(seeker)、咨询者(consultant)、浏览者(browser)、反馈者(respond-

---

① 参见 http://baike.baidu.com/view/2147747.htm。

ent)、对话者(interlocutor)、交谈者(conversationalist)。"[①] 这也就是传统的受众概念逐步消失的原因,"受众"这个词已经无法准确地形容当下发生的一切。在新旧媒介概念并立、媒介融合的前景还一片模糊的时期,我们还可以勉强使用受众一词,但随着媒介融合的前景变得十分清晰,连勉强的理由都不能成立了。于是,受众走了,用户来了。

第二节 用户的特征

在传统媒介时代,我们称媒介内容的消费者为受众;在新媒介崛起后,这个词慢慢不再准确,乃至被用户彻底取代。我们能够用一千个例子来说明传统媒介的受众和媒介融合时代的用户的区别,但是同时往往情不自禁地陷入逻辑的误区,无意识地假定存在两种不同的人:一群人被称为"受众",另一群人则被称为"用户"。而事实上,山还是那座山,人还是那些人,关键是传统媒介跟其后的新媒介以及融合媒介形态不同,才导致了"用户"和"受众"的差别。从"受众"到"用户"的变化,是人们精神交往方式的必然进化。人们天然地拥有对传播自由的渴望,但是由于技术形态的限制,这样的境界在旧媒介时代仅仅是一种幻想,而"用户"这个称呼本身意味着人们在走向传播自由的道路上前进了一大步。所以,当我们讨论媒介融合时代用户的特征,以及更重要的用户价值实现时,我们首先需要清楚的是,我们并没有为用户创造任何需求,而是满足了人们早就有的,但由于技术限制被压抑了的需求。我们真正要做的是,搞清楚人们对传播自由这一渴望的具体需求,然后在现有技术条件下设法满足这些需求。

一、用户的结构特征

学者麦奎尔在1997年写作了《受众分析》一书,以研究目的和受众观为标准,将受众研究划分为三大传统,分别为结构性受众研究、行为性受众研究、社会文化性受众研究。结构性受众研究主要侧重于受众规模、媒介接触、到达率、流动情况等方面的量化分析,主要用于媒介产业实践;行为性受众研究则重在改进和强化媒介传播效果,主要将传统理论用于对受众及相关问题的探讨;社会文化性受众研究则强调受众具有主动性和选择性,受众的媒介使用是特定社会文化环境的一种反映,也是赋予文化产品和文化经验以意义的过程,主要以文化研究

[①] 〔英〕丹尼斯·麦奎尔:《受众分析》,刘燕南、李颖、杨振荣译,中国人民大学出版社2006年版,第158页。

学派为代表。① 他谈的问题其实是看待受众问题的三种视角,在讨论媒介融合时代的用户时我们可以借鉴同样的分类方法。

在用户结构特征方面,《第32次中国互联网络发展状况统计报告》提供了一个比较好的分析基础。

它首先揭示了旧媒介的衰落、网络的兴起、媒介融合的发展是一个新技术的"创新和扩散"过程。在过去的许多年里,研究者们固守这样一些观念:新媒体用户年龄小、传统媒体受众年龄比较大;新媒体用户知识水平比较高,传统媒体受众文化层次相对比较低;新媒体用户的主动性比传统媒体的受众更强,有更多的互动性需求;此外,二者的信息敏感点不同、性别比例不同、接受信息后的反应不同……这些差异诚然是事实,但更关键的其实是这样一些描述:"截至2013年6月底,中国网民中30岁以上各年龄段人群占比均有不同程度的提升,总占比为46.0%,相比2012年底提升了2.1个百分点,说明我国互联网的普及逐渐从青年向中老年扩散,中老年群体是中国网民增长的主要来源。"②"截至2013年6月底,中国网民中小学及以下、初中学历人群的占比分别为11.2%和36.3%,相比2012年底均有所上升,尤其初中群体中的升幅较为明显,说明中国网民向低学历人群扩散的趋势继续发展,初中及以下学历人群是中国网民的主要增长点。高中和大学及以上学历人群中互联网普及率已达到较高水平,未来增长空间有限。"③

这完全符合美国农村社会学家罗杰斯提出的"创新与扩散"理论模型。罗杰斯考察了创新扩散的进程和各种影响因素,总结出创新事物在一个社会系统中扩散的基本规律:创新的扩散,一开始总是比较慢,然后当采用者达到一定数量("临界数量")后,扩散过程突然加快。这个过程一直延续,直到系统中有可能采纳创新的人大部分都已采纳创新,到达饱和点,扩散速度又逐渐放慢。采纳创新者的数量随时间而呈现出S形的变化轨迹。罗杰斯把创新的采用者分为革新者、早期采纳者、早期追随者、晚期追随者和滞后者这五种类型,而越早采用新技术、新观念的人,其革新意识越强,受教育水平、经济收入、社会地位越高,而随着时间的流逝和人口的代际变迁,这些方面的差异终将消失,实现了创新的普及。我们可以看到,在网络发展的早期,由于终端设备和网络接入服务的价格昂贵,也由于上网本身需要相当的专业技术水平,最早的一批网络用户都具有非常

---

① 〔英〕丹尼斯·麦奎尔:《受众分析》,刘燕南、李颖、杨振荣译,中国人民大学出版社2006年版,第13、14页。
② 中国互联网络信息中心:《第32次中国互联网络发展状况统计报告》,2013年7月,第15页。
③ 同上注,第16页。

高的文化水平和较强的经济能力。随后几年,网民的平均文化水平慢慢降低到本科、专科层次。如果说直到这一阶段,网民还算中国社会的精英群体的话,那么最近几年网民彻底普通人化,网民数量呈现爆炸性增长态势。到了今天,用户数量迅猛扩张阶段已经基本结束,还有大量的老人以及文化水平很低的人,他们让网络的渗透率增长相当缓慢。

这提示我们,当比较传统媒介的受众和媒介融合时代的用户时,有相当一部分的所谓"差异"并不是真正的差异,而是新技术、新观念扩散过程中出现的阶段性现象。因此,虽然不能说对这些差异的评估以及相应的对策性建议完全没有价值,但必然没有长久价值。以最早出现的网络社区为例,那里的语言非常干净,讨论氛围平和、理性,帖子的内容一般都是深思熟虑后的思考。但随着网民群体扩大,网络语言日渐粗俗化,社区的讨论文章也日渐肤浅。如果在这两个阶段对网民进行研究,会发现其特征有很大不同,也因此可见过去种种对网络用户特征的研究,在很多情况下是没有意义的。

那么,应该如何描绘当今网络用户的总体结构特征?在静态层面上,现在已经告别了量的扩张时期,进入了用户渗透不断深入和参与程度不断提升的以"质"为主的时代,其中主导性的变化之一就是媒介融合的发展。当前中国的网络用户数量突破5亿,约为中国总人口的四成,从文化水平、经济收入以及社会行动力等方面看,几乎包括了所有中国主流人口。这在某种程度上意味着,今天的网络舆论反映的就是中国的主流舆论,网络民意就是主流民意。也许在过去的十年里这样的说法过于武断,但在今天则基本准确。

统计数据显示,"相比2012年,各网络娱乐类应用的网民规模并没有显著增长,使用率变化不大……整体行业发展放缓"①。这些变化看似很难理解,但其实是网络用户主流化、网络与现实两个世界高度融合的自然结果:当网络用户覆盖了中国社会所有主流人群,告别了以青少年为主的时代,那么它的功能就不会仅仅限于网络娱乐应用;当网络提供的服务和功能日益增多,对真实世界进行日益深入的渗透和扩张,既具有报纸、广播和电视等传统媒介的功能,也具有购物、就餐、通信、工作、征婚等一切其他生活服务功能,那么娱乐应用的使用率自然会在总体上呈现下降态势。而在网络视频行业,"中国网络视频网民达到3.89亿……半年增长率为4.5%。网民中上网收看视频的比例为65.8%"②。这一现象背后的原因是人们在补课,补上由于网络速度较慢、上网费用太高、网民原创

---

① 中国互联网络信息中心:《第32次中国互联网络发展状况统计报告》,2013年7月,第27页。
② 同上注,第40页。

内容生产难度大等历史因素导致的媒介融合中比较落后的一环。

同时从动态角度看,从网民数量低于100万到今天网民规模达到5.91亿,中国人的"网络性格"一直在发生悄无声息的大变迁:从非主流到主流,从亢奋到稳定,从激进、极端到客观、中立。这里的"网络性格"并不是一个严格的学术术语,而是对中国网络世界中千千万万的用户表现出来的总体风格和外显气质的一种简单化的描述。而网络性格的变化,很可能源于网络用户规模和结构的变化。

从2006年前后开始,网络暴力曾经引起社会各界的广泛关注,虐猫事件、铜须门、范跑跑、沈阳女、九五至尊门……可以列出长长的名单,在威力无穷的人肉搜索面前,当事人的隐私被大白于天下,网络中充满了人身攻击和污言秽语,乃至直接威胁到当事人的现实生活。诸如此类网络暴力现象,让一些人感慨网络是中国社会的垃圾场。无论这句话准确与否,网络暴力泛滥都很可能与网民的年龄构成有密切的关系。2007年的一篇论文提到,"我国网民集中在18—24岁阶段,24岁以下的人占据了50%强的比例""脏话被用来表明自己已经长大成人""青少年是自我意识最强烈的群体,他们的言语方式也通常是极端的"[①]。青少年正义感强烈,容易被激怒,同时会固执地相信自己所信奉的正义,自以为是地对自己认为的罪恶进行讨伐。那么,当网络的发展阶段刚好处于青少年网民占据主要地位的时候,网络性格就不可避免地带有青少年特征,激进、极端、情绪化……其他的一些网络问题,如网络炒作、网络审丑等等,背后都可能有类似的因素。

在过去的两三年里,网络中的极端、偏激、情绪化现象仍时有出现,但我们也能看到大量鼓舞人心的案例。例如,一大批"最美"的教师、司机、服务员等出现了,他们是和我们一样的普通人,因为生活中某个让人们感动的细节,受到网络用户的广泛追捧,成了"明星",也给旁观者的心灵以温暖;大量的民间公益活动借助网络进入社会主流人群的视野,乃至发展成为社会运动。这些毫无疑问具有强烈的正面导向作用,成为中国社会新的道德力量。另外,这些年来少年网民正逐渐成长为青年人乃至中年人,《第32次中国互联网络发展状况统计报告》的数据也可以佐证——30岁以上的网民比例较2012年底提升了2.1个百分点,中老年群体成为中国网民增长的主要来源。

其次,移动终端用户的迅猛发展是这些年来最明显的一个用户结构变化。在《第32次中国互联网络发展状况统计报告》中提及,手机网民规模已达4.64

[①] 黄桂萍、吴文虎:《对网络话语暴力现象的探讨》,载《现代传播》2007年第5期,第121—123页。

亿。而本书在开篇即已提过,通过 3G 网络上网的智能手机既是互联网终端,又是报纸、广播、电视,既是通信工具,又是摄影、摄像器材,融信息输出终端与接收终端为一身,具有比笔记本电脑更强的移动性,最准确的称呼是移动媒介融合终端,可以说是媒介融合最典型的现实代表。

数据显示,"截至 2013 年 6 月底,我国手机网民规模达 4.64 亿……网民中使用手机上网人群占比由 74.5% 提升至 78.5%"[1]。就此而言,手机上网由于发展较晚,当前具有更加明显的"创新与扩散"特征,具有革新精神的年轻群体最先采用,随后开始向其他人群扩散。值得注意的是,手机上网用户一般是现有网民,由于智能手机和 3G 无线上网价格在 2012 年仍然比较高,目前智能手机上网用户还局限于现有网民中的中高端人群。我们可以预计,一旦价格问题得到解决,智能手机上网用户将可能出现爆发性增长,直到基本覆盖现有网民群体;而业界经常谈到互联网领域还有最后一个蓝海——移动应用领域,也不会是无的放矢。

"一方面,手机上网的发展推动了中国互联网的普及,尤其为受网络、终端等限制而无法接入的人群和地区提供了使用互联网的可能性;另一方面,手机上网推动了互联网经济新的增长,基于移动互联网的创新热潮为传统互联网类业务提供了新的商业模式和发展空间。"[2] 媒介融合终端个人拥有率日渐提升,公共上网服务逐步失去市场空间;笔记本电脑日益取代台式电脑成为终端主体,而网民们通过智能手机终端和通过电脑上网的时间分配则不断向前者倾斜。

上述数据都表明了本书提到过的基本趋势——终端日益无所不在。这既是由于终端的移动性不断增强,也是由于终端的成本不断下降。用户们获得了日益增加的时间和空间自由,对服务的使用也日益碎片化、个人化。但是,智能手机作为移动媒介融合终端的局限性依然表现得非常明显。手机即时通信是渗透率最高的手机应用,手机微博则是增长最快的手机应用。原因很明显:(1) 由于 2G/3G 无线上网流量费用仍然比较高昂,且速度不稳定,人们自然会倾向于使用数据流量比较小的业务,手机即时通信和手机微博都有这方面的优势,而消耗流量极大的手机 3G 广播、手机视频等服务,使用率和增长率就低得多。(2) 手机屏幕太小,音视频效果终究不能跟电脑终端相比,而即时通信一般都是短小精悍的语言,微博每条只有 140 个字,在手机上依然能取得比较理想的用户体验。同时,即时通信和微博都属于高时效性要求的服务,前者追求时刻在线,后者追

---

[1] 中国互联网络信息中心:《第 32 次中国互联网络发展状况统计报告》,2013 年 7 月,第 12 页。
[2] 同上注,第 13 页。

求时刻关注、即时随性地进行原创内容生产,可以随身携带、到处移动的手机显然能够满足用户这方面的要求。相比之下,操作烦琐、对用户体验要求较高的商务应用在手机网民中渗透率较低也就是自然的结果。

二、用户的行为特征

人类的任何行为都有一定的目的,传播行为同样如此。1974年,卡茨在他的著作《个人对大众传播的使用》中首先提出"使用与满足"的基本模式:人们使用传媒的目的都是满足自己的需求,这种需求和社会因素、个人的心理因素有关;受众选择特定的媒介和内容开始使用;接触使用后的结果有两种:一种是满足了需求,一种是未满足;无论满足与否,这都将影响到以后的媒介选择使用行为,人们根据需求被满足的结果来修正既有的媒介印象和对媒介的期待。虽然一些学者对此表示质疑,如传播学奠基人施拉姆就认为,"使用与满足"还远远不能称为一种理论,但不管怎么说,在分析受众或用户时,思考他们为什么要使用服务、他们有哪些心理动机、这些动机是否能得到满足以及随之又会产生哪些后果,却有着毫无疑问的价值。

在媒介融合时代用户的诸多行为特征中,最重要的特征是信息传者与受者角色的互相融合,用户的其他特征都是以此为基础衍生出来的。而这一特征的决定性,也体现在一系列新概念的出现和发展过程中。这些新概念包括 Web 2.0、社会化媒体、公民新闻、微内容等等。

早在互联网刚刚兴起时,就有学者指出,在互联网时代,人人都是传播者,人人都是记者。随后,诸如人人都是电视台、人人都是广播台等类似言论也频繁出现于各种场合。个人主页、个人网上广播台、个人电子杂志等也成为可以佐证的具体案例。但是,真正意义上的人人都是传播者,却是在 Web 2.0 的概念兴起之后才开始出现的。2004 年,一位美国互联网先驱发现,在网络泡沫破灭之后活下来的网络公司似乎具有一些共同点,于是就提出了 Web 2.0 的说法。从这一年开始,Web 2.0 的服务实现了爆发式增长,其中包括这些我们常用的应用:博客、播客、维基、P2P 下载、社区、RSS 等,同时催生了生活中许多我们熟悉的名词:百度文库、豆瓣、音悦台、人人网、Skype、亿友、新浪名博、土豆网……但是,也有一些人将 Web 2.0 贬低为毫无意义的行销炒作口号。这多少也有些道理,因为我们难以找到 Web 2.0 和 Web 1.0 之间绝对的界限。Web 2.0 技术可以成为 Web 1.0 网站的工具,一些在 Web 2.0 这一概念出现之前诞生的网站本身也具有 Web 2.0 的特性,例如 B2B 电子商务网站的免费信息发布和网络社区类网站的内容也来源于用户。也存在一些典型的被称为 Web 2.0 的技术,但那些技术只不过是为了达到某种目的所采取的手段,是具有 Web 2.0 特征的应用模式。Web 2.0 的真正价值在于提出了一种新的指导思想,明确了网络的发展方向。因此,与其说 Web 2.0 是网络技术的创新,不如说它是网络应用指导思想上的革命。

到了今天,我们仅靠个人经验即能归纳出 Web 2.0 的主要特征:(1) 成员广泛参与,一起生产内容,每个人都是内容的提供者;(2) 人是灵魂,一个个独立的人共同构成网络信息源,人们基于个人兴趣汇聚到一起,形成一个个小的社区或者说细分市场,彼此分享,共同织网;(3) 从整体来看,贡献大部分内容的仍然是小部分的人,但大众至少拥有了充分地提供内容的权利,而那些在内容生产中处于关键地位的个体基本上都要通过个人努力、平等竞争才能获取影响力,而非依靠行政许可或特权;(4) 每个用户都与网络服务器之间频繁地进行信息交互,而且也与其他用户以及其他网站的用户之间频繁交互,因为平台高度开放,用户基于兴趣而聚合,也就形成了相比过去更高的活跃度和忠诚度。

这两年还出现了一个非常热门的概念——社会化媒体,大致上指的是"能互动的"媒体,或者说,如果缺乏用户的有效参与,平台基本上就毫无内容的媒体。博客、微博、维基、播客、论坛、社交网络等都被认为是社会化媒体,人们归纳了它们的主要特征:主动参与、公开免费、双向交流、社区聚合、媒体开放互融。不难看出这些应用与 Web 2.0 概念的高度相似,区别是前者强调了两个关键词:UGC(用户创造内容)和 CGM(消费者生产的媒体)。严格来说,社会化媒体是很不准确的一个概念,是人们的传统观念受到冲击后的折中。大众传媒的本质特征是一对多的单向传播,而微博、博客等服务与传统媒介相比显然具有本质性的差异,在这种情况下仍然称之为"媒体"容易让人们忽略这个时代发生的大逆转:本没有媒介,后来出现了媒介,但最终仍将走向没有媒介,而媒介融合则是媒介走向消亡过程中的一个环节。

公民新闻的概念则强调了 Web 2.0 对新闻生产的影响。它产生于 20 世纪 90 年代的美国,我们可以把它理解为"公民(非专业新闻传播者)通过大众媒体、个人通信工具,向社会发布自己在特殊时空中得到或掌握的新近出现的特殊的、重要的信息",或者把它称为"来自业余新闻工作者的第一手新闻报道"。德拉吉被公认为第一位著名的"公民新闻工作者"。

一般认为公民新闻兴起的首要原因是个人传播技术的普及,网络和电脑的普及是一半,另一半是数码照相机、数码摄像机、移动电话等电子产品的普及。今天手机已几乎人手一个,数码相机、数码摄像机也成为寻常的家用电子设备,而这三者合为一体的趋势也明明白白地呈现在每个人面前。这就为每个普通公民提供和发布新闻给予了技术上的支持,使人们可以随时将自己在突发事件现场所获取的新闻传播出去,从而打破了只有新闻从业人员才能进行新闻传播的传统格局和垄断局面,并促使普通公民以一种更加积极、主动的姿态参与到社会生活中。在 2011 年 7 月的温州动车事故中,现场乘客惊魂未定,就用手机短信、彩信、微博等方式,向四面八方公布事故现场的一手消息,既有大量文字,也包括丰富的现场影像。这些乘客发布的信息具有超越一切专业新闻工作者的时效性,同时使任何对动车事故进行隐瞒、欺骗的企图不具有实现的可能性。当然,必须承认,业余新闻工作者无法真正取代专业新闻工作者,但是他们在几个方面会产生深远影响:一是迫使新闻工作者提高专业主义水平、避免在报道中出现偏见和错误;二是促使传统媒体拓宽资源渠道,采取各种各样的手段采集新闻,包括鼓励公民提供新闻和向公民购买新闻;三是改变了舆论监督权由媒介掌握的状况,颠覆了"舆论一律"的传播格局,新闻将不再是单纯的媒介发言,而是全社会共同的声音。

有趣的是,当人们探讨哪些网络服务具有公民新闻特性时,再次发生了新闻的定义外延的重合。美国学者斯蒂夫·奥汀依照公民在新闻报道和传播中发挥的主观能动作用的大小,按由低到高的顺序将公民新闻划分为公共评论的开放、公民提供新闻线索、开放信源报道、博客、独立的公民新闻网站、公民新闻与专业新闻的整合、维基新闻等 11 个层次。[①] 其中,维基新闻由于读者同时扮演记者和编辑的双重角色,不仅可以撰写和发表新闻稿件,而且可以对任何人所发表的内容进行在线编辑和修改,被他认为是公民新闻的最高层次。我们不难看出,按照这种划分方法,Web 2.0 的所有服务都具有一定程度的公民新闻性质。

公民新闻与用户提供的其他内容一起,还获得了一个称呼——微内容。微内容是相对于巨内容而言的,后者指的是传统媒介的主体内容,即那些能够体现新闻重要性、接近性、时效性、显著性和趣味性等新闻价值的内容。微内容这一词汇的创造者 Jakob Nielse 描绘道,这是用来描述一个网页上所显示的"超小文字段"(Microcontent),比如页头与标题。然而面对复杂的互联网,微内容的范畴注定不会是简单的"导引文字"。实际上,互联网用户在网上发布的所有独立数据,比如博客中的每一则网络日志、BBS 中的每一个评论,甚至用户的每一次点击,都构成了互联网的微内容。人们不难回想到,微内容其实不是一种新现象,早在网络出现前就已存在。一位研究者指出:"……没有维基百科,人们对于百

---

① 〔美〕斯蒂夫·奥汀:《公民新闻:一种全新的尝试和冲击》,赵俊峰、张羽、朱浩林编译,载《今传媒》2006 年第 3 期,第 19—21 页。

科全书的修改,只能作为私人藏书中的文字批注;没有博客,人们每天记下的文字、图片或者音视频内容,只是个人的日记、相册或磁带、光碟,只是尘封于密室中的记忆……我们可以看到,类似于 Google 这样的搜索聚合工具是将这些微内容化腐朽为神奇的技术关键……"①从中可以归纳出两点:首先,微内容的概念之所以被提出,是因为它前所未有地具备了巨大的价值,能成为强大的力量;其次,这一力量的来源是使微内容得以聚合、呈现的传播技术手段,正是这些技术手段使原来私人化、琐碎、渺小的微内容一下子羽化成蝶。

以上几个概念出自不同的视角,侧重点也各自不同,然而我们不难看出它们的相似之处。它们从不同的角度告诉我们传者和受者的融合是怎样进行的,并且怎样在各个方面产生了深远的影响。

同时,在分析用户的行为特征时,用户们为什么要发言、怎样发言,也就是他们从单纯的受者向传者转化的动机和表现,也成为有价值的问题。

媒介融合时代的用户们最重要的动机之一,仍然是娱乐。1967 年,威廉·斯蒂芬森在《传播的游戏理论》一书中,把传播分为工作性传播和游戏性传播两种。他认为,几乎所有的传媒内容都含有游戏和娱乐的成分,即使是最严肃的政治演讲和辩论,人们也本能地希望它们含有趣味性的内容。而网络出现后,它天然具有的开放、匿名、共享的特性,空前提升了传播速度和质量,却降低了传播成本,这就为人们在传播行为中获取乐趣提供了广阔得多的空间。网络恶搞就是一个例子,它颠覆传统,标新立异,用一种讽刺、幽默、游戏的视角来看待所谓的传统和经典。在网络世界中呈现出一种全民狂欢的姿态,恶搞段子、歌曲、视频随处可见,而微博转发中也有相当部分是这方面的内容。另一个例子是网络节日"光棍节"的出现。光棍节产生于南京的高校校园并通过网络传播,从而形成了影响广泛的光棍节文化:1 月 1 日是小光棍节,1 月 11 日和 11 月 1 日是中光棍节,而 11 月 11 日由于有 4 个 1,所以被称为大光棍节,2011 年 11 月 11 日是本世纪百年一遇的超级光棍节……每当遇到光棍节的那几天,线上线下活动蔚然成风。网络中由于某些原因产生的"热词""锐词",也娱乐味十足,例如"肿么了""有木有""白骨精""北大荒""宅男腐女"……审丑现象则是一种另类的娱乐方式,芙蓉姐姐和凤姐都已经过气,但是迟早会有新的另类娱乐对象出现。

上述现象与网络中娱乐类信息的比例下降并不矛盾。娱乐动机可以或多或

---

① 喻国明:《微内容的聚合与开发:网络媒体内容生产的技术关键》,载《青年记者》2006 年第 21 期,第 40—41 页。

少地体现在一切网络信息传受行为中,一切网络传播行为也可以多多少少承载娱乐元素。用户们以游戏的心态赋予网络生活以娱乐性,生产、传播并消费这种娱乐性。对网络内容提供商来说,在不影响服务专业质量的情况下增加娱乐元素,一般来说是正确的选择。

  网络用户还普遍具有自我实现动机。在网络玄幻文学界曾经流传过一篇奇文,谈的是如何写作一部吸引读者的玄幻小说,其中开宗明义地提到:你的主角需要在生活中过得一塌糊涂、非常平庸,因为你的读者也非常平庸,然后这个主角经历了奇遇,于是神功盖世或者飞黄腾达……为什么要这样写?据说,只有这样,才能让读者们感同身受,得到特殊的自我实现的满足感。当然,严格的心理学意义上的自我实现比这复杂,但无论如何,这都说出了一个事实,那就是自我实现动机的普遍存在和重要性。从 Web 1.0 到 Web 2.0 的进化,我们换个角度看,就是后者赋予了人们更多的自我实现的可能性,因此其发展趋势才势不可当。当一个微博账号的粉丝量从个位数迅速攀升到几十万、当自己精心编辑的一条微博被成千上万次转发……正常的用户都会体会到极大的自我实现的满足感。而精明的内容提供商也会巧妙地以各种方式帮助用户获得这种满足感:各网络论坛普遍设定了等级制度,用户在使用过程中会不断获得积分、功勋等等,到达一定阶段就获得了更高的军衔、官位,而在相应的论坛中也就获得了更多的权限;新浪微博专门设置了几十种勋章,用户满足了一些要求后就可以得到一些勋章,而一些用户也把收集全部勋章作为自己的目标……网络提供了一个自我再实现的空间,由于网络中成员相对平等且资源充裕,在其中自我实现的难度远比在现实生活中要小。平凡的人们可以寻找到属于自己的那片小天空,如一个谈论怎么钓鱼的百度贴吧、一个豆瓣的星座小组……然后通过自己的努力在这个微领域实现自我价值,得到他人的认同并实现自我认同。对自我认同动机的开发和运用,显然是内容提供商不可忽视之处。

  情感交流和宣泄是人们的正常需求,但这在现实世界中往往受到各种限制:人们能够真实地表达情感、宣泄情感的场合和机会有限,能够寻找到理想的情感交流和宣泄对象的渠道有限,和家人、密友等各种初级群体成员的情感交流受到时间和空间的限制,等等。到了今天,这一切逐渐不再是问题,网络的匿名性或者地理间隔带来的安全感以及网络社群的高度私密化,让任何独特的情感需求都可以找到相应的归属群体。

  在更广泛的意义上,我们也能看到大量的网络社群是以同学、同事等关系为基础建立的,抛开其中的利益交换、工作协作等动机,情感交流和宣泄也是主要功能之一。开心网、人人网等 SNS 社交网站基于"六度分割"理论建立——你和任何一个陌生人之间所间隔的人不会超过五个,也就是说,最多通过五个人你就能够认识任何一个陌生人。开发者的原始设想是"朋友的朋友,就是我的朋友",但有研究表明,SNS 社交网站的用户的传播行为仍然主要围绕自己的同学、同事等强关系进行。人们认为 QQ 具有高度的用户黏性,每个从学生时代开始就使用 QQ 的人,最终将不得不始终依附 QQ,因为他的所有好友都在用 QQ。当然,不可否认,其中也存在着情感捆绑的因素。在媒介融合时代,还有一种危害性比较大的情感交流和宣泄方式,那就是网络谣言。由于我国社会处于转型阶段,社会问题进入高发期,公众产生了强烈的焦虑情绪,而工作、生活中日益增加的压力也迫使人们需要进行情感宣泄。诸如食品安全、环境安全等涉及公共安全的领域是谣言的高发区,一旦出现问题,公众会从自身安全角度出发,努力寻求可靠的信息,但同时他们内心的焦虑、过去糟糕的媒介使用经验、强大的情感宣泄压力又会导致某种怀疑一切的态度,最终他们会从自己的思维习惯出发,自行推导出某种可能的因果关系,这往往就成为谣言的源头。而围观者出于同样的心理,以及同样的由匿名带来的"免责"潜意识,往往会成为谣言的传播者、评论者。我们可以看到,很多网络语言是比较极端的、充满攻击性的或下流低级的,其原因也正是社会压力导致的不良情感宣泄。总的来说,情感交流和宣泄,是我们不应忽视的用户动机之一。

实现个性化表达也是用户的主要心理动机之一。他们积极张扬自己的个性和观念,尤其是那些可能不容于主流行为方式的个性和观念,或者表现自己的人格中不便公开的一个侧面。这也催生了大量的传播行为。网络为人们提供了前所未有的自我表达空间,无论多小众的个性和观念都能找到欣赏者或者批判者。在博客、QQ 空间中有许多用户会刊登自己的个性化照片,无论是复古还是非主流,无论是伪娘(异性装)还是装嫩、装老;一批批女性读者集合到耽美文学网站(男同性恋文学)的大旗下……考虑、关注用户的个性化表达需求,也是服务提供者们不得不做的一件事。

当然,还存在其他各种动机,这些动机激发了大量的信息生产和传播行为,促进了传者和受者角色的融合,同时形成了无尽的市场空间。

三、用户的社会文化特征

如前所述,从文化研究的角度看,受众具有主动性和选择性,他们的媒介使用行为是特定社会文化环境的一种反映,也是赋予文化产品和文化经验以意义的过程。用户们同样如此。

中国的社会文化环境促使用户的行为表现出两方面的特征:一是对新兴潮

流的追逐，一是对所谓国际化、高尚生活方式的模仿。这同时作用于现实生活和虚拟世界。在生活中，人们过圣诞节、喝星巴克、交换钻石戒指、穿白色婚纱、在教堂结婚、买宜家家具……然而真相是：星巴克在欧美国家的定位是价廉物美的大众社交场所；中国人大部分不是基督徒，去教堂结婚、过圣诞节都不伦不类；白色在中国传统文化中是悲哀的颜色；宜家是服务于欧美社会底层的廉价品牌……在虚拟世界，不少中国用户喜欢使用 Hotmail 和 Gmail，尤其是商务用户，一个原因是国内的免费电子邮箱由于垃圾邮件问题享有"国际盛誉"，经常被国外电子邮件服务器屏蔽，另一个更重要的原因是这样会显得国际化、有面子。而事实是，Gmail 在国内经常无法访问，在能够访问时也速度缓慢，而 Hotmail 除了访问速度慢之外，垃圾邮件的泛滥程度也举世公认。这种"崇洋"现象应该说还不算严重的问题，比较糟糕的是另一种现象：当博客概念出现时，用户们一哄而上，人人用博客，门户网站无论新旧大小一律开设博客服务；当社交网站概念兴起，人人都在开心网偷菜，"你偷菜了吗"成为全民运动；当微博兴起，社交网站和博客一起被打入"冷宫"……用户们总是一哄而上，遇到新的吸引力，又一哄而散。一种新服务出现后，作为新技术扩散过程中的必然现象，用户数量出现爆发性增长是自然的，问题是为什么又会反复出现爆发性的衰落？可以说，追逐潮流、赶时髦的社会文化环境确实对中国的网络用户产生了相当的影响，即使未必是主要影响。因此，如果一种新服务在中国一下子展现出了勃勃生机，领先的服务提供商不能高兴得太早。互联网领域新事物的特点是各领风骚三五年，而中国的社会文化环境又放大了这种效应。

在本章第一节提到了霍尔的"编码—解码"理论，这也是一种社会文化视角。这几年虚拟空间中一个明显的社会文化特征是"对抗码"这一解码方式显著增多，某些传统媒介进行的宣传报道往往达不到预期目的，用户们会在表达相对自由的虚拟空间以完全相反的立场解读，质疑、讽刺、挖苦成为具有普遍性的做法，少数按大众媒介的宣传意图进行解读的用户被大多数人边缘化。对于这一社会文化特征产生的根源和解决方式很有深入探讨的必要。

阿伯克龙比和朗斯特在《受众——表现与想象的社会学理论》一书中提出了观展和表演范式的概念。这无意中揭示了媒介融合时代用户们的一种主要社会文化特征，那就是观展和表演。该范式提出，媒介影像大量进入日常生活，人人都直接或间接地成为受众，同时是表演者，内容的生产者与接受者融为一体。人们将自己呈现于他人面前，并想象他人如何看待自己。也就是说，用户们主动的媒介使用行为，是为了搜寻与建构自我形象。从这个角度来看，当用户们在网上写日志、晒照片、传视频时，其实就是一种表演行为。通过这种自我表演，他们将一部分自己呈现在其他网民面前,再通过其他人对自己的评论,来建构自己在他人眼中的形象。用户们积极参与天涯等论坛的讨论,热情地加入豆瓣小组,热衷于更新自己的 QQ 签名和新浪微博状态,都出于同样的原因。对于媒介融合体系的设计者来说,能否将服务和后台架构变得更加适合于观展和表演,能否给用户更大的舞台,将在很大程度上影响用户参与媒介融合、传受信息的积极性和活跃度。①

第三节　对用户价值的挖掘

网络的发展虽然起源于军事和科学研究目的,但今天它能够渗透到生活中的每一个角落,并开创了媒介融合的无限前景,却主要拜商业力量所赐。怎样为用户提供更好的服务、怎样充分挖掘他们的价值以赢利,永远是商业领域的核心内容。遗憾的是,我们不可能提供一套完美的用户价值挖掘方案,因为如果真的存在这样的方案,就不会存在商业竞争的残酷和多姿多彩。我们面临的现实是,商业界每天在向新经济投入亿万资本,其中绝大部分被投入汪洋却注定不会产生半点泡沫,诸多精英竭尽才智却一无所获,只有少数人会得到幸运女神的青睐。这是一个我们无法把握的领域,但我们还是可以提出一些可能比较重要的环节,防止精英们在前进的道路上被石子绊一跤。

一、用户测量

挖掘用户价值的首要任务是把握和了解用户。我们已经介绍了一些用户的普遍特征,然而对于一种具体的服务、一家具体的企业这还远远不够。具有科学性、目标精准、低成本的用户测量是必不可少的。

在传统媒介时代,已经发展起了成熟的媒介调查体系,具体体现为:(1) 确立了规范化的评估指标,到达率、媒介使用时长、媒介使用率等核心指标的权威性被普遍承认。(2) 各国都出现了一批实力雄厚的代表性媒介调查企业,如美国的尼尔森和阿比壮、法国的特恩斯、日本的 Video Research 等,中国虽然起步较晚,但也有了央视索福瑞等著名公司。(3) 媒介调查方法也相当成熟。以近年来流行的人员测量仪法为例,调查公司在样本家庭的每台电视机上安装人员测量仪,每个家庭成员在测量仪上都有相对应的按钮,当他们打开电视时,立即

---

① Abercrombie, N., & Longhurst, B., *Audiences: A Sociological Theory of Performance and Imagination*, London: Sage, 1998.

按下自己的按钮,测量仪就开始记录他们正在收看的节目,停止收看时,再按一下这个按钮。同时,测量仪还配有客人按钮,记录客人的收视行为。测量仪会把收看电视的所有信息以每分钟为时间段储存下来,在设定时间把数据自动发送到调查公司总部。

高度精准的受众调查给电视工作者带来了巨大的精神压力。虽然电视台没有像报纸那样在媒介融合大潮下受到立竿见影的生存威胁,但每个频道每一秒的收视率都清清楚楚,还可以根据各人口统计学变量进一步分析。这意味着电视工作者始终戴着"收视率排名"的紧箍咒。对报纸受众的调查无法使用测量仪,相对来说数据中都有一定的"注水"空间,对每个版面、每篇新闻的关注度测量也相对模糊,报纸工作者即时的精神压力相对较小,但这也恰恰是报纸的市场竞争力不如电视的一个原因。这反映的是一个带有普遍性的规律——技术上越先进的传播形态能够提供越好的服务体验,但同时产生了更准确高效的用户测量要求,不过技术的先进性本身也意味着能够容纳更先进、精准的用户测量手段,这可以类比为人的生理和心智发育的同步和平衡。电视相对于报纸如此,新媒体相对于电视也如此。

传统媒介的测量方法和指标基本上处于一个二维空间,两个维度分别为传播的"广度"和"深度"。其中,"广度"指媒介在潜在受众群中的影响范围,即到达率、发行量、阅读率等指标。"深度"指受众接触媒介时间的长短,即收看时长、收听时长、阅读时长等指标。[①] 这些年来,总有人将这一套方法和指标用于用户测量,效果不出意外很糟糕,原因很简单——直接移植、生搬硬套,而时代已经对用户测量提出了新要求。

首先,媒介融合时代信息流动模式的复杂化对用户测量提出了更高的要求。在传统媒介时代,媒介处于蜘蛛网的中心,信息从蜘蛛网中心流向边缘;当今的信息流动模式则高度复杂化、多样化,如在微博中呈现网状结构,每个人都以自己为中心编织起了相应的信息网,信息传播网络的密度和强度大小则取决于个体的个人关系、努力程度和社会资本。其次,效果评估的复杂化对用户测量提出了新的要求。传统媒介的受众测量假定信息到达受众即产生效果,缺乏对反馈和互动水平的强烈关注,而今天评判一条新闻效果如何,点击量之外的评论数、转发数、打分值可能更加重要。再次,用户传受身份合一、角色不断转换对用户测量提出了更高要求。例如一位微博用户一开始以转发和浏览为主,后来由于

---

① 柯惠新、黄可:《从平面化到立体化——对新媒体时代受众测量的思考》,载《现代传播》2011年第10期,第103—106页。

心情、工作状态改变,变为以原创为主,并且拥有了几十万粉丝,对这种动态变化、传受倾向转换都需要新的测量思路。最后,技术进步自身也产生了内生性要求。传统媒介的受众测量往往只能大致了解部分受众的喜好,即使当前最精准的人员测量仪法也仅仅是抽样调查,但在媒介融合时代已经形成了充足的技术改善空间。以智能手机为例,每个用户其实都处于实名状态,接收彩信、网络浏览、收看手机视频等每一项活动都可以有后台记录,这就为用户测量和价值挖掘提供了无限的可能性。

针对这些问题,首先要做的工作是引入一个新的测量维度——参与度。参与度主要用来衡量信息传播过程中用户的介入程度和互动状况,以弥补过去衡量信息双向传播程度不足的缺憾。传播的广度和深度都是有限的测量维度,而参与度却是无限的测量维度,不仅可以涵盖从态度、行为到心理等一系列子指标,而且具体指标的测量范围没有明确的界限,这样就有了无限扩展的可能性,可以更全面地描述媒介、信息与用户之间的关系,能适应媒融时代传播类型多、变化快的特点。①

需要特别强调的是,用户测量方法的革新并不是对传统媒介用户测量方法的抛弃,而是扩展。我们仍然不能忽视传统受众测量中广度和深度两个维度,因为它们是信息传播中最基本的要素,是测量的基础。我们需要做的是通过三个维度分别进行测量,然后利用统计学中的综合评价法、回归模型或路径分析等方法构建综合性指标,勾勒出各个用户群体的基本状况,从而进行各种服务间的对比,发现定位、服务质量等方面的各种问题,然后有针对性地分析和解决。

例如对于两档电视节目《非诚勿扰》和《南京零距离》,在通过传统受众测量方法进行测量的基础上,要继续测量网络中的视频播放率、点评率、打分值,以及相应的博客、微博、论坛等各项数值,得出综合结论。这是媒介融合时代实现用户测量科学性和精准性的必然要求。不同的电视节目在网络上的观看率、得到的评论、形成的互动等等,其实都已是生产流程的一部分,是不可逆转的媒介融合进程的体现,综合这些数据得出的效果评估结果才是准确有效的。我们也能肯定,随着媒介融合程度的加深,"参与"这一维度的权重还会不断上升。

在这种思路下,通过这样的综合评估,就可以将处于不同媒介融合发展阶段、不同类型的服务进行对比,如传统电视节目与网络原创视频、新闻垂直门户与微博等等的对比,从而有可能建立一个评估市场价值的普遍标准。例如网络

---

① 柯惠新、黄可:《从平面化到立体化——对新媒体时代受众测量的思考》,载《现代传播》2011年第10期,第103—106页。

中有一档中国传媒大学学生创办的原创视频节目《麻辣书生》,已经连续播放了上百期,也有相当的受众群。相对于《非诚勿扰》,这档网络视频节目也肯定有它的市场价值,但问题是用多少钱收购是合适的、主持人的身价、广告的价格等都不得而知。目前这些问题在实践中是模糊处理的,随意性很大,而在将来就有可能科学化、精准化。

总的来说,媒融时代的媒介研究公司和服务商都需要投入足够的精力在用户测量上。对前者来说,只有深刻理解服务提供商和用户的变化,不断开发和使用更先进的测量工具和手段,才能在媒介融合时代的竞争中克敌制胜。而服务商在生产经营的全过程中,都应尽可能获取准确、全面、及时的用户数据,作为自己的决策依据。毕竟,服务商自己进行用户测量并没有技术和专业上的障碍。

二、长尾理论迷思

之所以强调用户测量,除了上文所谈的因素,还另有原因。这就要从二八法则和长尾理论谈起。

20世纪初的意大利经济学家帕累托指出:在任何特定群体中,重要的因子通常只占少数,而不重要的因子则占多数,因此只要能控制具有重要性的少数因子即能控制全局。这个原理经过多年的演化,已变成管理学界为人们所熟知的二八法则——80%的公司利润来自20%的重要客户,其余20%的利润则来自80%的普通客户。二八法则深刻影响了传统商业领域。

但是到了2004年,美国《连线》(Wired)杂志主编克里斯·安德森(Chris Anderson)先生提出了长尾理论,否定了二八法则。起因是他采访了一家数码点唱公司的总裁,总裁要他猜一猜公司曲库中的一万首曲子中有多少是每月至少被点唱一次的。他认为,根据二八法则应该是20%的曲子带来80%的销售,不过该公司是一家网络公司,可能会有不同,于是他便大胆地估计有50%,结果答案是98%。这使安德森十分惊讶,他随后又考察了亚马逊等网络公司,发现其销售曲线分布也呈现类似的状况。于是,他提出了"长尾理论"并出版了专著。

他认为,过去公司只关注主要部分的顾客或产品(见图6-1),因为他们产生的收益最大,但如今长尾部分也不能忽视,只要长尾部分足够长,也就是说那些过去处于边缘地位的顾客或产品足够多,每一个个体创造的微薄收益积少成多,也能够形成巨大的整体收益。同时,他认为,长尾部分是在扩大的,只要消费者能够找到并买得起更符合个人品味的产品,他们势必会抛弃千篇一律的大众化产品。因此,明智的公司应该放弃过去那种把重点放在热门产品上的战略,转而重视从"长尾"产品中捞取利润。

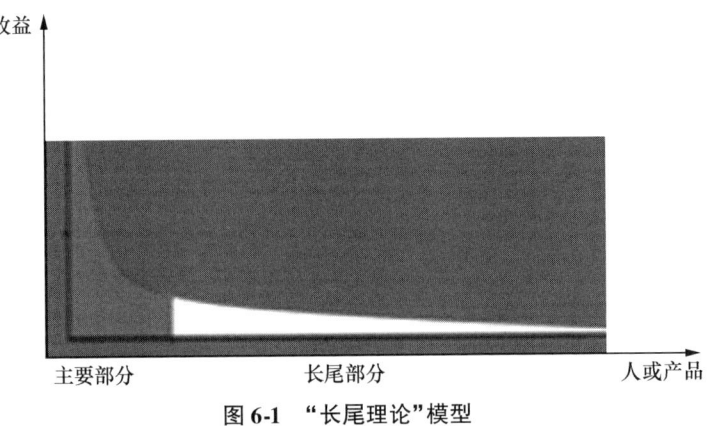

图6-1 "长尾理论"模型

他的观点在新媒体领域得到一系列事实的支撑。例如,谷歌的成长历程就是把广告商的"长尾"商业化的过程。Google AdSense 是由谷歌公司推出的针对网站主的一项互联网广告服务。AdSense 是个合成词,其中 ad 是"广告"之意,sense 是"感知"之意,综合起来的意思就是相关广告。Google 通过程序来分析网站的内容,并且投放与网站内容相关的广告。它面向的客户是数以百万计的中小型网站和个人——对于普通的媒体和广告商而言,这个群体的价值微小得简直不值一提,但是谷歌通过为其提供个性化定制的广告服务,将这些数量众多的群体汇集起来,获得了非常可观的利润。通过对"长尾"的挖掘,谷歌成为"最有价值的媒介公司"之一,远远超越了那些传统的老牌企业。

由于理论模型形象生动,又有事实支撑,《长尾理论》在硅谷被不少人奉为《圣经》。一些商业前景一般的商业计划频频援引长尾理论证明自己很有价值,因为该书显然已经证明互联网不仅仅是少数热门产品的领地,通过数字技术,消费者更容易通过在线销售渠道获得"长尾"产品,过去这类缝隙产品无法通过传统的分销渠道为公司带来利润,因而被打入"冷宫",但现在则不应忽视它们的价值。

然而,长尾理论从诞生那一天起,就不断受到质疑。哈佛商学院一位教授的观点是比较有代表性的。这位教授采用了严格的统计方法,对娱乐和文化产业中的数据进行了分析。她在分析了在线视频租赁和音乐购买数据后发现,消费者在网上的购买行为模式和在实体商店里基本一样,热门产品的市场重要性丝毫没有被"小众"产品削弱,而且有证据显示,互联网实际上正在使热门产品的地位不断上升,而不是下降。①

事实上,由于安德森书中所有的案例都来自互联网行业,以及那些与互联网密切联系的行业,很多人认为"长尾理论"应该只适用于没有生产费用的数字产品,因为只有这类产品才能给最终用户几乎无穷多的选择。在《长尾理论》一书中,安德森也曾认为,长尾理论发挥功效的一个重要前提是,互联网技术可以使产品的存储和物流成本降到足够低的程度,这也是"长尾理论"的应用目前大多只局限在网络娱乐和广告媒体市场的原因。也正是因为这一点,这一理论在"网下"饱受争议。

那么,究竟谁是对的?其实,双方都没有错。看待这个问题,可能从另一个角度出发更好,那就是回到互联网的本质,问这样一个问题:互联网究竟改变了什么?对这个问题的回答,可以无比复杂,也可以简单到极致。最简单也很可能最准确的回答是:互联网空前提升了传播速度和质量,降低了传播成本。正是由于传播速度、质量和成本的变化,导致二八法则的表现形式发生了变化。只要把握住这一点,问题就迎刃而解。

在生活中,我们总在寻觅最心仪的产品,无论出于何种动机,可能是性价比最高,可能是最时髦,也可能是最能满足我们的梦想。不管怎么说,我们在寻觅产品。信息传播速度越快、质量越高、成本越低,那么真正好的产品,就能以越短的时间占领人们的心灵,成为大热门。在古罗马,丝绸这一商品可能要花上几十年的时间才能普及全国,目标人群还只包括贵族。今天,一种产品在世界范围内确定流行霸主地位可能只要几十天,乔布斯的奇迹业已证明了这一点。因此,哈佛商学院教授研究发现,所谓热门产品的地位不仅没有下降反而在上升,是符合事实和逻辑的。严格说来,二八法则根本没有改变,唯一改变的是二八法则实现的速度空前加快了,无论在真实世界还是虚拟世界都一样。当然,前提是热门产品实至名归,如果有名不副实的产品成为热门,那么它遭遇人人喊打的速度绝对不会比出名的速度慢。

二八法则在商业领域存在的前提是生产和销售中的规模化效应——为处于长尾位置的顾客提供产品或服务一般来说是赔本的,因为存在不变成本。但是传播成本的下降,使许多原来无法创造利润的缝隙产品也可能有利可图。以图书出版为例,市场上流通的图书有几百万种,大多数图书很难找到自己的目标读者,只有极少数图书能够成为畅销书,大部分图书属于长尾书,印数及销量少,而

---

① 参见〔美〕安妮塔·埃尔贝斯:《长尾理论可信吗?》,载《哈佛商业评论》2008年第8期,第10—21页。

出版、印刷、销售及库存成本又较高，出版商和书店的经营模式也就只能以畅销书为中心。但是随着网络书店和数字出版技术的发展，长尾书的库存和销售成本空前降低，于是长尾图书开始有价值了，销售成千上万的小众图书，哪怕一次仅卖一两本，其利润累计起来也可以超过那些动辄销售几百万册的畅销书。

事实上，随着互联网的发展，所有领域的信息传播成本都在迅速降低，所有产业都因此受益，只是受益幅度有巨大差异，如传统制造业的成本构成比较复杂，因此不变成本的下降空间是有限的，做长尾产品可能仍然无利可图。但在数字产品领域，最主要的成本就是传播成本，而复制、传送数字音乐，与复制、配送实体唱片的成本相比有云泥之别，因此在传统二八法则下不能创造利润的那八成的顾客和产品也有可能成为"微赢利"增长点。总的来说，与虚拟世界结合越紧密的领域，其成本下降越为明显，同时其属于长尾部分的用户和产品也越有市场挖掘意义。

这里的观点被安德森的后续研究获得的数据所证实。他为了对抗质疑者，又深入地研究了亚马逊、Rhapsody、Netflix等网站的销售数据，并把它们跟沃尔玛的销售数据进行对比。他发现，在二八法则支撑下的传统市场中，20%的产品带来80%的销售额，而另外80%的产品只能带来20%的销售额，并且这部分产品几乎不带来利润。而在互联网市场中，有90%的产品是在传统市场中根本买不到的，它们带来销售额的25%和利润的25%。同时，在主要市场不带来利润的那部分产品，在长尾市场的产品总量中占8%，占销售额的25%和利润的25%。也就是说，在主要市场不赚钱的产品，在长尾市场却带来了50%的利润。

所以我们应该持有这样的态度：二八法则依然生效并发挥作用，它和长尾理论其实是同一问题的前后两个不同部分，相辅相成，并不矛盾。长尾理论的出现是互联网商业运营环境变化的结果，是对二八法则在新环境下的补充和完善。对于媒介融合的参与者来说，应努力提供最优秀的产品或服务，吞食最肥美可口的市场，但是大部分人没有这样的好运气，那么设法为那些处于边缘位置的微小需求提供相应的缝隙产品，积沙成塔，就成为现实而聪明的选择。

正是由于要为那些数量庞大却处于边缘位置的用户提供适合他们的个性化产品，用户测量也就具有了更深刻的意义。

三、常见误区和应对办法

新媒体和媒介融合的发展，为用户测量提供了极其有利的条件，因为即使没有专业调查机构的介入，用户的使用过程也自然地留下了大量数据。内容提供商根据分析结果，提供更好的内容产品，并进一步挖掘用户的经济价值，也是题中应有之义。但是，一些问题也随之产生。

首先是过度的数据库营销。数据库营销不是一个新概念。比较公认的定义是，企业通过收集和积累消费者信息，经过分析筛选后有针对性地使用电子邮件、短信、电话、信件等方式进行客户深度挖掘与关系维护的营销方式。一般认为，数据库营销效果可测性好，成本低，能够有效加强用户黏性。媒融时代的内容提供商为了推广自己的业务，或者为了满足广告客户的需求，都有着强烈的挖掘已有用户数据、深入进行数据库营销的动力。这从企业经营的角度看无可厚非，但营销过度就成为问题。一些内容提供商进行高频率的数据轰炸，使用户非常反感。

其次是隐私保护问题。虽然内容提供商在搜集手机号码、电子邮箱等时，往往会强调保护用户隐私，但在实践操作中，用户的隐私被侵犯的情况屡见不鲜。以某红酒网站为例，用户在初次购买红酒并留下有效联系方式后，不久就会接到来自其几个竞争对手的推销邮件和电话，营销人员锲而不舍，令用户不胜其扰。又如，天涯社区曾发生过所有注册账号密码泄露事故。这给我们敲响了警钟——经过认真的数据挖掘后整理出的用户信息一旦泄露，造成的后果不堪设想。

再次，过度的赢利欲求破坏用户体验。以淘宝为例，为了获取更多赢利，淘宝网基于对用户的数据挖掘提供了大量的收费营销工具，直接后果是卖家的经营成本直线上升，因为不采用这些营销工具就几乎没有生意成交的可能，后使用营销工具的卖家被先使用的卖家绑架了，或者更精确地说是互相绑架。而买家对商品的自主选择权日益被产品信息的所谓"定向""精准"投放所控制，用户体验明显变差，同时对淘宝发展的原始基础构成威胁。

最后是忽视道德和社会影响因素。有这样一个故事：一位网友很好奇地发帖称"百度竟然大做一夜情广告"。他贴出了一张截图——在百度搜索结果中，赫然是一则一夜情广告。随后这位网友受到其他人的嘲笑，原来百度是根据用户搜索某类词语的频率推送相应类型的广告。一夜情广告的出现本身应该是系统自动运行的结果，但是这表明了某种隐藏的危险性。再如，某些内容提供商推出了封闭社群功能，用户可以根据自身兴趣加入各种社群，其实其中蕴含着巨大的道德风险，诸如一些反人类、反社会的主题都可能隐匿其中。

当然，还有其他各种各样的问题，难以一一列举。防止出现这些问题的关键是始终把用户体验放在首位，积极增强用户黏性，避免为了短期的利益冲动而抛弃网络诞生时就有的自由、开放、共享基因。网络的原始基因是非营利性的，过于直接的利益诉求很难取得好的效果。曾经的博客、今天的微博都没有为这些服务的提供者带来多少具体的赢利。内容和服务提供商们往往一边感慨难以找到有效的赢利模式,一边咬着牙大把地投入人力、物力和财力,背后的根源就在于如果没有这些"公益付出",失去了对用户的吸引力,必然会逐步走向消亡,更谈不上赢利模式的开发。

无论未来是怎样的,一些人们早已总结出的增强用户黏性的手法不会失效。

第一是做好内容资源建设。服务商需要提供用户需要的信息,这些内容资源可以是服务商生产的,也可以是用户生产的,但都必须具有独特的吸引力。互联网是共享的,正因为如此,独特性成为举足轻重的因素。无论用户怎样来到这里,是通过搜索引擎还是人际网络,要让他们沉淀下来,就必须有独特的吸引他们的内容资源。

第二是内容的更新要做到足够快、足够新、足够好。如果更新频率很低,无法继续为用户提供新鲜的内容,用户就会不断流失。微博之所以比维基百科等同属 Web 2.0 的服务有更强大的生命力,就在于其中的信息具有高度的流动性,时时刻刻都处于自生产状态。

第三是掌控和满足用户的各种动机。典型的例子是这些年来各类网站建立的用户等级和权利体系。用户达到一定的等级就掌握了一定的权利,从而可以获得自我实现和满足。这方面可做的工作很多——满足用户的个性化需求、让自己成为用户情感交流和宣泄的平台等等,不一而足。

第四是实现网络使用与现实效用的捆绑。媒介融合本身意味着 O2O(online to offline,从网上到网下)的发展趋势,官方微博的营销活动、淘宝积分兑换现金、网游中的装备销售等领域,虽然存在广泛的灰色地带,但却是发展大势。只有沟通网上网下、产生实际效用的服务,才是真正有生命力的服务。

最后,媒融时代仍然是策划时代,传统媒介需要策划,传统企业需要策划,媒介融合时代的参与者无论自身属性如何,依然需要策划。内容策划、活动策划,以及顺应某些突发事件引爆热点的做法,都是打破常规、吸引更多用户的法门。

其实,还是那句话,这是一个能够承载一切精神生产和精神交往活动,并大幅度提升了强度、速度、效率的第二世界。在第一世界成功的,在第二世界也能复制。

本章讨论

在媒介融合进程中,需要关注用户的哪些特征,怎样进行对策性安排?

对话与思考

1. 为什么说受众已经不是一个合适的称呼,而应代之以用户?

2. 用户的主动性体现在哪三个方面？
3. 当今中国用户的结构特征是什么？
4. 为什么说传受合一是用户最重要的行为特征？
5. 用户在使用新、旧媒介时的动机有什么差异？
6. 为什么在媒介融合时代要强调用户测量？

第七章
媒介融合中的伦理问题

媒介融合作为信息传播领域不可逆转的潮流,将伴随着人类历史的发展而不断演进和完善,并构成社会变迁宏大情境的组成部分。正如梅罗维茨所指出的那样,决定人们的互动的性质的,并非自然环境本身,而是信息流通的形式,也就是传播情境。在媒介融合的情境下,人与人之间、人与大众媒体之间、不同媒体之间呈现出新的互动关系,政治、经济、文化的逻辑相互渗透,政府、媒介、社会博弈不断,尤其是媒介终端的融合和信息产品基于个体的个性化分发和自由流动,给社会各个层面都带来了深远影响。但也应该看到,媒介融合在加速媒介化社会的来临和实现个人信息传播自由的同时,也带来了关于信息权利分配、隐私权保护、政府监管、职业传播理念变迁等新的伦理问题。如何正视这一切,进而建立适合媒介融合发展趋势的伦理规范体系,将是一道长期而艰巨的课题。

本章要点

媒介融合改变了个人在社会信息传播系统中的地位,同时带来了一系列问题,如人对媒介的过度依赖、信息贫富分化、个人信息的数据库化带来的个人隐私泄露、人际交往困难、主流价值观"碎片化"等社会伦理问题。此外,媒介融合也冲击着政府伦理和企业伦理。媒介融合在国家与社会之间楔入了无所不在的信息流动装置,对政府施政的道德准则和行为规范产生冲击,权力滥用和决策失误将变得难以遮掩,从而对政府行政能力和自身道德提出了更高要求。它迫使企业提高伦理道德标准,因为企业的一切行为都暴露在社会的注视下,外部监督无所不在。媒介从业人员也受到冲击,媒介融合对记者技能的要求高于对新闻专业主义的要求。由于生存压力增大,记者的新闻理想可能不得不让位于生存压力,记者被迫更多地扮演信息的提供者角色而不是社会的守望者。

伦理规范渗透在人们的日常生活当中，引导着人们的行为。由于媒介融合改变了整个信息流程，自然也改变了与此相应的伦理规范和价值体系。下面分别从社会伦理、政府伦理、企业伦理、新闻职业伦理的角度，来探讨媒介融合对于现有伦理规范的冲击，以及如何应对由此带来的新的伦理问题。

第一节　媒介融合中的社会伦理问题

一、媒介融合改变了个人在社会信息传播系统中的地位

在古老而原始的人际交往中，任何参与交往的人都是主动的，人与人的交流是双向互动的过程。这种情况在人类进入大众传播时代后发生了很大改变。大众传播媒体居于社会信息系统的中心位置，围绕着大众传媒，传者和受众的分野泾渭分明，他们居于大众传播的两端，经由大众传播媒体，共同参与和维系着大众传播的正常运行。在这个过程中，受众在专业的大众传播机构面前显得软弱无力，从而产生了"魔弹论"、"议程设置"假说、"社会规范论"等关于大众传播强大功能的经典言说。虽然后来的研究和理论探讨在一定程度上改变了对于受众地位的想象，但相对于大众媒体的强势地位和对社会信息系统的控制，受众总体上处于从属地位的现实并没有多大变化。

以互联网为代表的新媒体彻底改变了受众在大众传播中的被动和从属地位。信息从推（push）向拉（pull）的转变，让受众第一次真正成为传播的主体。在网络传播中，由于实现了对大众传播和人际传播的兼容，此时的受众，已经不是传统意义上的受众，他们既是信息的接收者也是信息的传播者。更重要的是，他们控制着信息的流动，而不是像过去那样只是被动接受。可见，"受众"这一名词在新媒体时代已经失去了其本身的意义，变成了"新媒体使用者"，如网民、手机用户等。

媒介融合将开启社会媒介化的新时代。媒介化社会的一个重要特征，就是媒介影响力对社会的全方位渗透。在真实世界之外，媒介营造出一个虚拟的、无限扩张的媒介世界，人们通过媒介来获得对于世界的认知，甚至依据从媒介获取的信息来指导现实生活，这也恰恰验证了李普曼关于"真实环境"与"虚拟环境"的论述。但仅仅通过媒介营造的虚拟空间来构造媒介化社会是远远不够的，媒介化社会从其本质上讲，意味着人的媒介化。或者说，每个人都是处于媒介深刻影响下的"媒介人"，对于生活在媒介化社会中的人来说，不仅对于世界

的想象主要由媒介来构建,其思维方式、个体意识也烙上了媒介化的烙印。[①] 在媒介化社会,每个人都被置于这个媒介无处不在的世界里,无处可逃。但此时的媒介已经不是传统意义上边界分立、界限清楚的不同传媒,而是实现了技术和形态相互融合的个性媒体,它们为人而生、因人而异。这时,作为媒介使用者和被媒介化了的"人"地位凸显,传播完全以人为中心,以人的需求变化为导向。个人居于整个社会信息传播系统的中心地位。

可见,在从前媒体—传统媒体—新媒体—媒介融合的传播演进谱系中,传播的主体——人——的地位经历了从主动—被动—主动的循环,进而真正成为传播的中心。这不是简单的循环往复,而是在社会媒介化后,传播主体地位的自然回归。传播是维系社会和人类生存发展的必要手段,而信息自由一直以来就是人类的梦想。当技术让这一梦想成为可能,商业利益为之推波助澜,人类的内在需求使之呼之欲出时,它又要面临复杂的多重拷问:有关各方——产业、政府、公众——在这场即将到来的融合大潮中该体现怎样的关系?他们又有着怎样的动机和动力?他们将如何兼顾信息的无处不在和个人隐私之间的关系?被置于中心的人为这一切做好准备了吗?……这其中,就包含了至关重要的伦理问题。

二、媒介融合引发的社会伦理问题

1. 社会媒介化带来媒介过度依赖问题

阿道司·赫胥黎(Aldous Huxley)1932年出版的经典反乌托邦著作——《美丽新世界》,描绘了虚构的福特纪元632年,即公元2532年的社会。这是一个人从出生到死亡都受到控制的社会。在这个"美丽新世界"里,由于社会与生物控制技术的发展,人类已经沦为处于垄断地位的基因公司和政治人物手中的玩偶。这种统治甚至从基因和胎儿阶段就开始了。这是一个有阶级、有社会分工的社会。人类经基因控制被孵化,被分为五个阶级,分别从事劳心、劳力、创造、统治等不同性质的社会活动。人们习惯于自己从事的任何工作,视恶劣的生活和工作环境与极高的工作强度为幸福。因此,这是一个快乐的社会。这种快乐还有别的措施保障,比如睡眠教学。催眠术被广泛用来校正人的思维,国家还发放叫作索麻的精神麻醉药物让人忘掉不愉快的事情。正是在这个"美丽新世界"里,人们失去了个人情感,失去了爱情——性代替了爱,失去了痛苦、激情和经历危险的感觉。最可怕的是,人们失去了思考的权利,失去了创造力。

---

① 孟建、赵元珂:《媒介融合:粘聚并造就新型的媒介化社会》,载《国际新闻界》2006年第7期,第24页。

第七章 媒介融合中的伦理问题

这是一个关于技术专制的可怕寓言。赫胥黎在八十多年前描绘的图景在新媒体时代已经初现端倪,媒介和信息的无处不在,直接将人类卷入从信息大爆炸到信息黑洞的循环之中。这难道不是人们想要的吗?人类经过千百年来的技术探索和不倦追求,令媒介成为我们生活的一部分。媒介真正充当了人体的延伸,我们更多地依靠媒介传达的信息来认识和了解世界,媒介塑造了我们对于所处环境的认知和关于世界的想象。这一切发生得如此自然,以至于我们都不能感觉到其中有任何异常之处,媒介化生活变成生活的题中应有之义。这本是人类社会发展不可逆转的潮流,也是人类向信息自由的理想王国迈进的必经路径。但问题在于,普通公众还没有为进入传播系统的中心做好准备,他们被动地被置于其中,因而在享受着无处不在的信息所带来的好处的同时,也不得不忍受着信息的无限追逐和超量覆盖。面对强大且绵延广阔的媒介帝国,人们开始越来越多地依赖媒介。随着媒介使用的日益频繁,先是信息量的急遽膨胀令人无所适从,对媒介权威的盲目迷信也使人们在处理信息时变得被动、迟缓;更糟的是,由于分析和批判能力的丧失,现代人赤裸裸地暴露于信息污染之下,身心健康受到了严重威胁。渐渐地,赫胥黎的预言就变成了现实:人类陷于五彩纷呈的声光影像而不再热衷于思考性的阅读;拥有了更多的信息选择权利却在汪洋如海的资讯中日益变得被动与自私;终日沉浸于无聊烦琐的世事,抛弃了对真理的孜孜以求;面对人类文化向平面化、庸俗化嬗变而始终毫无自察。① 这些新媒体时代的信息不良问题,到了媒介融合时代更加严重。原因在于,新媒体虽然提供了海量信息,但仍需要个人主动地"拉"(pull),才能将信息拖至自己面前;而媒介融合却让每个人都置身于媒介化社会的大网之中,每个人都成为这张网的一个结点,构成媒介化社会的一个粒子,自身已经成为媒介的一部分,并为整个传播系统贡献着信息。个体在这张媒介化的大网中,既接收信息又输出信息,虽然这并不会导致所有人都会遇到信息不良的问题,但缺乏独立思考和批判精神、沉迷于信息海洋而不能把握自己航向的人必然会像服用了慢性毒药一样,在不知不觉中丧失自己的思想和意识,沦为媒介化环境的奴隶而不自知。

媒介融合现象体现出双重机理:一方面,数字技术和网络技术的迅猛发展,越来越有能力带给人们随时随地"想要的东西";另一方面,受众的需求在媒介融合的环境中将会越来越体现为一种没有止境与节制的欲望:"任何人"在"任何地点"和"任何时候"获取"任何想要的东西"。这是所有媒介在数字化时代发展的内在驱动力和终极目标,于是注定了媒介融合归根到底要围绕着"人的需

---

① 〔美〕尼尔·波兹曼:《娱乐至死》,章艳译,广西师范大学出版社2005年版,第2页。

求和欲望"而旋转。随着技术的迅猛发展,人们对于信息传播的需求一一得以实现,于是新的需求和欲望不断被激发,在"需求—满足—新需求—再满足"的循环往复下,人类针对信息传受的欲望不断膨胀,于是"人类中心主义"的传播观得以形成并得到强化。① 媒介融合在加快人类社会传媒化进程的同时,更是强化了整个人类及社会对于媒介的依赖程度。

2. 信息权利再分配引发信息贫富分化问题

梅罗维茨在《消失的地域——电子媒介对社会行为的影响》中指出,信息流通的型式即传播情境决定人们的互动的性质,而信息流通的型式"不仅指接触社会环境的信息的型式,也指限制这种信息的型式,即它既牵涉到哪些人得以接触某一特定的社会环境中的信息,也牵涉到哪些人被排斥在外接触不到这一社会情境中流通的信息"②。也就是说,传播情境不仅涉及信息传播的方式,还涉及传播权利的分配。媒体对人类个体和社会所产生的效果或影响都是通过媒体培育的传播情境间接引起的。

在媒介融合的环境中,信息权利的分配并没有平权化,相反,它加剧了信息获取的不平等。媒介融合是信息传播格局的重新排列组合,这既有关传播行业的利益重组,也意味着信息权利的再分配。从全球的视野来看,在现代资本主义经济下,"信息"作为一种资源已被深深地卷入市场经济活动,成为创造剩余价值的商品,同时是资本积累的平台;在信息经济的旗号下,全球资本主义体系关心的是资本通过传播信息平台在全球范围的积累,只要能增加利润,这个体系中的主导者会有意摧毁任何国家或地方干扰利润实现的现有技术体系、制度、传统和机构。在这个意义上,媒介融合体现的是资本逻辑渗透于全球传播体系的规模和深度的不断扩张。这样,媒介融合实际上成为加速国家传播产业发展本身以及以传播产业为渠道而进行的全球市场体系的融合,处于优势地位的跨国垄断集团可以在其中巩固并进一步壮大其市场实力。目前,国际垄断媒体公司已利用它们在资金、技术、人才和政治影响力上的种种优势,通过扩张、兼并、重组等途径,抢先把媒体融合纳入公司发展策略。③ 众所周知,这场肇始于西方的媒介融合大潮以兼并蜂起、造就众多媒体巨无霸企业而引发全球侧目。西方的媒

---

① 蒋晓丽、任雅仙:《媒介融合的生态批评》,http://media.people.com.cn/GB/22100/151832/156400/9576323.html,2009年7月1日。

② 〔美〕约书亚·梅罗维茨:《消失的地域:电子媒介对社会行为的影响》,肖志军译,清华大学出版社2002年版,第10页。

③ 洪宇:《论西方"媒体融合"的现状与启示:一种传播政治经济学视角》,载《中国传媒报告》2009年第3期。

体巨头居于全球传播体系的高点，拥有技术和信息的双重优势，媒体融合让它们的信息霸主地位更加稳固，从而进一步加剧了全球信息流通的不平衡，让信息贫富分化问题更加严重。

仅从一国内部看，情况也差不了太多。在互联网的普及和渗透极不平衡的今天，媒介融合只会拓宽不同地区、不同人群之间的信息鸿沟。在一个偏僻地区，如果有线电视网络和互联网无法到达，媒介融合带来的丰富信息同样不能给居民带来实实在在的福利，尽管可以给他们提供更多的接触外面世界的选择机会。同样，对于具有不同经济能力的群体而言，媒介融合带来的好处也大不相同。仅就媒介终端而言，技术的进步总是率先为具有较强经济实力的人群服务的，如移动电话刚刚投放市场时，价格之高，显然非普通工薪阶层可以承受。而媒介融合的终端也面临同样的问题。虽然随着技术的进步，目前的终端较之过去已经不再昂贵得令普通人难以接受，但具有良好呈现效果的终端仍然价格不菲，而且使用费用也是一笔不小的开支。因此，媒介融合在让信息从稀缺变得过剩的过程中，主要是便于发达地区以及经济实力良好的社会群体随时随地地获取想要的信息，而对于原本居于传播弱势地位的人来说，媒介融合虽然也在一定程度上改善了他们的信息地位，让他们在信息流通过程中拥有了更多的掌控权，但相对于信息富余的人群来说，两者之间的差距不是在缩小，反而在扩大。

3. 个人信息的数据库化带来个人隐私被侵犯问题

媒介融合必然带来的是社会的媒介化，包括人的媒介化。当社会上的每个个体成为无边无际的媒介帝国的一分子，每个人都逃不过媒介的渗透和控制。如果将整个媒介化了的社会比作一个无远弗届的数据库，每个个体就是其中的一条记录，所有信息清晰排列，任人查阅。在资本逻辑的控制下，个人信息的数据库化显然不会止于此，对数据的采集、挖掘和营销以及再采集、再挖掘，就成为自然而然的事。

据《新闻晚报》报道，微软公司于2006年曾向美国专利商标局提交名为"监控系统500"的专利申请。这一新型监控系统可实时读取并分析电脑使用者的各方面信息，从心跳、血压到每一个表情都难以逃脱传感器的捕捉。雇主可凭此衡量雇员的工作绩效和能力，判断雇员的工作有无失误。这一系统不仅可以在台式电脑和笔记本电脑中使用，还适用于手机和掌上电脑，这意味着雇主在雇员非办公时间仍能监控他们的行为。这一系统可记录并实时分析电脑使用者用过的词汇、数字和浏览过的网站，还可监控使用者的心率、呼吸、体温、面部表情和血压。专利申请书中写道："通过无线传感器，这一系统可自动监测出使用者心理和情感上存在的焦虑和压力，据此提供相应帮助。"考虑到人类个体之间存在很大差异,因此系统将为每个使用者设立特定的"基准线",以准确识别他们的生理和心理反应。除衡量工作绩效外,这一系统还可通过测定使用者的心率、出汗程度、面部表情,识别使用者的欺骗和违法行为,确保使用者遵守国家和公司的相关法律法规。① 毫无疑问,这已经是对个人隐私的侵犯。

在社会和个人媒介化了以后,个人隐私的暴露将是不可避免的,这是媒介融合带来的最严重的伦理问题之一。随着个人信息的数据库化,应用生物医学和心理测量技术,对人类行为进行研究,然后将结果应用于市场营销、产品推广、宣传效果检测等传播领域将是大势所趋。如何在这一过程中,将人视为"人"而不仅仅是作为研究对象的"物",是未来的媒介融合必须面对的重要课题。

4. 媒介化交往引发新的人际交往难题

在人与人的交往方面,一直以来有两派观点:一种认为基于媒介的交往比面对面的交流更有优势。社会信息处理理论认为,虽然网络中的人际互动缺少面对面交流的非语言传播,但人们会通过表情符号等其他方式来表达和解读个人信息,从而减少人际间的不确定性、形成印象并建立关系。超人际互动理论甚至认为,网络人际互动比面对面交流更具优势,网络传播中传统信息线索的减少和传播的异时性使得人们在网上能够更有效地进行选择性自我呈现,从而造就最佳的自我形象,吸引他人最多的注意。因此,网络人际互动所形成的关系强度有时会超过面对面沟通,所以被称为超人际互动。

另一派观点则相反。他们将基于媒介的人际互动称为人与人、人与社会的"隔离"。在媒介融合背景下,人的交流活动从"人与人的依赖关系"逐渐转向"人与物的依赖关系",交流的功能更多地要借助网络技术、数字技术的力量实现。这样一来,人们的交流一方面突破了时间、空间和感情的"束缚",可以信马由缰,任性而为;另一方面,人类的这种新的交流方式加强了对机器和技术的依赖,淡化了人与单个实体人、实体群体的直接交往,让人与人、人与社会处于一种"隔离"的状态,缺少面对面的直接的情感交融,而过于"隔离"的交流方式将会进一步加剧人与人之间、人与社会之间和谐关系的失调。② 就如同让·波德里亚所指出的那样,消费时代的传媒,尤其是电视和电脑打着模仿自然的旗号,实际上在意识层面加剧了人与自然的疏离。

从现实的情况看,媒介融合后基于媒介的交流将大大多于面对面的人际交

---

① 《实时分析雇员的心跳、血压和表情,微软研发"电脑监工"》,http://old.jfdaily.com/gb/jfxww/xinwen/node1220/node39715/userobject1ai1917997.htm,2008年1月17日。

② 蒋晓丽、任雅仙:《媒介融合的生态批评》,http://media.people.com.cn/GB/22100/151832/156400/9576323.html,2009年7月1日。

往。虽然这一趋势并不必然导致人与人的疏离,因为人类通过媒介开创了不同于现实的交流空间,从中可以获得相当的身份认同,但是,由于虚拟和现实的不同,现实中的人际交往困扰的确愈加严重,越来越多的"宅男""宅女"习惯于"网络化生存",与现实的距离越来越远,以至于引发了程度不同的社会问题。一个明显的例证是,一些伴随新兴媒体长大的年轻人的生活完全依赖于媒介,离开媒介已经到了寸步难行的地步。对媒介环境的日益依赖,让人们花费更多的时间和精力,与其朝夕相伴,习惯了"虚拟生存"的人们与现实社会环境的隔离与矛盾一步步加深,现实社会也从"天涯若比邻"转向"比邻若天涯"。随着社会的媒介化程度进一步发展,媒介化生存将会成为一种普遍的社会现象,这种迥异于传统的交流方式注定将引发更多的交往难题。

5. 个性化信息的泛滥加速主流价值观的"碎片化"

媒介融合是基于个人的个性传播,单一受众的个性需求受到重视。在融合的终端,用户才是传播的主人,选择在何时、何地获取何种信息都取决于用户本人,这是完全的互动式、全方位、个性化服务。这一方面极大地满足了人们对于信息的需求,增强了受众的主导权和自主意识,使受众的价值取向日趋多元化;但另一方面,这种小众化受众多元化的价值取向缺乏稳定性,极易受外界的影响,而且受众在凸显个性和自我的同时,不再按照统一的生活模式和价值标准去生活和思考,带有普遍性的价值共识和统一的价值体系更加难以维护或重新形成。价值的多元化和一体化是个性与共性、特殊与普遍的辩证统一,社会的繁荣和发展,需要的是一种具有统一性特点的多元化。和谐的本质就是多样性的统一和对立要素的有机结合。媒介融合加速了"权威的坍塌"和自我意识的崛起,必将逐渐淡化因长期的文化积淀和理性探索所形成的共同的社会认知和价值观念。丢失了共同的认知和价值标准等于失去了人类共同的文化归属和精神家园,而这恰恰是一个民族、一个社会、一个国家凝聚力与向心力的体现,是其赖以生存与和谐发展的根本保证。

在媒介融合时代,任何个人都可以依据自己的爱好和意欲获取自己想要的信息,同时可以拒绝自己不愿意接收的信息。主流价值观赖以传递的主渠道——大众传媒的作用就这样被消解。在新媒体传播的冲击下,传播权力的泛化和去中心化使主流价值观受到冲击,面临"碎片化"的危险。而在媒介融合的大趋势下,传递社会主流价值的主要通道被肢解,用户行为的多元化又进一步足以让其形同虚设。如何重建这一重要管道,实行怎样的内容供应和控制,将是考验政府智慧和社会心理的重要课题。

第二节　媒介融合对政府伦理和企业伦理的冲击

一、媒介融合中政府监管的伦理取向

政府在媒介融合中扮演着至关重要的角色,担负着协调行业利益、供应制度、保障公众权利的重要责任。因此,媒介融合中的政府伦理同样需要关注。

政府伦理,是指政府机关及其工作人员在行使公共权力、管理社会公共事务、提供公共产品和服务的过程中所形成的并且应当遵循的道德准则和行为规范的总和。[①] 在媒介融合的过程中,政府的主要职能体现在两个方面:一是指导相关产业如何融合,二是对媒介内容实施监管。这其中包含了复杂的政府伦理问题,因为政府的动机和出发点往往会对媒介融合进程产生重要影响。

首先,毋庸置疑的是,媒体融合给行业监管带来了巨大的挑战。电信业、广播电视业、互联网产业原本是在相对独立的监管制度下发展的。具体而言,在欧美地区,电信监管政策强调对基础设施硬件的管理,但视内容为超出监管范畴的私人问题;出于保护文化多样性和维护弱势群体的话语权的目的,广电行业的监管侧重内容管理;而互联网产业则是在相对无监管的环境下发展起来的。但是面对媒体融合,原来各自分立的行业监管不得不重新调整,不同利益和理念之间的争论与冲突不可避免。为了迎合国际垄断集团抢占国际市场的战略,欧美国家电信、广电、信息行业的监管政策都纷纷鼓励自由化的机制,推动最大限度地开放市场。在这样的背景下,政府行为的正当性就在于提供正确的融合政策,确保能够兼顾社会公正、公平竞争和消费者利益之间的平衡。

在美、英等国,融合性的监管机构先后成立,这引发了人们关于此举是否会削弱媒体多元化的担忧。当电信运营商与广电运营商可以提供同样的服务时,在基础设施建设上对技术的选择,不仅会对经济社会产生深刻影响,也会给相关行业的利益带来严重冲击。而政府制定的有关技术标准、市场准入条件以及行业准则都将影响未来的媒体格局,因而至关重要。在欧美资本主义经济的大环境下,传播信息体系不仅是资本利润最大化的载体,还承担着重要的社会公益责任。因此,有关媒体融合政策的制定是在商业逻辑、权力结构和社会公益等一系列彼此矛盾的诉求下被左右着前行的。到目前为止,在新自由主义体系下,商业

---

① 高晓红:《论市场经济条件下的政府伦理建设》,载《东南大学学报(哲学社会科学版)》2003 年第 2 期,第 32 页。

第七章 媒介融合中的伦理问题

逻辑凌驾于媒体社会公益责任之上,因此大大削弱了主流媒体在社会效益中的贡献。[①] 在这一过程中,政府秉持何种立场、动机和目的,就决定了行业的未来及经济社会未来的格局。

在中国,以"三网融合"形式出现的媒介融合概念早在1998年就已提出。2010年1月,国务院决定加快推进三网融合进程,并制定了比较详细的时间表。由于中国不存在商业性单独运营的公众互联网,互联网和电信网的技术管制都由工业和信息化部实施,因此中国的三网融合实际上只涉及电信网和广播电视网。由于中国特殊的政治体制,中宣部、国家发改委等中央和国家机关也从不同角度参与电信业、互联网产业和广播电视业的监管。虽然技术上早就没有障碍,但经过十几年的时间仍然难以实现有效融合,主要原因在于不同政府部门(主要是广电主管部门和电信业主管部门)之间的利益难以达成一致,以及对于融合后的内容监管问题存有忧虑。实际上,破除认识上的藩篱并不难,难的是如何平衡行业之间、不同政府部门之间的利益。按照现有的融合思路,广电负责内容监管、运营由电信负责即可有效解决内容安全问题。真正难以解决的问题是部门之间的争权夺利。这种利益冲突由来已久。1999年国务院82号文件要求广电和电信互不进入对方领域后,由于当时的信息产业部握有ISP(互联网服务提供商)的审批权限,广电部门尽管拥有超亿户的有线电视用户,具备了成为ISP的技术条件,但其一次又一次的业务许可申请,仍被信息产业部以82号文件作为挡箭牌挡了回来。作为"回报",国家广播电影电视总局在2004年出台了《互联网等信息网络传播视听节目管理办法》(第39号令)。这一办法将广电部门管理的对象扩展为互联网、移动通信网、固定通信网、微波通信网、有线电视网、卫星或其他城域网、广域网、局域网等信息网络上传输的视听节目,设立了视听节目服务许可制度。这一规章的颁布与实施,在一定程度上造成了国家广播电影电视总局与信息产业部管理职责的冲突。经过多年博弈,到2010年基本形成了有利于广电一方的政策格局。但媒介融合是一个尚"在路上"的进程,今后还有很长的路要走。相关政府机构理应从公众利益而不是从自身既得利益出发,顺应历史潮流,把握世界媒介和信息产业发展趋势,做好符合产业发展规律、有效提振中国综合国力和软实力的正确制度供应,这才是正确的政府伦理。

---

① 洪宇:《论西方"媒体融合"的现状与启示:一种传播政治经济学视角》,载《中国传媒报告》2009年第3期。

二、媒介融合对政府伦理的冲击

媒介融合对信息环境的改变,体现为每个具体的人都成为信息数据库的某一个节点,人人都在接受和传递着信息,政府官员和机构也不例外。这对政府伦理的冲击主要体现在两个方面:一是媒介间的融合在国家与社会之间楔入了无所不在的信息流动装置,加速了国家—社会关系的转型,从而对政府施政的道德准则和行为规范产生冲击;二是媒介融合带来的信息高速流动,把政府行为置于社会的监督之下,权力滥用和决策失误变得难以遮掩,从而对政府行政能力和自身道德提出了更高要求。

传媒在一个社会中能发挥何种作用、扮演何种角色,决定于其所在的社会环境,是政治制度、经济基础、文化传统、社会发展水平等诸要素共同作用的结果。与此同时,传媒也并非被动地受制于外在环境,也在改变着这一环境,尤其是新兴媒介,对于国家—社会关系的转型起着传统媒体难以起到的推动作用。而媒介融合,将再次凸显无处不在的信息对于国家权力的制约,从而对政府伦理构成冲击。

作为一种古老的分析范式,国家—社会关系视角对于理解传媒在特定国家中所能发挥的作用有着积极的意义。在国家—社会关系分析范式中,市民社会理论长期占据着主导地位,它强调社会与国家相对的二元性质。国家与社会的对立并不符合所有国家尤其是第三世界国家的国情,因此,当代不少学者对此进行了发展和修正。其中,美国政治学者米格代尔的成就最为瞩目。自1994年起,他先后在《国家权力和社会力量:在第三世界中的支配和转型》《国家在社会中:研究国家和社会如何相互转化和相互构造》等著作中提出了一种被称为"国家在社会中"(State in Society)的研究方法。其核心观点是:国家的各个部分与社会的不同群体之间总是存在一些重要的联结;各种社会势力并非团结一致对抗国家,国家作为政策制定者也不是凌驾于社会之上,而是存在于社会中,构成社会的一部分;国家及社会各自的行动是互为反应的。[①] 中国的学者也注意到,在社会变迁的过程中,国家的主导作用依然明显,并没有出现完全独立于国家的新生的社会力量,国家与社会的分立并未完成。市民社会理论及其发展——"国家在社会中"这一国家—社会关系理论的新视角有利于我们更好地把握中国社会的转型。

---

① 郁建兴、吴宇:《中国民间组织的兴起与国家—社会关系理论的转型》,载《人文杂志》2003年第6期,第142页。

第七章　媒介融合中的伦理问题

互联网被引入中国并向公众开放,与发端于西方发达国家的互联网商业化进程几乎是同步的。这是开放的中国对席卷全球的信息化浪潮所做出的积极回应,也是为了吸取近代中国因错过工业革命而长期落后的教训。可以说,互联网在提升中国的现代化水平、发展知识经济等方面曾被寄予厚望,它当初最被看好的是其经济功能。但后来的事实证明,随着互联网的发展,普通民众更加青睐它的社会功能。只经过了短短数年,互联网就迅速成为普通民众的重要交往工具和信息来源,成为民间表达的重要平台。

正是由于当初对互联网经济功能而不是政治功能的期待,互联网的建设引进了大量资本,尤其是网站建设和发展,更主要依靠民间资本"烧钱"。直到今天,在中国影响最大的新闻综合类网站和社区网站仍然主要由民间资本运营。如同早年的文人办报、同人办报,民间资本的投入和互联网的非官方性质让网络空间表现出公共领域的某些属性。网络表达也促进了市民社会的成长,二者呈现出螺旋上升式的互动关系:互联网促进市民社会的发育,而市民社会的成长又反过来促使更多的人参与网络表达。互联网促进了国家—社会关系的转型。

可以预见的是,随着媒介融合时代的来临,国家—社会关系的转型速度将会加快,市民社会的力量将进一步成长。媒介融合作为信息自由流动的象征,在国家与社会之间切入,尽管尚不能改变国家的主导地位,却在不断吞食国家的边界,扩大社会的疆域。国家与社会关系的异动必然影响政府权力的行使,其施政规范和道德准则也必然随之而调整,从而对现有的政府伦理构成冲击。

与此同时,媒介融合使得对于政府权力的监督更加高效、透明,这对政府行政能力和自身道德提出了更高要求。在现代社会,强调政府的伦理责任,不仅意味着政府要正确地做事,而且意味着政府要做正确的事情。具体而言,它是指政府依法行使公共权力、从事公共事务管理时必须承担道义上的责任。所谓道义上的责任,也就是指政府行为虽然既不违宪也不违法,但如果明显与社会公德和公序良俗相悖,就应承担的责任。从伦理责任承担主体的角度来看,可以说,政府伦理责任的内容和其他伦理责任一样,也是"他律和自律的统一"。他律是指伦理主体之外的社会公共监督,即违反伦理者要承受舆论的批评、谴责以及社会评价的降低,而自律是指伦理主体坚持的一种信念和恪守的一种情操,这种信念和情操保证了伦理主体具有高度的伦理责任感。[①]

在媒介融合环境下,政府的施政理念和行政行为都被置于透明的信息传播环境之中,为公众所瞩目,接受着广泛监督。任何细小的失误都会被广泛传播,

---

[①] 严明明:《论我国政府伦理责任缺失及其规范的途径》,吉林大学硕士论文,2007年,第4页。

形成放大的负面效应。举例来说,2010年7月28日,南京市栖霞区一塑料厂因施工挖断地下化学原料管道引发大爆炸,造成重大人员伤亡。当地电视台闻风而动,对爆炸事件进行了现场直播。岂料,在江苏电视台城市频道进行直播时,一领导干部模样的男子对着摄像机镜头,质问记者"哪个让你们直播的",随后直播中断。这一事件被网民称为"直播门"。直播中断不到10分钟,某网站微博上已出现此段视频和评论,"直播门"事件在第一时间通过互联网、手机等新媒体迅速传播,造成了广泛影响。尽管此后该段视频在网络上被清理,多数批评言论被删除,但事件本身对政府部门及相关官员形象的影响却不是短时间内可以消除的。

媒介融合令信息源无限开放,信息的快速传播和自由流动成为常态,指望通过封锁信息、瞒天过海从而为所欲为的封闭时代已经过去。而且,传播通道的多样化和信息的充分涌动,为公众的政治参与提供了便利和可能。政府责任的落实离不开管理和监督,政府伦理责任也不例外。但在中国,并没有设立专门的政府行政伦理管理和监督机构,对政府伦理问题的管理没有健全的制度性规定,还是以政府部门及其行政人员的自律为主。由于长期以来受行政本位以及政府全能思想的影响,过分强调政府的至高无上性和无限代表性,导致政府在提供服务时处于一种"恩赐者"的位置,服务的内容和方式都是由政府自上而下计划配置的,公众没有就自身利益向政府提出要求的权利,也难以对政府的服务质量提出质疑,造成政府伦理意识薄弱。而公众由于信息匮乏,也难以了解政府的运作情况和行政目标。尽管目前我国在信息公开方面已经取得了较大成绩,但这对于强化政府责任还远远不够。因此,加强监督,特别是让广大公众对政府的行政行为和决策进行监督就显得尤为重要。今天,媒介融合时代的到来为民众监督政府、参与政治提供了条件,势必冲击现有的政府伦理意识和建设。

三、媒介融合对企业伦理的冲击

企业伦理是以企业为行为主体,以企业经营管理的伦理理念为核心,企业在处理内外利益相关者关系中的伦理原则、道德规范及其实践的总和。① 它是企业在处理企业内部员工之间,企业与社会、企业与顾客之间关系的规范指南,归根结底,是要企业承担应有的社会责任。在很长一段时间里,企业伦理并不受人重视。很多人认为,企业是将赚钱作为主要目标的,伦理则是道德规范,企业的经营目标与其社会责任没有必然联系,因此二者是矛盾的。这一方面是因为过

---

① 朱贻庭:《伦理学小辞典》,上海人民出版社2004年版,第143页。

去商品经济不够发达,自给自足的自然经济仍在人们的生活中占据相当的地位,企业的地位和作用尚显得不够重要;另一方面,这也与过去传播技术的落后和传播手段的缺乏有关,关于企业的口碑流传更多地依赖于人际传播。随着市场经济的完善和现代传媒业的发展,企业伦理问题也开始受到越来越多的关注。

20世纪50年代末60年代初,美国企业由于片面追求利润最大化目标所形成的负面效应和企业经营活动中出现的一系列伦理问题被广泛传播,自此,企业伦理在美国受到公众关注,随后在全球得到越来越多的重视。人们开始认识到,以追求利润为唯一目标的思维方式是陈旧和落后的。如果企业只追求利润而不考虑企业伦理,则企业的经营活动就会为社会所不容,继而被时代所淘汰。也就是说,如果在企业经营活动中没有必要的伦理观作为指导,经营本身就不能成功。树立企业伦理的观念,体现了重视企业经营活动中人与社会要素的理念。因此,自20世纪70年代起,美国、西欧、日本的一些先进企业,开始在组织内部建立起严格的伦理制度和监管制度,不再视企业之间的竞争为赤裸裸的斗争,不再认为打垮对手就是赢得了竞争。这些认识,促使企业改变旧有的经营观念,把企业定位在追求利润与推动良性的社会变迁上,使企业能够长久地生存下去。一些注重企业伦理的企业不仅获得了社会的尊敬,也获得了高于同行业平均水平的利润。因此,兼顾企业伦理与企业的生存不仅可能而且必要,伦理成为企业赖以生存的基石。有了它,企业可以同时拥抱利润与灵魂。

一般而言,企业伦理具有以下特征:第一,企业伦理是关于企业及其成员的行为规范的总和。第二,企业伦理的调整对象是企业内外部利益相关者的复杂关系。第三,企业伦理调节的领域仅限于企业经营管理活动,是关于企业经营管理活动的善与恶、应该与不应该的规范。第四,企业伦理是通过社会舆论、传统习俗、内心信念和内部规范来起作用的。① 由此可以看出,企业伦理的建构和作用离不开其所处的社会环境,尤其是由现代传媒所主导的社会舆论环境。

以互联网为代表的新媒体在为企业发展提供了新的机遇的同时,也对企业伦理提出了新的更高要求。在这个竞争激烈、瞬息万变的市场经济社会里,由于利润关系到每一个企业的命运,因此有的经营者为了追求利润最大化,不惜采取各种非法手段。但在信息高速流动的今天,事情一旦败露,劣行马上就传遍四方,企业必然陷入万劫不复的深渊。曾以"伴随一生、三鹿奶粉"闻名遐迩的乳业巨头——三鹿集团,因在产品中添加三聚氰胺,严重危害婴幼儿健康,一夜之间便轰然倒地,不仅于2008年9月12日全面停产,后又借款9.02亿元,付给全

---

① 曹晓莉:《企业伦理建设研究》,华东师范大学硕士论文,2009年,第4页。

国奶协,用于支付患病婴幼儿的治疗和赔偿费用。相反,在2008年汶川地震期间,饮料企业王老吉因为慈善行为,在互联网上得到热情赞扬。之后,这一品牌的饮料在大小超市销售火爆,直至风靡全国。可见,企业行为合乎伦理与否,既可能成就企业的未来,也可能将其毁掉。

在媒介融合环境下,企业同时处于媒介化社会的大环境中,这对企业伦理构成了新的冲击。具体表现为:

1. 促进了企业伦理建设的透明化

一般而言,企业伦理建设包括以下环节:制定企业伦理规则、设定企业伦理目标、加强员工伦理教育等。企业伦理规则涵盖企业与其相关者的责任关系,同时包含公司的经营理念与道德理想,反映公司的文化与行为、生存的基本意义和行为的基本方向。企业伦理目标强调企业行为不仅具有经济价值,还必须具有伦理价值。企业目标制约下的行为不仅不能违背以法规形式体现出来的经济活动的游戏规则,而且要进一步以伦理准则来约束自己,主动实现道德自律。在传播不够发达的时代,人们对企业伦理建设的诸多环节并不了解,只能在购买产品或服务的过程中,或者经企业的主动宣传而获知。一些企业遵循某些行业不健康的"潜规则",或明或暗地损害消费者利益,一般要造成社会危害后才会广为人知。

媒介融合带来信息的全方位覆盖,企业及企业中的个人都成为整个信息网络的节点,他(它)们在选择性地接收信息的同时,也随时随地地成为信息来源,汇入信息的汪洋大海。在这种情境下,企业的伦理建设变得高度透明。一些不合乎社会道德规范的行业"潜规则"及不健康的企业文化很容易暴露在公众面前。这对当今企业的伦理建设提出了挑战,如何在这一过程中体现独特和先进的企业文化就显得更为重要。

2. 提升了企业伦理标准

伦理建设的透明化客观上提升了企业伦理的总体标准。在美国,超过90%的大企业都有正式的企业伦理行为守则。例如:3M公司的"绝对正直"、福特汽车的"以诚实及正直为基础"、惠普的"利润与成长是使得其他价值观和目标得以实现的手段"、谷歌的"不作恶"等。这些企业伦理大都强调"正直""信任""诚实",而贯彻这些伦理标准会培育形成一种合作性的规范,可以实现范围更为广泛和实质性的企业伦理道德目标。在媒介融合的信息环境下,大公司的伦理示范效应可以更多地影响其他企业,其价值标准的广泛传布有利于形成标准相近的共同伦理规范,"道德高地"的引领和辐射作用更容易得到发挥。这一过程事实上提升了企业的总体伦理标准,也对企业如何履行自己的道德承诺构成了挑战。

3. 加强了对企业伦理的外部监督

作为企业伦理建设的外在动力,公众对企业道德的批判是企业伦理进步的重要原因之一。长期以来,由于社会舆论监督机制的缺乏,使得只追求经济利益而忽视社会责任的企业非但未受惩罚反而能够获得大利。相反,那些遵从伦理道德的企业却得不到应有的经济回报或面临成本过高的压力,转而不再注重甚至放弃企业伦理建设。其中,大众媒体对企业违反社会道德的行为的揭露、报道不及时是重要原因。企业的非伦理经营行为得不到及时曝光,企业与消费者之间的信息不对称情况也得不到改善,导致企业的非伦理经营行为得不到有效控制。在20世纪80年代,上海生产的产品被大量仿冒,仅1985年一年上当受骗的群众给上海手表行业写的投诉信就达一千多封。[①] 但这种原始的监督方式显然无法给不法企业带来真正的压力和实质性的打击。而在媒介融合条件下,数亿双眼睛在随时注视,海量消息可实现瞬时传递,企业的一举一动都被置于公众的监督之下,监督力度大为加强。

因此,无论从标准树立、建设过程还是外部监督角度看,媒介融合对企业伦理形成的冲击都是明显而直接的,其影响也是深远的。

第三节　媒介融合对新闻职业伦理的影响

一、媒介融合对传统新闻职业的影响

从传媒业的角度看,媒介融合对新闻信息传播过程中的新闻信息采集方式、新闻内容、传受者地位以及新闻学教育、人才培养方式、传媒管理模式等提出了新的要求。以美国的"坦帕新闻中心"为例,"坦帕模式"实现了媒体所有权、信息采集、新闻表达和记者采编技能的融合。集团下属的媒体由统一的新闻采编中心进行新闻报道上的管理,采访得来的素材根据不同的媒体特点进行制作。各媒体根据自身节目的特点,可能会邀请其他类别的媒体记者参与节目制作或节目演播,而其他媒体记者会把自己所在媒体的新闻表达方式带入该节目中,从而实现不同媒体形式和新闻表达方式的融合。在新闻采制过程中,有时一名记者需要同时进行多种媒体形式的采访,这就对记者的素质提出了更高的要求。可见,媒介融合对传统新闻职业的渗透和改变是深刻的,它对传统新闻职业产生

---

① 朱金瑞:《中国企业伦理的演进及模式研究》,南京师范大学博士论文,2005年,第131页。

了多方面的影响,主要体现在以下方面:

1. 媒介融合削弱了新闻职业的重要性

新闻传播的过程涉及传播者、新闻媒介和受众,最简单的新闻传播流程是:新闻事实由传播者通过新闻媒介传向受众。在这个传播过程中,传者起着积极主动的作用,受众更多地处于被动的地位,即使有反馈也比较微弱。而在媒介融合环境下,"新闻传播方式从传统媒介主导的单向传播变为专业媒介机构与普通公民共同参与的分享式、互动式传播,大众传播与人际传播更加紧密地结合与汇流"①。媒体的形态日益多样,新闻传播的过程也变得复杂,上述单一的传播流程已被改变,许多新的形式和特点丰富了传播过程,如传者和受众的界限变得模糊,互动成为新闻传播过程中的一大特点。在这样的情况下,职业传播者不再是信息发布的权威,借助新的媒体终端和新的传播平台,任何人都可以自由地发布信息。在媒介化的大环境中,任何人都可以像职业传播者那样,向任何人发布信息。因此,在媒介融合的背景下,新闻职业已经不再像过去那样,在公众信息传播系统中居于主导和中心位置,其重要性显著降低。相反,利用各种媒介终端发布"碎片化"新闻的普通大众,在特定条件下往往也可以"主流化"。一些社会化媒体在突发事件、社会动员中所发挥的主导作用清楚地证明了这一点。

自有了互联网以后,关于传统媒体即将衰落的说法已经持续多年。但总体看来,传统媒体由于其从业人员的专业素养和作为专业机构的传播优势,并未在新媒体面前败下阵来,只是双方的融合进入了新的层次。而媒介融合形成之后,由于个体加强了对于传播的掌控性且社会传播总体上趋于个性化,个人居于信息传播系统的中心位置,而职业传播者作为提供信息的一方,虽然在权威性方面仍占据优势,但其地位则与过去不可同日而语。一个重要的原因就在于由技术和商业逻辑主导的媒介融合,将公众与公共生活再次剥离,消费主义成为主流话语。个人的欲望和对信息的无止境追求以及极端的个性化,造就了各种各样的信息消费者和信息发送者。职业新闻传播机构不得不追逐这样的信息用户,从而在个性十足的消费者面前沦为普通的信息提供者。因此,传统媒介机构要想在媒介融合环境中占据原有的尊崇地位,几乎是不可能完成的任务。

2. 媒介融合革新了传统新闻操作流程

首先,新闻信源的结构发生了变化。新兴媒介的不断涌现,使信息来源、信息管理和采集方式都发生了很大变化。新闻信息来源不仅仅局限于权威部门和

---

① 蔡雯:《媒介融合前景下的新闻传播变革——试论"融合新闻"及其挑战》,载《国际新闻界》2006年第5期,第31页。

传统媒介机构,借助手机媒体、博客、播客等传播方式,"草根记者"越来越多,普通人加入传播者的行列,使新闻的信源结构日益多元化。这要求新闻从业人员重视不同信源,从不同渠道,尤其是信息用户那里获取信息,制作新闻。其次,渠道融合对新闻采集提出了新要求。信息采集方式随着新媒体技术的发展不断增加,视频会议、电话采访、邮件采访以及即时通信工具、微博客、社交网站的利用,不受空间、时间限制,使采访方式更加灵活多样。因此,不同媒体需要借助同一个传播平台汇集信息,通过组建统一的采编机构进行新闻信息的采集、加工和处理,制作成不同的节目,为不同类型的媒体所采用。再次,终端的融合要求新闻产品的样式多样化。如今,手机不仅可以用来打电话、上网,还可以用来看电视和报纸,这就要求专业新闻机构充分考虑同一终端的全媒体接收特点,提供不同类型的新闻产品供用户使用。随着媒介融合的推进,用户一般只使用一种终端接收所有媒体信息,这就要求新闻操作手法必须改变,记者需要适应全媒体环境。对于记者而言,媒介融合为他们提供了充分施展才能的机会,媒体形态的增多使他们有了更多的选择平台,但是加强自身素质、掌握多方面的知识和技能,以适应不同媒体的需求也势在必行。

3. 媒介融合改变了媒体内部信息生产与经营的重要性排序

一个最重要的改变是,记者已不再是媒介机构中最重要的成员。由于媒介融合遵从数据库逻辑,收集用户需求信息的经营管理人员将居于媒介的中心地位,因为这是新闻生产的基础。只有准确了解用户资料及他们的个性化需要,新闻生产才能做到有的放矢,让信息实现有效覆盖。因此,对于新闻行业而言,最大的变化是生产与经营的位置被重新排列,以记者或编辑为中心的时代要让位于以经营人员为中心的经营用户时代。从这个意义上说,新闻已经不再占据媒介机构中的重要位置,新闻媒体的名称或也将为约定俗成的传媒所取代。新闻理想在此将遭遇从未有过的挑战。

由于我国传媒体制和政策上的原因,加之媒介集团下属媒体的单一性,类似坦帕模式的媒介融合没有完全开展,只有一些传统媒体所组建的集团,像报业集团和广电集团各自借助互联网的传播优势,设置了报纸电子版或广播电视节目网上点播,或者像以上海文广集团为代表的传统电视媒体与电信网之间进行IPTV领域的合作尝试。但同样地,媒介融合的冲击已经显现。随着三网融合步伐的加快,这种影响必将愈加强烈。

二、媒介融合对传统新闻职业伦理的冲击

面对媒介融合对于新闻职业的冲击,栖身其中的新闻从业人员最先受到影

响。首先,记者因在媒体中的地位下降而不得不面临生存压力甚至失业的焦虑。其次,对记者的职业要求更高,成为全能记者已不再是理想,而是现实的生存法则。最后,媒介融合的环境令传统的新闻职业伦理也不可避免地受到冲击。这主要表现在以下方面:

1. 对记者技能的要求高于对新闻专业主义的要求

对于媒介集团而言,媒介融合的首要目的是让整个传媒公司或集团所拥有的有限新闻资源实现效益最大化,将报纸、电视、广播、网络、手机的优势发挥到极致,同时弥补传统媒体与新媒体各自的先天不足;各媒体之间在统一的目标下最大程度地实现新闻资源的共享、开发与整合,各媒体平台协同运作,产生强于各部分相加的效果。这不仅能最大限度地做出最好的新闻,还能最大限度地占领消费者市场和广告市场。媒介融合对从业者提出了巨大的挑战,因为媒介融合首先带来的是不同类型媒介之间的业务融合,这要求新闻从业人员成为能够运用多种技术工具的全能型记者、编辑。在媒介融合相对发达的美国,媒介集团所融合的媒介都是同处一地的地方媒体,它们派往异地采访的记者都是全能好手,可以同时为报纸写文字稿件、为电视拍摄新闻节目、为网站提供内容。① 在这样的环境中,对记者技能的要求远远高于昔日媒介边界清晰的传统时代。

因此,对记者而言,首要的任务是习得获取新闻之"术",而如何进行客观公正的报道反而不重要了。在媒介融合时代,全媒体的新闻专业技能对于普通记者而言自然是个不小的负担,但这是由变化的工作环境决定的,记者本身并没有选择的权利和自由。因为如果不这样,就无法满足全媒体的需要,自然也就不能取悦于媒体机构甚至形形色色的信息消费者。只是对于专业技能的过分强调,自然让新闻专业主义精神不再居于首要位置,长此以往,将极大地动摇新闻职业的专业准则。

2. 记者的新闻理想让位于生存压力

尽管在所有国家,新闻记者都没有享受超越一般民众的特权,但新闻业在几乎所有国家都被视为一项特殊行业,原因就在于新闻业是现代社会的神经中枢,它在让民众感知世界、促进社会不同阶层的沟通和对话、满足受众的信息及娱乐需求等方面扮演着重要角色。而新闻工作者在这一过程中居功至伟。他们或深入事件第一线,帮助人们了解最新资讯,或挺身而出,为揭露社会黑暗,维护社会公正而努力。不少年轻人正是怀抱这样的新闻理想进入这一行业,试图通过自己的努力来还原事实真相,服务国家和社会。

---

① 徐沁:《泛媒体时代的生存法则——论媒介融合》,浙江大学博士论文,2008年,第98页。

但媒介融合却正在令新闻职业褪去昔日的光环,新闻理想也渐渐远去,生存压力成为记者不得不首先考虑的问题。一是由于传媒组织更强调为信息消费者服务,进一步转向以赢利为主要目标的信息提供商,因而更需要经营管理人员,记者在媒体内部地位下降,生存环境变差。二是记者要横跨多种媒体,疲于奔命,一不小心,还要担心被裁员。在《华尔街日报》一篇关于媒介融合的文章里,一些论坛报记者告诉日报的大卫·巴尔博萨,他们把融合作为另一种工作方式是对自己底线的一种屈服。并且据他们反映,即使在他们的日常工作量被增加到最大极限时也没有任何额外的收入。因为融合媒介更需要能够融会贯通多种媒介的多面手,媒介集团为提高效率,往往追求用更少的人做更多的事,这就直接导致集团的裁员。另外,融合媒介间人员的频繁流动,打破了行政界限,媒介集团更乐意增加临时工的岗位或是调用其他部门的人员,从而使原先的正式员工逐步向非正式员工转变。因而,媒介从业者对失业的恐慌并非空穴来风。①在这样的生存压力下,记者首先要考量的是生存的压力,不得不将新闻理想放在一边。其后果,慢慢就会演变为对职业伦理的背弃。

3. 记者成为信息的提供者而不是社会的守望者

"新闻记者是什么?假如国家是一条船,新闻记者就是站在船头上的瞭望者。他要在一望无际的海面上观察一切,审视海上的不测风云和浅滩暗礁,及时发出警告。"普利策的这一传世名言告诉我们,监视环境,守望社会,是记者的天职。这也是新闻业获得较高社会声誉的重要原因。

在媒介融合环境下,记者的首要身份不再是还原真相和秉持社会理想的守望者,而是满足各种媒体形式需要的"内容提供者"。在全媒体的工作环境中,面对五花八门的消息来源,记者面临的最大问题是没有时间思考。《波士顿环球》的专栏作家艾伦·古德曼坚持认为一份好的报纸需要时间来考虑该写些什么东西,而新的所谓的"内容提供者"只能跳跃式地、盲目地满足各种媒体形式的需求。②他认为,在现实的新闻界中内容提供者的数量是很有限的,他们也许可以谈论体育,以很快的速度报出中奖彩票的号码,但是,写出好的报道需要时间。他认为,记者踏实勤恳的采访工作是新闻业的基石,而任何企图削弱采访重要性的举措都是与新闻业的职业伦理相违背的。

事实上,对于记者而言,当一个重要的素材必须写成多媒体版本而不能向受众提供更有深度、更有思想性的单一文本时,新闻,已经无法发挥守望的功能,更

---

① 徐沁:《泛媒体时代的生存法则——论媒介融合》,浙江大学博士论文,2008 年,第 93—95 页。
② 同上注,第 94 页。

别指望它能够启迪人的智慧,促进人们的思考,它仅仅是肤浅的、让人难以辨别其价值的信息。更多时候,为了迎合受众,记者往往需要提供消费者感兴趣的信息,而将事关公众利益、更值得报道的素材搁在一边。用眼观察、用脑思考的守望者在这一过程中,自动地蜕变为小心翼翼的服务提供者。新闻业,自然也就沦为肤浅的、日趋平常的信息服务行业。近年来,当西方发达国家大力推进媒介间的融合,新闻学界也热衷于开设"融合新闻"专业时,对媒介融合的反思从来没有停止。因为,这个世界不仅需要全能型的新闻人才,更需要他们胸怀职业理想,恪守专业精神,注重人文关怀。因此,面对媒介融合的全球化态势,如何重建新闻职业伦理,将成为一个严峻的课题。

本章讨论

传播技术的发展跟社会道德水平有关系吗?如果有,又是何种关系?

对话与思考

1. 结合实际,谈谈媒介融合带来了哪些社会伦理问题?
2. 媒介融合对政府伦理构成了哪些冲击?
3. 媒介融合给当今中国的企业伦理建设带来了哪些影响?
4. 媒介融合给新闻传播职业带来了哪些影响?试举例说明。
5. 请思考,新闻传播职业伦理如何直面媒介融合的冲击?

第八章
媒介融合环境下的传媒产业规制变革

在考察了媒介融合的伦理问题后,我们将目光投向媒介融合的现实规制。规制作为具体的制度安排,是政府对经济行为的管理或制约,是在市场经济体制下,以矫正和改善市场机制内在问题为目的,政府干预和干涉经济主体活动的行为,包含了市场经济条件下政府几乎所有的旨在克服广义市场失败现象的法律制度以及以法律为基础的对微观经济活动进行某种干预、限制或约束的行为。传媒产业规制,是政府通过法律、法规、政策、制度等对传媒产业的发展进行管理和规范的总称,它总是随着传媒产业的发展而变迁。媒介融合改变了现有的媒介产业格局、媒介组织体系和操作流程,自然会对原有的规制体系提出挑战。伴随着媒介融合的进程,规制变革也将如影随形。

本章要点

媒介融合改变了原有的媒介分立格局,自然对基于既有媒介格局的传媒产业规制构成冲击和挑战。为应对这一挑战,世界各国均基于本国情况对传媒产业规制进行调整,以建立一套适应传媒边界扩充和不同媒介相互融合之势的传媒产业制度框架,调整现有规制与之不相适应的部分,填补现有规制的盲区,打破媒介融合的政策壁垒,鼓励媒介间的竞争与合作,促进传媒在经济效益的获取和公共服务的提供两方面平衡发展。近年来,为应对媒介融合的全球态势,特别是因应技术的发展和相关产业机构逐利的内在驱动,中国也对相关产业政策进行了调整。但传媒产业仍然处于条块分割的局面,其市场主体地位尚未完全确立,全国性的开放、竞争市场尚未完全形成,管理机构不统一,多头管理的状况也依然存在。未来,中国的传媒产业规制应体现下列趋势:抑制垄断和放松管制同步;内容监管与传输经营分开;规制机构走向融合。

近十几年来,随着技术的发展,尤其是数字技术、通信技术和计算机技术的日新月异,各种媒介的融合之势也在不断加快,以报纸、广播、电视为代表的传统媒体与各种新媒体在组织结构、传播手段上日益渗透和融合,媒介间的技术和形态界限日渐模糊。媒介融合改变了原有的媒介分立格局,自然对基于既有媒介格局的传媒产业规制构成冲击和挑战。为应对这一挑战,世界各国均基于本国情况对传媒产业规制进行调整,但由于媒介融合仍处于不断发展之中,规制变革的进程还远远没有结束。

第一节 媒介融合成为传媒规制变革的新动力

一、媒介融合对现有传媒格局的改变

尼葛洛庞帝描绘的媒介融合蓝图,在20世纪90年代以后,随着技术的发展,尤其是数字技术和网络技术的广泛应用而日渐清晰地呈现在公众面前。作为其重要标志,众多行业因数字化和网络技术的广泛应用而相互渗透和融合,行业之间的边界由清晰走向模糊。其中,受影响最为直接的自然是以信息传播为主要职能的媒体业。在新的传播介质不断出现的同时,原先泾渭分明的不同媒体形态开始不断交融,"井水不犯河水"的状态一去不复返,信息的数字化存贮和网络化传输使不同媒体之间具有了某种可替代性,曾经互不相干的不同性质的网络现在几乎可以提供同样的服务,似乎一夜之间成了"一家人",在技术的支撑下建立了密切的联系。

正是在新技术力量的推动下,媒介融合作为传媒业的发展之势成为可能。自20世纪以来,媒介融合的案例在世界各地频繁上演。早在1994年,互联网服务公司美国在线与《圣荷水星报》就联合推出名为《水星中心新闻》的电子服务。1995年12月,美国微软公司与全国广播公司联合,在互联网上开设24小时连续播出节目的有线电视频道(MSNBC.COM)。2000年1月10日,美国在线和时代华纳宣布合并。合并后的美国在线—时代华纳公司成为融媒体、娱乐和通信为一体的"巨无霸",公司市值为3500亿美元,年销售额为300亿美元,交易额达1840亿美元。这是世界上最大的新媒体公司和最大的传统媒体公司之间的合并,代表着传统媒体产业和网络产业的融合,同时成为国际媒介产业融合发展的标志性事件。美国论坛公司除了拥有著名的《芝加哥论坛报》外,还拥有多家电台、电视台和新闻网站;而"坦帕新闻中心"(Tampa's News Center)的建立,则被美国新闻界公认为媒介融合成功的典范。它隶属于佛罗里达州坦帕市的"媒

体综合集团"(Media General)。该集团将它旗下的报纸《坦帕论坛报》(*Tampa Tribune*)、电视台(WFLA-TV)和互联网站(坦帕湾网站,Tampa Bay Online)全部集中在同一个建筑物中以实现资源共享。大楼内部设有统一的突发新闻指挥台,各种媒体的采访人员互相配合、协调,合作采访新闻,甚至由同一名记者同时采访报章和电视新闻以及电子版的即时新闻,同样的资讯以不同的形式,被包装成适合不同媒体的产品。如今,网络技术的发展,又使得媒介融合的进程继续推进,形成了众多诸如宽带互联网、移动互联网、互动广播、个人媒体、网络报纸、手机报纸、手机电视、电子杂志、网络广播、播客、网络电视等新的信息传播渠道和业务。

新业务、新应用的出现只是媒介融合的表象,媒介融合更深远的影响在于产业的重组与融合。传媒机构会发现自己正置身于一个新的产业链条,这个链条不仅包括现有的传媒机构,还包括新兴的内容提供商、电信运营商、IT业以及其他与信息生产相关的企业。传播渠道、内容、信息包装技术、发行平台与接收终端将成为未来产业链条的几个关键环节,以这几个环节为基础,会形成新的产业模式与格局。① 而产业的重组和融合势必改变现有的媒介生态和媒介格局,也必然会对当前的传播规制产生冲击。

二、传媒规制在媒介融合时代遭遇的挑战

传媒规制在早期的形成过程中,时值媒介分立,规制以不同的媒介样态作为依归。在传统媒介时代,由于各类传媒边界清晰,内容传输也高度依附于传播载体和所使用的传播技术,因此,传统的规制体制和政策体系是适应于不同技术、按不同的产业部门建立起来的,是一种纵向分割、部门间各自相对封闭的规制体系。② 但在媒介融合时代,产业边界日渐模糊,媒体界限也正在消融,这令以媒介分立为指向的信息传播规制遭遇严峻的挑战。总体上看,这种挑战主要体现在以下几个方面:

1. 媒介融合扩充了传媒业的边界,传媒规制面临供应不足的困境

一个最明显的事实是,在数字技术被广泛应用之前,尽管传统的电信业也是从事信息服务的社会部门,但它拥有专用的信息传输平台和与此对应的专门的接收终端,信息的生产、传输和接收自成一体,与广播电视和新闻出版行业面对

---

① 彭兰:《媒介融合方向下的四个关键变革》,载《青年记者》2009年2月下,第22页。
② 汪向东:《三网融合中的规制政策:国际发展趋势与评论》,载《中国信息界》2006年第14期,第38页。

社会大众提供大规模的新闻信息服务的情况大相径庭,因而并不属于传媒产业。比如,当20世纪90年代初期移动通信刚刚在中国向公众开放时,用户手持的移动终端是第一代模拟手机,状如砖头、厚重无比,被戏称为"大哥大"。它不仅价格昂贵,而且功能单一,与传统的固定电话一样仅能通话,不能收发信息,更谈不上今天的手机普遍具有的数据通信功能。那时的移动通信系统只是可以移动的通话系统,远不是可供大众使用的媒体。可见,在模拟时代,电信业与其他传媒产业是分列的,与通常意义上的传媒无涉。当第二代移动通信技术被广泛采用时,手机很快就不再只是单纯的可以移动的电话机,而成为综合性的个人信息终端。今天,3G的上马,使手机成为名副其实的"第五媒体",在信息传播和社会动员方面发挥着其他媒体难以取代的重要作用。就这样,过去不属于传媒领域的电信业,现在也成为广义上的传媒产业。而在手机成为大众媒体的过程中,互联网又扮演了不可或缺的角色。互联网是海量信息的集散地,无数网民和机构作为信息的提供者,共同拓宽了传媒的边界。在这一媒介融合的全球性运动中,不仅传媒业的边界在扩张,传媒业内部各子媒体之间也变得你中有我、我中有你,新兴媒体之间、新媒体与传统媒体之间相互交融、不断渗透,而传统的传媒规制主要用来规范传统媒体行业,面对扩充的传媒边界,制度供应不足,缺口严重。

2. 媒介融合改变了现有传媒规制的市场基础

在媒介产业分立的格局下,传统的传媒规制存在的市场基础是:市场是自然垄断的或者市场正趋于垄断。如电信、有线电视是独自经营,形成自然垄断;广播电视虽然不是自然垄断,但由于其频谱稀缺,竞争性频谱之间相互干扰,广播电视市场的竞争与自然垄断状态下的破坏性竞争极为类似。尽管各国政府有各种理由在传媒业实施规制,但从规制形成的历程来看,传统规制首先是为了控制自然垄断、防止人为垄断,以及治理频谱稀缺所导致的市场问题。媒介融合导致传媒市场环境剧变,传统的传媒规制遭遇根本性挑战。

第一,媒介融合强化了传媒市场竞争,改变了传统的传媒规制的市场基础。一方面,在技术上,原来分立的电信与传媒产业之间、各子传媒产业之间不存在明显的竞争关系,但在产业融合进程中,各产业拥有共同的技术基础、通用的传输平台,为消费者提供类似的数字产品,相互之间形成广泛的竞争。另一方面,在产业融合进程中,原纵向一体化的结构裂变为横向一体化的结构,产业链裂变重塑了市场竞争格局,传统传媒时代垄断程度很高的纵向市场结构被瓦解,日益发展为竞争性较强的横向市场,并且竞争强度随着市场需求的增加而不断强化。市场结构的变化不仅使电信和有线电视等产业的自然垄断属性日益弱化,而且使得原分立产业的市场集中的危害性趋于减弱。与此同时,数字技术从根本上缓解了频谱稀缺的状况,对广播电视进行规制的技术基础发生动摇。

第二,禁止交叉进入的管制政策走向了自己的对立面。为了在传媒市场保持多种"声音",促使观点和意见多样化,保护文化的多样性,世界各国均对传媒业实行严格管制,在一定程度上禁止交叉进入。在传统的技术框架下,交叉准入限制对分立产业的竞争格局并不构成威胁。但当原来分立的电信与传媒产业之间、各子传媒产业之间的竞争在技术上成为可能时,交叉禁入就是反竞争的。这与管制的初衷背道而驰。

第三,传媒的所有权法则面临两个方面的挑战。一方面,在传统规制的所有权法则中,对集中度的测度是针对特定产业或者是特定市场的,这些市场具有清晰的边界,但融合使传统媒介的边界日益模糊,市场本身变得飘忽不定,传统传媒规制判定市场集中度所依赖的纵向市场不复存在,市场集中度无从统计。即使继续统计子传媒产业的市场集中度,在融合的背景下统计数据的指示意义也大为弱化。另一方面,倘若一种子传媒产业面临产业外的竞争,传统传媒规制判定市场中是否存在垄断的集中度标准就不再合理。原因在于,在某种意义上融合拓展了子传媒市场的边界,各子传媒市场不断扩大,集中度的原有上限不再是一种必要。[①]

可见,媒介融合已经销蚀了既有传媒规制的市场基础。应该说,这是最具根本性的挑战。

3. 媒介融合凸显了现有传播规制的不适应问题

中国社会科学院信息化研究中心主任汪向东认为,媒介融合的挑战使传统规制政策在以下四个方面显示出不适应性:规制政策不存在的问题;规制政策不统一的问题;规制政策不协调的问题;规制政策不确定的问题。

(1) 规制政策不存在的问题

在媒介融合过程中出现了大量新业务,其中的一些新业务是传统规制政策没有覆盖因而也不可能提供政策规定的。伴随着互联网的不断渗透和手机的日益普及,以及互联网和手机的融合,全民传播时代已经来临。人人可以成为记者已经不是什么稀奇的事情,不论是在突发事件还是非事件性新闻报道中,个人或称公民记者正在扮演着重要角色。个人博客、微博客、社交网站、网络论坛等无一不可以成为各种新闻信息的集散地,这些信息可以有多种形式,如文字、视频等等。这类信息该不该管、由谁来管以及该如何管都是问题。这类新问题还有很多,构成了传统规制的盲区。

---

① 肖赞军:《媒介融合时代传媒规制的国际趋势及其启示》,载《新闻与传播研究》2009年第5期。

(2) 规制政策不统一的问题

例如,一直以来,广电部门实行严格的内容监管,电信是只管传输不管内容。包括内容监管在内的互联网治理虽然有所进展,但意见分歧依然巨大,特别是一国要单独实现有效管理困难重重。在这种情况下,同样的应用或内容因为传输平台的不同,就会面对有天壤之别的规制差异。

(3) 规制政策不协调的问题

在不同产业部门分属不同规制机构监管的情况下,产业融合往往会带来不同部门规制政策的相互矛盾,或者带来对同样的政策原则进行不同解读的情况。这种"公说公有理、婆说婆有理"的现象,不仅出于技术的原因,更是由于部门利益冲突所致。在产业融合进程中,有些新业务从表面上看同时与两种传统业务有渊源,比如手机电视、手机报纸,如果依据传统规制进行监管,势必带来政策不协调的问题。

(4) 规制政策不确定的问题

以上规制政策的不存在、不统一和不协调,都会造成规制政策的不确定。而政策的不确定和规则的不明晰,加大了企业的风险,势必影响企业的决策,不利于它们进行投资与创新。①

因此,媒介融合对于传统传媒规制的挑战是全方位的,在有的方面甚至是颠覆性的。这向传统传媒规制的调整甚至转向提出了要求。

三、媒介融合时代传媒产业规制变革的目标和路径

规制要解决的是"允许什么""禁止什么"的问题,它的任务就在于为指向的对象划定一个可以自由活动的空间加上不能逾越的一条"红线",强制性地规定可以做什么、不可以做什么。这个自由活动的空间范围有多大、底线又在何处,体现的是政策和法律制定者对所规范对象的认识和导向,构成所规范对象外部生存环境的重要部分——制度环境。传媒规制就是为相关传媒产业的发展提供这样的制度环境,为相关产业的发展指出方向,为产业的自发性变革进行规范。鉴于媒介融合已对现有传媒规制构成严峻挑战,传统传媒规制的转向势在必行。

总体来看,传媒产业规制变革的目标是:建立一套适应传媒边界扩充和不同媒介相互融合之势的传媒产业制度框架,调整现有规制与之不相适应的部分,填补现有规制的盲区,打破媒介融合的政策壁垒,鼓励媒介间的竞争与合作,促进传媒在经济效益的获取和公共服务的提供两方面平衡发展。变革过程应该包括

---

① 汪向东:《三网融合中的规制政策:国际发展趋势与评论》,载《中国信息界》2006年第14期。

第八章 媒介融合环境下的传媒产业规制变革

下面两个步骤：

1. 为媒介融合确立宏观的政策环境

媒介融合的动力，一是无法遏制的技术进步，二是强烈的信息化需求。联合国信息社会世界峰会进一步推动了越来越多的国家和地区把信息社会作为自己的发展目标，用户对信息的内在需求日益向着个性化、无处不在、互动的方向发展，这些需求汇成拉动三网融合的强大力量。三是来自 ICT 提供商面临的市场压力，他们一方面要在市场竞争日趋激化的情况下寻找和增加收入来源，缓解传统技术和业务单位带来的营收减少的压力，另一方面需要增加研发投入和对运营的投资，以增强自身在未来市场上的竞争力。[①] 这种基于用户需求拉力、市场竞争压力、企业自身动力和技术提供的创新可能性的三网融合趋势，是规制政策的制定者必须重视的客观现实。

媒介融合涉及广播影视、信息通信、电子制造、新闻出版等多个产业，它的原动力虽始于技术的变革，但技术只是提供了一种可能，更深层次的动因还在于人类对信息传受自由的不懈追求和向往。因此，从大的方面来看，所有的规制都不应该逆这一历史潮流而动，而是要顺应这一趋势。但由于世界各国政治、经济和社会发展水平不尽相同，传媒的性质以及传媒在国家架构和社会体系中所扮演的角色也不尽相同，因而不同国家对媒体融合的认识也不完全一样，传媒融合规制的价值取向存在很大差异。这是传媒规制转向要面临的第一个问题，即为媒介融合提供什么样的外在环境。

尽管媒介融合涉及多个产业，但从实际情况来看，对媒介融合影响最大的还是广播电视产业和电信产业，因为这两个产业掌管着规模庞大的信息内容、传输网络及受众和用户。因此，媒介融合的规制主要围绕着这两个产业展开，媒介融合的整个制度环境也主要由上述两大产业的关系来确定。市场准入问题是媒介融合的核心问题，规制政策首先需要明确是否准许市场的交叉进入。如果准入，就要为准入设立条件，为竞争建立规则。当上述两大产业拥有相同的技术基础时，用法律法规和政策导向确立它们在整个媒介融合格局中的位置就变得至关重要。是彻底打破它们之间的壁垒，还是用新的方式强化二者的分立，是摆在传媒规制制定者面前的第一个课题。

2. 对现有传媒规制的调整、充实和明确

在确定了媒介融合的宏观政策倾向后，具体到政策的制定，需要对现有传媒规制进行调整、充实和明确。

---

① 汪向东：《三网融合中的规制政策：国际发展趋势与评论》，载《中国信息界》2006 年第 14 期。

调整,即解决现有规制不协调的问题。如前所述,在媒介融合之前,不同的传媒形式泾渭分明,由此设立的管理机构和制定的规制政策也是各管各的事,既不会越位,也不会留下真空。媒介融合催生了新的传媒业务,而这些业务与传统的两个以上的产业部门都沾亲带故,按传统的分类又无法完全归属于某一产业。当上述情况出现时,不同的行业主管部门常常为了争权夺利,拿有利于自己一方的政策去管理这些新兴业务。由于政出多门,政策解读又大相径庭,实施的效果自然可以想象。因此,对现有规制进行清理、完善和调整就显得十分必要,其核心应该是以促进新兴业务的健康发展为旨归,破除部门利益的壁垒。

充实,即解决现有规制不存在的问题。媒介融合带来大量新业务,有的或多或少可以大致归属于某一传统的传媒行业,但有的业务却是全新的,如个人博客上视频内容的监管,还有依托互联网技术的点对点视频扩散等,都是传统规制政策中不存在的新问题。

明确,即解决现有传媒政策不统一、不确定的问题。由于不同的产业部门在传媒产业链条中所处的位置不同,相关的监管政策侧重点也不相同。比如,广播电视产业主要提供内容服务,因而对内容很关注;电信网络以传输为主,更加关注网络传输安全。因此,当同一内容分别在广电网络和电信网络传输时,受到的监管差异就很大。这也是普通民众感觉互联网要比传统媒体拥有更多自由和更大表达空间的原因之一。在媒介融合的背景下,传统媒体与新媒体之间的界限日益模糊,这种政策不统一的弊端就会更加彰显。此外,在一些新兴业务被不同行业的监管部门争相管理的同时,也有些业务管理因需要投入却无利可图而"无人认领",造成新兴业务发展的失范和失序,甚至导致其走上歧途,给整个行业的发展带来混乱。因此,统一规制的尺度,明确监管部门的职责,同样是媒介融合时代传媒规制变革的重要一环。

规制的变革并非一蹴而就,而是一个与现实传播格局对应、互动磨合且不断深化的过程。由于媒介融合方兴未艾、未有止境,规制变革也将经历一个长期的过程。但变革的总体目标应该明确,具体的调整和充实则要因时而变、应势而动,只有这样才能适应媒介融合的步伐。

第二节　美欧传媒产业规制在媒介融合时代的变革

媒介融合昭示的传播理想——信息传受的"无处不在""无所不能"需要打破产业间的壁垒。针对媒介融合的趋势,各国为增强市场的有效竞争力以及本国媒介产业在全球的竞争力,纷纷制定、出台或修改广播及电信领域的法规和政

第八章 媒介融合环境下的传媒产业规制变革

策。总体来看,不考虑中国,全球的传媒规制大致可分为三种类型:一种以美国为代表,传媒完全私有化,政府管理媒体的方式与管理其他企业类似,控制较弱;一种以欧洲为代表,政府对公共传媒和私有化传媒实行二元管理;一种是传媒完全由国家控制。上述三种体制分别对应着传媒运行的三大机制:一是以美国为代表的完全商业化运作;二是以欧洲为代表的双轨制运作;三是完全作为政府的宣传工具而存在,不存在市场化运作的问题。下面即以美国和欧洲的代表国家——法、英两国为例,解析在媒介融合环境下全球传媒规制演变的基本情况。

一、美欧传媒规制演变的主要情况

1. 美国

美国的传播产业政策经历了一个由管制到放松管制的变革过程。最近二十多年来,美国政府采取了放松管制的手段,来促进国内竞争、提升全球竞争力、拓展 21 世纪的美国国家利益。[①]

在美国,传媒产业曾长期受到严格管制。《1934 年传播法》迄今为止仍然提供了管制无线电视、无线广播和电信业的基本框架,其关键性内容包括对无线电波的公共所有权、联邦通信委员会的任命和组成、联邦通信委员会根据公共利益颁发广播执照的权力、禁止事前审查等的规定,以及大选期间管理台站使用的 315 条款等。

《1996 年电信法》的实施是美国传媒产业政策放松管制的标志性事件。它的表现之一就是改变了所有权规则。根据这部法律,在全国性市场上,个人、公司和社团可拥有的无线电视台,其累计收视率不得超过全美国电视用户的 35%。以前则限制在全美国电视用户的 25% 和最多 12 家电视台,1985 年之前更限制在最多 7 家电视台。

《1996 年电信法》还废除了长期存在的广播电视网对有线电视系统的交叉所有权的限制。它同较早的国会立法一道,消除了对电话公司进入有线电视市场的限制。

此外,报纸/广播交叉所有权规定仍限制电视台的所有者在同一市场购买报纸,因为地方报纸常常是广告份额的最大竞争者。当然这种限制更主要地不是为了促进社区舆论的多样化,而是为了削弱价格固定的可能性。这一规则直到 1975 年才确立,这时报社已在许多市场上建立了电视台,但在此以后的报纸/广播合并一律不被许可。

---

① 支庭荣:《美国传播产业政策的全球化取向》,载《新闻与传播研究》2000 年第 3 期,第 85 页。

《1996年电信法》也取消了长期存在的对同一市场上电视台和电台进行新的合并的禁令。它也许可广播台站拥有有线系统,但不能与台站在同一市场上。

《1996年电信法》允许电话公司在其营业区内,选择多项视频服务。电话公司既可以选择经营无线通信,也可以选择经营公共载体(common carrier),还可以申请有线电视经营特许或经营开放式视频系统(Open Video System,OVS)。这些选择,尤其是OVS,有助于打开通向视频服务主体多样化的大门。

根据这部电信法律,有线电视系统无须申请特许,就可以运营电话业务。但电话公司和有线电视系统,在各自的营业区内,相互之间的投资额不得超过对方资产股份的10%,并且不能持有对方任何管理股份。维持一些管制规则也是为了防止垄断,促进竞争。

可以说,美国《1996年电信法》为世界各国传媒产业规制的调整做出了表率。此后,出于国际竞争的考虑,其他国家纷纷修改法律,调整政策,支持媒介融合。三网融合中市场准入政策的调整,集中体现在围绕许可证制度进行的改革上。这些国家和地区放开市场准入政策的基本着眼点,可以归纳为鼓励竞争、鼓励投资、鼓励创新和促进发展。它们相信,准许交叉进入,会促进跨行业的竞争,有利于消除行业间投资的政策障碍和刺激投资增长,有利于技术和市场的创新,也有利于通过数字融合促进相关产业乃至信息社会的发展。在一个全球化的市场上,如果自己在三网融合中落后,国际性大公司就会转移到别处去寻找投资、创新和发展的机会。

2. 欧洲

(1) 法国。

1996年以前,法国电信行业实行垄断经营体制。随着电信业的发展,特别是在欧盟电信大市场自由化的背景下,法国电信市场不断引入竞争机制,逐步建立了开放式的经营体制。

法国的传媒产业政策,与整个欧盟的总体政策环境息息相关。欧盟拥有电信开放发展的大环境,其标志是欧盟2002—2003年颁布的《管制框架指令》《接入指令》《互联指令》以及《关于电子通信产品和服务相关市场的建议》等。这些《指令》和《建议》总的精神就是要求各成员国进一步消除电子通信的市场准入壁垒,实施公平、透明和无歧视的网络互联,鼓励发展新技术、新业务。其中,《管制框架指令》通过定义"电子通信网"在网络层面为三网注入了融合元素。根据《管制框架指令》的定义,电子通信网"意指用于传输信号的目的传输系统、交换设备或路由选择设备以及允许通过线路、无线电、光缆或其他电磁手段传送信号的其他资源,包括卫星网、固定电信网(电路交换和分组交换,包括因特网)、地面移动网、电力电缆系统以及广播与电视网、CATV 网,不论其传送的信息类型"。关于电子通信业务,《管制框架指令》将其定义为"通过整个或主要在电子通信网上传送信号所提供的业务,包括电信业务和广播电视传送业务,但不包括提供或实施对使用电子通信网和业务传送内容的编辑控制"。由此可见,根据欧盟的指令,三网都是电子通信网,电子通信网既可以传送电信业务,也可以传输视听业务。

2006 年 6 月 29 日,欧盟委员会公布了对《管制框架指令》进行改革的建议。"建议"的政策走向是进一步放松监管,比如减少与电信相关的批发市场和零售市场的监管数量,"广泛采用新的商业模式和技术","给欧盟市场注入更多的活力"。这一建议在 2007 年进行具体讨论,并于 2009 年或者 2010 年实施。

在法国传媒产业发展史上,电信与广电的关系并不是完全割裂的,两者存在交叉参与的状况。法国电信公司早就参与了法国广播电视业,为其提供网络传输能力。1996 年以前,法国 60% 以上的广播电视传输网由法国电信公司提供。甚至,法国广播电视商 TDF 曾经就是法国电信的一部分,只是 TDF 既可以建立自己的独立网络,也可以租用法国电信公司的传输网络。1996 年,法国电信公司为应对市场开放的挑战,从股份公司改制为集团公司。集团公司分国外和国内两大部分。国内部分实行母公司和子公司体制。到 1999 年,法国国内的 40 家子公司按业务分成固定电话、移动电话、互联网和多媒体、CATV 和数据通信四大块,而经营 CATV 和数据通信的子公司就有 10 家之多。由此可知,法国电信集团公司十几年前就可以经营有线电视业务。

根据这些指令,法国对相关管制内容进行了调整,以便与欧盟框架接轨。至 2004 年 6 月,法国按照欧盟指令完成了国内相关立法程序,设立了与电信相关的三个法律,即《电子通信和图像通信业务法》《数字经济信任法》和《法国电信对公众电信业务的义务法》,由此确定了法国电信行业的管理新体制。为了支持媒介融合,近年来,法国对《邮电法》《电信管制法》《视听通信法》和《通信自由法》进行了修改,使之更符合欧盟精神。

法国《邮电法》规定,公共电信运营商可以"建立和经营广播电视网络"。1996 年和 2006 年,法国对《邮电法》进行了两次重大修改,现在改称《电子通信与邮政法》。新法充分吸纳了欧盟指令的基本精神,在市场准入方面,除了无线频率和电话号码需要获得许可证或使用权外,将长期实行的电信市场准入许可证制度改为"一般授权"。新的电信服务提供者无须申请许可证就可以进入电信市场,广播电视业自然包括在其中。

《电信管制法》是为了跟上欧盟1998年开放基础电信业务市场的承诺而专门出台的一部监管法律。《电信管制法》虽然总体上仍然是修改《邮电法》的结果,但突出了电信管制的整体性,全面包含了与电信有关的监管内容。《电信管制法》要求,所有公共网络运营商"应当客观、透明、无歧视地允许……视听业务接入其网络",强调电信网络要对视听业务开放。

《视听通信法》在2004年修订后改称《电子通信及视听通信服务法》,同样具有浓厚的欧盟指令色彩。

《通信自由法》是1986年颁布的,1996年及以后多次被修改。法律重点针对广播电视业,同时涉及广电和电信两个产业的融合。主要内容有:规定开放新的通信业务,发展地面数字电视(TNT);淡化广电监管机构对频率资源的指定或指配,实行频率资源招标机制;经营广电业务必须获得相关部门或机构的许可;地方政府或团体可以建立或掌管辖区内的广电网络;电信运营商可以与广电企业以合作方式经营有线电视网;电信运营商在依法获得电信主管部门批准后可以单独经营地方有线电视网。①

2006年初,根据主管文化和通信的部长的建议,相关部门草拟了《关于视听广播和未来电视现代化的法律草案》,建议在2011年11月30日之前在全法国实现广播数字化。发展数字电视应坚持运营商多元化原则,引入更多新运营商,当然也包括电信运营商。该《草案》将进一步拓宽三网融合之门。

(2)英国。

在产业融合方面,英国经历了电信与广电的互不准入、不对称进入和对称进入三个阶段。

第一阶段,即1991年之前的电信业与广播电视业互不准入阶段。在这一阶段,电信业与广播电视业分别实现了从垄断走向竞争的过渡。

广播电视业:1954年颁布的《电视法》允许成立独立电视公司,改变了BBC对广播电视的独家垄断;1984年颁布《有线和广播法》,成立了有线电视管理局和独立广播委员会,以促进和管理新兴的有线电视业;《1990年广播法》规定成立独立电视委员会和无线广播局,分别管理商业电视(包括有线电视与卫星电视)和商业广播,广播电台和电视台的分业管理体制初步形成,且各行业初步形成竞争的市场结构。

电信业:1982年,BT(英国电信)实行私有化。1983年,Mercury公司的成立结束了BT独家垄断的时代。1984年,《电信法案》的颁布和电信办公室(OF-

---

① 周光斌:《法国的三网融合之道》,载《中国电信业》2006年第10期,第56页。

TEL)的设立则标志着英国电信市场开放时代的到来。

第二阶段,即1991年到2001年之间的电信与广电不对称进入阶段。

1991年,英国政府发表白皮书《电信政策——竞争和选择》,在全国开放国内长途与本地电信业务,允许一些新的"公共电信运营商"(PTOS)进入市场。

1992年,英国还修订了有线广播法案,允许有线电视公司兼营电话业务,但只能通过Mercury互联提供。BT和Mercury在2002年以前不被允许提供有线电视业务,但可以提供视频点播业务。到1995年,在有独立经营权的86家有线电视区域网中,有75家开辟了电话服务业务。

1997年,OFTEL逐步取消了对公众电信运营商经营广播电视业务的限制,允许它们为尚未接入CATV的家庭用户提供上网服务。

第三阶段,即2001年以来的电信与广电对称进入阶段。

2001年1月1日,电信运营商可以在全国范围内经营广播电视业务,从而实现了双向准入。2003年新《通信法》出台,实现了监管机构的全面融合。[①]

二、传媒规制演变的总体趋势及障碍

从上述国家传媒规制变革的情况来看,尽管各国的传媒规制改革大有区别,但在总体上呈现出以下几个趋势:规制框架从纵向分业规制向横向分层规制转换;规制机构从分立机构向融合机构转变;规制改革的取向是放宽市场准入、倡导竞争、吸纳投资;规制的重心从结构规制向行为规制转移。

规制框架的转换是最重要的转换,从纵向分业规制向分层规制转换已是大势所趋。早在20世纪80年代初,在西方国家的第一轮放松规制浪潮中,一些发达国家就开始在分业规制的框架下对电信和广播电视业进行局部的横向分层管理。在电信业,技术进步使电信业务种类日益增加,美国等发达国家将电信业务区分为基础业务和增值业务,对电信网络和数据业务实施分离监管。在广播电视业,随着技术的不断发展,内容的流通渠道不断拓展,有线电视、卫星电视渐成规模,对传输网络和传输内容的监管也开始出现分离。20世纪90年代以来,数字技术日新月异,媒介融合蓬勃发展,传媒产业的纵向市场结构日益裂变为横向市场结构。在这样的背景下,电信业、广播电视业局部的横向分层管理日益普遍。一方面,将电信网络与增值业务分离监管的规制模式被广为复制,成为世界范围内电信改革的普遍趋势;另一方面,许多国家纷纷探索硬件系统和软件系统

[①] 余晖、朱彤:《三网融合监管政策研究》,载《人民邮电报》2007年5月29日。

分离监管的方式,尝试构筑网络规制、平台规制和内容规制。①

与之相适应的是,传媒规制机构也在由分立向融合转变。越来越多的国家建立了独立的传媒监管机构。根据国际电信联盟(ITU)的统计,到 2008 年 10 月为止,152 个国家为各自的 ICT(Information Communication Technology)和电信部门建立了国家监管机构。非洲国家目前拥有最高比例的独立部门监管机构(93%),其后为美洲(89%)和欧洲(80%)。② 与此同时,许多国家合并了原有的分立的规制机构。在西方发达国家,美国的联邦通信委员会是世界上最早的独立电信监管机构,统一监管电信和有线电视业,并直接对国会负责,兼具立法、司法和行政职能。英国政府也于 2003 年 12 月依据《2003 年通信法》(Communications Act 2003),将五家主要的规制机构——电信规制局、独立电视委员会、广播管制局、广播标准委员会和无线通信管制局——合并起来,成立了新的规制机构——通信办公室(OFCOM),对电信、有线电视等进行统一监管。日本在 2000 年提出 e-Japan 战略后,于 2001 年成立了统一的信息和通信领域管制机构——总务省,全权负责日本的 ICT 管理事务。总务省内设信息和通信政策局、电信管理局以及邮政业务政策计划局。其中,信息和通信政策局下设广播政策部、广播技术部、陆地广播部、卫星和国际广播部以及地区广播部,负责管理有线电视和广播业务,而电信管理局则负责处理与电信、无线电相关的管理事务。③ 2003 年,新加坡政府把原来分属于新闻、通信、艺术部的广播管理局、电影和出版局以及电影委员会合并起来,成立了统一的管理机构——传媒发展局(MDA),以更好地协调媒介融合所带来的不同媒体之间的发展和管理问题。④

媒介融合规制首先要解决的就是市场准入问题。面对产业融合提出的新的跨部门交叉进入和相互竞争问题,美国首先于 1996 年通过修改 1934 年电信法,放宽了对广播电台、电视台所有制的限定,并打破对媒介种类的限制和隔绝,允许电信公司参与有线电视市场的节目竞争。《1996 年电信法》为跨行业的市场准入扫清了法律障碍。美国的这一做法,对其他国家的市场准入政策产生了重要的影响。此后,一些国家和地区陆续效仿,结合本国本地的情况,出台了各自的市场准入政策。

同时必须看到,传媒规制的变迁还远远没有提供媒介融合的良性发展所需

---

① 肖赞军:《媒介融合时代传媒规制的国际趋势及其启示》,载《新闻与传播研究》2009 年第 5 期。
② ITU, "Trends in Telecommunication Reform 2008: Six Degrees of Sharing," http://www.itu.int/publ/D-REG-TTR.10-2008/en,2010-02-08.
③ 胡珊:《日本管制政策旨在平衡市场结构》,载《世界电信》2008 年第 2 期。
④ 蔡雯:《规制变革:媒介融合发展的必要前提》,载《国际新闻界》2007 年第 3 期。

第八章 媒介融合环境下的传媒产业规制变革

要的理想制度环境。以美国为例,尽管美国的传媒产业政策已经实现了从管制到放松管制的转变,但政策壁垒依然存在。美国联邦通信委员会为了确保在一个市场内存在不同的声音,避免在同一市场出现媒介霸权,分别在1970年和1975年颁布了《广播/电视跨媒体所有权限制令》和《报纸/广播电视跨媒体所有权禁令》。其中规定:报业主不能在同一市场地区购买电视台,电台业主不能购买电视台,电视台业主也不能拥有电台。虽然法律已经允许媒介集团在不同的市场同时拥有多种媒介,但媒介集团在同一市场的跨媒介融合仍然受到严格限制。因而,在美国,能实现成功的媒介融合的往往是全国性的媒介集团,而地方性的媒介融合仍不在法律允许的范围内。

为了减弱价格固定的可能性,《1996年电信法》中关于报纸/广播交叉所有权的规定,仍然限制电视台的所有者在同一市场拥有报纸。很显然,这并不利于电视台与报纸之间的相互融合协作。

美国联邦通信委员会于2002年重新规定将《广播/电视跨媒体所有权限制令》和《报纸/广播电视跨媒体所有权禁令》合二为一,这一举措原本可使具备融合条件的地方媒体一展拳脚,顺势增强地方影响力和竞争力,却被批评者认为是有损于新闻本土化和多元化的错误决策。有人甚至认为政府行为是在偏袒大型媒介集团,侵犯公众知情权。2003年9月,美国参议院不得不驳回联邦通信委员会放松传媒所有权管制的方案。虽然事后媒介集团接二连三地诉诸司法程序,向联邦法院提出上诉,但法院都否定了联邦通信委员会提出的市场等级限制的合理性,要求其重新修改等级设定。最终,最高法院拒绝审理两法合并,媒介集团的努力也以失败告终。

联邦通信委员会于2006年提出新提案,新提案中将跨媒介所有权限制的市场下限降低到6家电视台。在草案撰写者看来,超级媒介集团的形成有利于整合资源、提升整体竞争力,同一市场中6家或以上商业电视台的竞争足以打破垄断,同时保证新闻的本土化和多样化,但仍有反对者对此表示担心。这一法案将何去何从,目前仍无定论。

此外,除了主管通信、传媒业务的联邦通信委员会对媒介融合仍有顾虑外,其他的反垄断执法机构,如联邦贸易委员会(FTC)、消费者保护局等都对媒介融合持否定态度。2001年美国在线与时代华纳两大传媒巨头的世纪联姻可谓举世瞩目,人们不仅关注新旧媒介联合的前景,同时关注立法层面的举措。虽然美国在线和时代华纳最终通过了合并审查,但在坎特谈判中背负了许多附加条件。美国联邦贸易委员会主要从鼓励用户介入因特网服务领域、防止过分垄断现象产生的角度出发,在其批准合并的命令草案中附加了限制条件,要求美国在线——

时代华纳必须向它的因特网服务和数字式交互电视业务这两方面的竞争对手开放它的有线电视传输覆盖网;美国联邦通信委员会的批准命令着重于从经营许可角度出发,更细致地要求美国在线—时代华纳不得阻止不与它联营的 ISP 进入其有线电视网。①

在欧洲,各国对无线电信号的管制限制了商业广播电台的发展,法律体系中也存在大量对垄断和传媒企业兼并的限制。例如,西班牙不批准两家非营利有线机构间的合并。在英国,报纸发行量超过全国总发行量 20% 的经营者不允许经营广播电视业。在北欧等国,虽然没有提出明确的法令禁止媒介融合,但当出现媒介所有权过度集中现象时,政府就会成立相应的委员会加以评估。可见,媒介融合之路并不平坦,对它的疑虑仍然很大,尤其是当融合与垄断联系时更是如此。

第三节　媒介融合规制变革的中国实践

在工业革命中落后的中国并没有再次错过席卷全球的互联网发展浪潮,在互联网以及新兴数字技术、通信技术的应用上实现了与世界同步。在这样的背景下,中国的媒介融合实践也基本上实现了与发达国家的同步。只是由于中国国情不同,传媒产业具有不同于西方国家的多重属性,媒介融合的中国实践有一定的特殊性,规制变革的历程也体现了中国特色。

一、媒介融合的中国实践

自 1996 年至今的十多年里,中国传媒业以"集团化"运作的实践,加入全球媒体融合的大趋势;并以这种创新的实践,来探索媒体"深度融合"的路径,从而实现把媒体既做大更做强、发展传媒业的初衷。② 在这十几年里,众多报业集团、广电集团相继组建,跨地区、跨媒体、跨行业的合作也屡有尝试。与此同时,电信网、有线电视网和互联网的"三网融合"也经多年酝酿和初步实践,于 2010 年全面展开。

1998 年,中国首次提出"三网融合"的概念,即实现电信网、广播电视网和互联网的融合。届时,用户可以利用电脑、电视、手机等任一终端,不论经由何种网络,都可享受上网、视频、通话等各种服务和应用。提出这一概念的初衷是让广

---

① 徐沁:《泛媒体时代的生存法则——论媒介融合》,浙江大学博士论文,2008 年,第 52 页。
② 黄志祥:《探索中国化"媒体融合"新路径》,载《中国记者》2009 年第 11 期。

第八章 媒介融合环境下的传媒产业规制变革

播电视行业参与竞争,打破电信行业的垄断。但好事多磨,"三网融合"经历了一波三折。

就在1998年提出三网融合概念的当时,由于不满电信线路租金过高,广电系统已在一两年前开始着手铺设自己的骨干网,但遭到中国电信的反对,理由是重复建设。之后,因为在某些地区双方各有涉足对方业务引起冲突,国务院于1999年发布82号文件——《关于加强广播电视网络建设管理的意见》,其第6条规定,电信部门不得从事广播电视业务,广播电视部门不得从事通信业务,明令禁止两大行业相互渗透,确立了广电与电信"井水不犯河水"的格局。

2001年10月,国务院决定对中国电信南北拆分之时,电信方面为避免拆分,提出可以对广电开放所有业务牌照,也可以注资组建全国性的有线电视公司。但广电的上级主管单位当时不愿承接,而广电本身基于自身实力的原因也有所回避。[1]

上述国务院82号文件也为"只在上海试点多种网络的综合运用"开了一个小口。从2004年开始,电信开始联合地方广电开展IPTV(网络电视)业务。2005年6月,中国电信与上海文广商定在上海、广东、浙江、江苏和陕西五省市选择17座城市进行IPTV业务试点。而另一固话运营商中国网通,也在哈尔滨试运行IPTV业务,与上海文广新闻传媒集团合作。电信企业与上海文广集团在这些地区进行了不同模式的运营。其中,上海的IPTV自2005年10月率先在中国内地实现试商用,开创了"广电负责IPTV内容播控,电信负责网络接入和内容传输,双方分工合作,优势互补"的上海模式。迄今为止,上海已成为IPTV全国第一大用户城市。但82号文件仅仅开了一个小口,再加上绝大部分地方广电部门出于部门利益考虑而实施的强力抵制,使IPTV的推广举步维艰。

2008年1月,国务院下发《关于鼓励数字电视产业发展若干政策的通知》,规定从当年2月1日起,鼓励广播电视机构利用国家公用通信网和广播电视网等信息网络提供数字电视服务和增值电信业务。同时,在符合国家有关投融资政策的前提下,支持包括国有电信企业在内的国有资本参与数字电视接入网络建设和电视接收端数字化改造。这个文件被认为是第一个突破82号文件限制的国家政策,虽然允许各自双向准入的领域尚有局限。此后,广电系统在"三网融合"上悄然发力。

2008年12月4日,科技部与国家广播电影电视总局共同签署《国家高性能宽带信息网暨中国下一代广播电视网自主创新合作协议书》。这个下一代广播

---

[1] 曹海丽、王姗姗:《三网融合猜想》,载《新世纪周刊》2010年第8期。

电视网(NGB)被广电总局称为"实现'三网融合'最有效的网络"。广电总局计划用三年时间建成主要城市的示范网,再用十年时间来构建覆盖全国的下一代广播电视网络。2009年7月31日,科技部、国家广播电影电视总局和上海市政府又在上海锦江饭店共同签署了《中国下一代广播电视网建设示范合作协议》,计划在上海率先建设下一代广播电视网。以此为标志,中国下一代广播电视网进入实质性的推进阶段。

2010年1月13日,国务院召开常务会议,决定加快推进电信网、广播电视网和互联网三网融合,提出要着眼长远,统筹规划,确定合理、先进、适用的技术路线,促进网络建设、业务应用、产业发展、监督管理等各项工作协调发展,探索建立符合我国国情的三网融合模式。会议提出了推进三网融合的阶段性目标:从2010年至2012年,重点建设广电和电信业务双向进入试点,探索形成保障三网融合规范有序开展的政策体系和体制机制;从2013年至2015年,总结推广试点经验,全面实现三网融合发展,普及应用融合业务,基本形成适度竞争的网络产业格局,基本建立适应三网融合的体制机制和职责清晰、协调顺畅、决策科学、管理高效的新型监管体系。2010年,三网融合正式进入实质性推进阶段。

2010年3月5日,工业和信息化部部长李毅中接受媒体采访时表示,工信部与国家广播电影电视总局正就"三网融合"制定试点方案。方案将明确电信企业如何进入广电网络以及广电机构如何进入电信网络,并有望于5月通过并付诸实施。直到6月底,这一试点方案经过多轮谈判方才推出,广电方被认为是最大赢家。

二、传媒产业规制变革的中国图景

在媒介融合的背景下,多数国家已实现对传媒产业放松规制,以促进竞争、壮大传媒实力为目的,为相关传媒产业提供相同的竞争条件,创造公平的竞争环境,为传媒产业实现跨所有制、跨行业、跨地区甚至跨国经营扫除障碍。近年来,为应对媒介融合的全球态势,特别是因应技术的发展和相关产业机构逐利的内在驱动,中国也对相关产业政策进行了调整,主要体现在以下方面:

一是对传统媒体行业内部业务融合的鼓励。自1996年以来由政府主导的中国媒介集团化之路就是明证。报业集团和广电集团的组建,集团内部多种传媒业务的整合,也应被视为中国媒介融合发展的一种路径。

二是对跨地区、跨媒体、跨行业融合的推进。到目前为止,这方面的政策仍然带有一定的尝试性。传媒跨地区发展的例子还不多,南方报业与光明日报报业集团合作,在北京创办《新京报》可作为例证。《新京报》之后,几乎没有后来者。跨媒体融合的尝试同样如此,除了主营广播电视的上海文广集团(现已改为上海广播电视台)创办平台媒体《第一财经日报》算是一例,其他有影响的例证也难以寻觅。跨行业的经营,如广电行业与电信行业的融合,主要表现为IPTV近年来的发展。

三是对通信网、互联网和广播电视网"三网融合"的支持。自1998年中国首次展开三网融合的讨论后,关于三网融合的政策调整一直在进行之中:从国务院1999年82号文件原则上禁止广电与电信的相互进入,到2008年1号文件鼓励广播电视机构提供增值电信业务,支持国有电信企业参与数字电视接入网络建设和电视接收端数字化改造,再到2010年1月国务院常务会议部署加快推进三网融合,期间三网融合还先后被列入国民经济和社会发展"十五""十一五"规划以及"2009年电子信息产业振兴规划"。由此可以清晰地看出中国根据自身发展实际推进三网融合的政策历程。

但总体来看,由于我国传媒的独特属性,传媒产业的政府管制还没有放开。传媒产业仍然处于条块分割的局面,其市场主体地位尚未完全确立,全国性的开放、竞争市场尚未完全形成,管理机构不统一、多头管理的状况也依然存在。

中国传媒业多年来按照行政级次、行政区划分配资源,使得传媒市场形成了特有的"井"字结构("四纵""四横":依照四种传媒形态形成的管理格局和依照四级行政级别形成的管理格局)、平行式结构(传媒之间融合度极低,跨媒体经营举步维艰)和倾斜式结构(传媒空间布局不平衡:东中西不平衡,城市与农村不平衡,中心大城市与大中小城市不平衡),这样的格局严重阻碍了统一、开放、竞争、有序的现代传媒市场体系的形成。① 媒介管理的条块分割,形成了森严的行政壁垒和区域市场封锁,媒介资源无法通过市场实现优化配置。在纵向上,由国家的行政系统组织进行管理;在块上,由各级地方党委和政府进行属地管理。这种条块限制,使得地方市场几乎是被当地媒介集团所垄断,而跨媒体经营很难进行,也使一些实力雄厚的媒介无法向外扩张。行业垄断又进一步加剧了资本市场的封闭,造成媒介资源的浪费和流失。

在传媒产业与政府的关系上,地方保护主义在传媒规制中起到了重要作用,在传媒产业主要表现为报纸发行、广播电视覆盖存在地方分割现象,禁止非本区域的媒体进入本地市场等。基于地方政府利益及本地媒体自身利益而产生的地方保护主义也会严重阻碍不同媒体之间或不同地区同种媒体之间的相互合作与融合。

---

① 刘洁:《我国媒介产业布局与产业区域联合》,载《现代传播》2006年第3期。

在传媒产业的规制方面,政府出于双重角色的要求对传媒事业及其产业行使规制权限:一种角色是以公共服务为使命的政治性政府,另一种角色是以国有资产所有权管理者身份出现的经济性政府。因此,目前我国政府对传媒的规制实行的是一种双轨制,这种规制的产物就是对传媒组织事业单位、企业化管理的界定:一方面在行政上干预传媒组织,让传媒组织继续发挥社会效益;一方面又给传媒组织断粮,让它们自主经营、自负盈亏,充分发挥市场机制的作用来推动传媒组织的产业化发展。① 同时,我国对传媒产业实行的是多头管理。党委宣传部门、新闻出版部门、广播电视管理部门、信息产业部门、工商行政管理部门等都在履行着各自的管理职能,无形中为传媒产业的融合设置了道道关卡,让媒介整合举步维艰。其中,广播电视和通信行业主管部门之间的利益纠葛更是让三网融合的进程多年来难以实现突破。

同很多西方国家类似,中国的传媒产业之间融合的主要矛盾集中在通信业和广播电视业,实现相互间的准入是融合的关键。而作为两个行业的主管部门,国家广播电影电视总局和工业和信息化部(原信息产业部)之间一直存在着难以理清的利益纠葛。2007 年初,中国社科院工业经济所的几位研究政府管制和产业发展的专家学者组成"三网融合监管政策改革课题组",经过半年时间的考察与研究,在形成的 6 万字报告中指出,三网融合是技术发展的必然趋势,但电信与广电两大部门之间的利益纠葛是影响三网融合业务发展的重要因素。两大产业市场化改革不同步,特别是广电封闭的管理体制和分层区域垄断的市场结构,是限制融合业务,特别是 IPTV 和数字电视发展的关键。②《关于加强广播电视网络建设管理的意见》第 6 条规定,电信部门不得从事广播电视业务,广播电视部门不得从事通信业务。但两大部门出于部门利益的考虑,对"通信业务"一词出现了不同理解。为了不让广电部门从事数据业务(互联网业务),电信部门将"通信业务"理解为包括电信业务、数据业务在内的大通信概念,由此得出的结论是广电部门不得从事包括电信业务和数据业务在内的通信业务,只能从事广播电视业务。而广电部门认为,如果将通信理解为大通信的概念,则通信不仅包括电信业务和数据业务,也包括广电业务,这样就会得出"广电部门不得从事包括广电业务在内的通信业务"的悖论。由于文件用词不准,导致两个部门长达数年的争论不休。

长期以来,我国的传媒产业规制中存在下列问题:一是正式制度供应不足,

---

① 徐沁:《泛媒体时代的生存法则——论媒介融合》,浙江大学博士论文,2008 年,第 82 页。
② 余晖、朱彤:《三网融合监管政策研究》,载《人民邮电报》2007 年 5 月 29 日。

"潜规则"泛滥;二是寻租现象存在,销蚀传媒产业的整体利益;三是地区壁垒、媒体壁垒和行业壁垒严重阻碍传媒产业个体和总量的扩张。[①] 再加上传媒产业规制机构之间的利益纷扰,这些问题的存在无疑会让媒介融合的进程变得迟滞。而从国外的成功实践来看,媒介规制的变革乃是媒介融合的必要前提。只有顺应媒介融合的大趋势、放松管制、消除壁垒,媒介融合战略才能够在媒介产业中很好地被推行,并进而壮大中国的传媒行业,既为经济发展做出更多的贡献,也可更好地履行公共职能,满足消费者的信息和娱乐需求。

三、媒介融合背景下中国传媒产业规制的发展趋势

鉴于中国传媒的特殊属性,以及中国传媒特有的运作机制——完全国有的有限商业化运作,媒介融合对于中国传媒产业规制的革新要求不单纯是经济问题,远不是西方国家常见的放松管制那么简单。它必须考虑中国的现实语境,尤其是要回应中国政府对于意识形态安全的关注和对媒介融合之后传输内容"可管可控"的基本要求。同时,和西方发达国家不同的是,中国的媒介行业本来垄断程度就很高,行业市场和区域市场内部亟须强化对垄断的规制。但同时,我国信息传播各个行业与区域市场之间却需要放松管制,逐步开放,以更有利于媒介融合的实现。[②] 因此,在中国,规制的强化和放松都是媒介融合所需要的,而不仅仅是放松管制的问题。在这样的前提下,未来中国传媒产业的规制应体现下列发展趋势:

1. 抑制垄断和放松管制同步

规制变革的总体方向应该是营造一个最能发挥新技术效率的竞争性市场,同时又能对消费者和公共利益提供必要的保护。目前的现实是,在行业市场内,无论是广电行业、报业还是电信行业,都是高度垄断的。而在区域市场,由于地方保护主义作祟,已经形成一个个相互分割的地方产业一统天下的独立王国。这两大垄断已经对媒介融合构成直接威胁,需要加强规制,对其进行有效的制约。同时,传媒各产业之间和区域市场之间的壁垒亟须打破,应该放松管制,促进相互之间的准入,并破除区域之间的藩篱。因此,未来传媒规制的走向是抑制垄断和放松管制同步进行,二者相辅相成:不抑制行业和区域内部的垄断,就无法引入有效竞争;不打破产业之间、区域市场之间的壁垒,同样不能形成开放的

[①] 戴元初:《中国传媒产业规制的解构与重构》,载《青年记者》2006年第2期,第29页。
[②] 朱春阳:《媒介融合规制研究的反思:中国面向与核心议题》,载《国际新闻界》2009年第6期,第24页。

竞争性市场。可见,放松管制和抑制垄断并不矛盾,而是一个问题的两个方面,目的都是打造一个顺应媒介融合趋势的、统一的、公平竞争的产业环境。

2. 内容监管与传输经营分开

由于传媒行业在中国占有特殊地位,传媒产业承载着重要的意识形态功能,对传媒产业的规制自然也不同于一般的产业。在技术的推动下,传统媒体行业与新兴媒体行业已经越来越接近,广电传输网络和电信网几乎可以实现同样的功能。这样,内容监管势必要被摆在更加重要的位置上,因为只有内容安全,产业才能健康发展。考虑到传统媒体一向重视内容,而电信业长于网络传输和管理,一个可行的思路就是,由一个统一的机构负责对所有传输内容的监管,另有一个机构对网络运营进行管理。我国在加入 WTO 时承诺,"公共电信"市场必须开放,而广播电视的无线和有线传输作为一种文化特例是不开放的。三网融合后,可能把本来不需开放的广播电视也纳入了开放的范畴。鉴于此,有业内专家提出,可以将广电的业务一分为二,在互联网上进行的、基于 IP 的广播电影电视节目的传输可以开放,而以传统技术和模式进行的广播电视节目的有线传输和无线传输不对电信开放。① 解除了对内容失控的担忧,融合的阻力就会小很多,其正面效应将会得到更大发挥。

3. 规制机构走向融合

三网融合长期难以推行,一个非常重要的原因就在于没有一个融合的机构。在这一点上,美国的联邦通信委员会为我国政府提供了一些借鉴。如前所述,作为世界上最早的独立电信监管机构,联邦通讯委员会统一监管电信和有线电视业,并直接对国会负责,兼具立法、司法和行政职能。英国政府在 2003 年 12 月时,也将五家主要的规制机构——电信规制局、独立电视委员会、广播管制局、广播标准委员会和无线通信管制局——合并起来,成立了新的规制机构——OFCOM,对电信、有线电视等进行统一监管。在目前整个通信行业多头管理的情况下,成立类似联邦通信委员会的机构尚有难度。有专家建议,除了借鉴英美的做法外,也可以考虑成立两个机构:其一为"国家通信网络监管委员会",负责对网络运营进行限制;其二为"国家网络内容监管委员会",负责对网络内容进行规制。目前,正在推行的大部制改革可被视为迈向统一规制机构的第一步。工业和信息化部取代信息产业部,是我国在借鉴国外三网融合成功模式的基础上结合国内实情所进行的初步探索。随着融合的深入和时机的成熟,成立统一的监管机构或许并不遥远。

---

① 于焱:《三网不想融合》,载《数字商业时代》2005 年第 12 期。

第八章 媒介融合环境下的传媒产业规制变革

本章讨论

我国传媒体制应怎样改革以适应媒介融合的要求?

对话与思考

1. 结合实际,谈谈媒介融合如何改变了我国传媒业的既有格局。
2. 结合教材,并查阅相关文献,谈谈美国与欧洲国家在传媒规制变革方面,表现出了哪些相同点和不同点。
3. 回顾近年来中国三网融合政策的发展历程,从中可得到哪些启示?
4. 如何评价中国于 2010 年 6 月出台的三网融合试点方案?
5. 如果你所在的城市即将实现三网融合,你认为在政策层面,最需要采取的措施有哪些?

后 记

五年前的初春,在南京龙江的月光曲和茶社,几位高校教师品茗春茶,策划为刚创建的南京大学金陵学院新传媒系编写一本教材。那是当时国内第一个以新媒体命名的新闻传播院系,也是第一个媒介融合专业方向。没有成熟的课程体系,没有教材,但是有方向,有信念,就如同知道,远方有谁在等着你。

新传媒系的新闻学专业特别开设了一门学科平台课,叫"媒介融合概论"。出于对新媒体业态发展趋势的判断,大家对这门课的重要性有充分的共识。然而谁来开这门课,以及用什么教材,却成了问题。

自己编一本吧。

在几年的时间里,在若干个月光曲和那样的茶社,就媒介融合的种种可能与可为,那些年轻而激烈的碰撞,最终让这本书诞生。

然而,经历了漫长写作周期的本书也错过了炫耀若干预言成为现实的机会。许多关于预测的章节几易其稿——它们中的多数已经成为现实。但是,我们依然保留了部分,不仅因为它们是历史的一部分,更是因为,它们在今天和在五年前同样有效。越来越多的新证据恰能更好地证明我们最初的想法,进而使本书所概括的原则显得更为必要和重要。

在结束的时候,我们才知道还有很多话没有说出来。

本书与其说是被阅读,更恰当地说应该是被使用。在今天的媒介生态中,新媒体教育应当是最开放的,因此本书只能算作问题的提出者,而业界的行者与学界的智者,将是它共同的完成者。不仅如此,在传统教学生态中形成的师与徒的关系,也渐渐让位于平等协作的师生同学互动关系。和使用本书的同学一起,在实践的探索中学习,在时间的验证中思考,才能让它更有价值。

五年前的那家茶社,只有今天的一半大小。如今它已有官方微博,有会员数据库,有线下结合线上的增值服务,已经颇"融合"了。再过几年,不知道喝茶的行为会不会化为一堆数字的交互?

赭石、铬黄、钴蓝、翠绿,虚拟与现实,数字与生命,它们融合构成的混沌生态,正是我们所在的这个世界。

后　记

　　南京大学的胡翼青博士策划了本书写作大纲和分工,并拟定了编写体例。他对本书的写作和修改提出了各种意见和建议。写作组的成员包括南京师范大学的邹军、河海大学的张健挺以及传媒学院的两位年轻教师陈娟和李兰。

　　各位同仁都有各自一摊子教学与科研任务,再加上本书涉及的新兴领域的研究难度,大幅延长了出版周期。幸而密苏里大学新闻学院的孙志刚博士、传媒学院的孙海文老师以及南京大学政府管理学院的袁光锋博士及时加入,极大地增强了我们的信心。

　　我需要特别感谢参与写作的各位同仁。

　　本书各章节的具体撰写者情况如下:

　　绪论由杨溟撰写;

　　第一章、第二章由张健挺撰写;

　　第三章初稿由孙志刚与孙海文共同撰写;

　　第四章初稿由邹军撰写;

　　第五章初稿由陈娟撰写;

　　第六章初稿由张健挺撰写;

　　第七章、第八章由邹军撰写;

　　书稿的最终版本由三位主编共同讨论定稿。

　　特别感谢北京大学出版社的周丽锦编辑为本书的出版所付出的辛劳,没有她的耐心,没有她不辞辛劳一次又一次的南京之行,本书可能仍然只是一些零散的观念。

杨溟

于南京大学浦口校区

2013 年 2 月 28 日

教师反馈及教辅申请表

北京大学出版社本着"教材优先、学术为本"的出版宗旨,竭诚为广大高等院校师生服务。为更有针对性地提供服务,请您认真填写以下表格并拍照发到 ss@pup.pku.edu.cn,我们将按照您填写的联系方式免费为您提供相应教辅资料,以及在本书内容更新后及时与您联系邮寄样书等事宜。

书名		书号	978-7-301-	作者	
您的姓名				职称职务	
校/院/系					
您所讲授的课程名称					
每学期学生人数	_____人_____年级			学时	
您准备何时用此书授课					
您的联系地址					
联系电话(必填)				邮编	
E-mail(必填)				QQ	
您对本书的建议:				系主任签字 盖章	

我们的联系方式:

北京大学出版社社会科学编辑部
北京市海淀区成府路 205 号,100871
联系人:武　岳
电话:010-62753121 / 62765016
传真:010-62556201
E-mail:ss@pup.pku.edu.cn
微信公众号:ss_book
新浪微博:@未名社科-北大图书
网址:http://www.pup.cn

更多资源请关注"北大博雅教研"